国家新闻出版总署“十二五”重点图书

河北省国民经济和社会发展“十二五”规划项目

燕赵文库

〔光绪〕畿辅通志 第六册

燕赵文库编辑出版委员会

〔清〕李鸿章 修/黄彭年 纂
崔广社等 点校

河北大学出版社

图书再版编目（CIP）数据

[光绪]畿辅通志. 第六册 /（清）李鸿章修；（清）黄彭年纂；崔广社等点校. -- 保定：河北大学出版社，2020.2

（燕赵文库）

ISBN 978-7-5666-1641-8

Ⅰ. ①光… Ⅱ. ①李… ②黄… ③崔… Ⅲ. ①河北－地方志－清代 Ⅳ. ①K292.2

中国版本图书馆CIP数据核字（2020）第024996号

丛 书 名　燕赵文库
丛书主编　燕赵文库编辑出版委员会
书　　名　[光绪] 畿辅通志 · 第六册
作　　者　[清] 李鸿章　修　黄彭年　纂
点　　校　崔广社　等

责任编辑　韩立霞
美术编辑　王占梅
封面设计　李　欣
责任校对　刘文娜
责任印制　闻　利

出版发行　河北大学出版社（河北省保定市莲池区七一东路2666号）
排　　版　保定市万方数据处理有限公司
印　　刷　河北新华第一印刷有限责任公司
开　　本　787毫米×1092毫米　1/16
印　　张　33.75
字　　数　506 000
版　　次　2020年2月第1版　2020年2月第1次印刷
印　　数　1–1 400
书　　号　ISBN 978-7-5666-1641-8
定　　价　158.00元

本册主点校　崔广社
本册副点校　刘二苓　袁茁萌　张　岚
本册参加者　马秀娟　马　娜　王子柱　王　俊　王振伟　石　芳
付　伟　孙丽芳　刘二苓　李会敏　张　岚　张彩云
赵江燕　杨　雷　贺前会　姚会杰　袁茁萌　崔广社
崔丽娟　韩翠霞　窦玉丹　潘艳蕊

出版说明

一、燕赵大地历史悠久，人杰地灵，孕育了一批又一批名人大家。燕赵文化源远流长，博大精深，是中华民族优秀文化的重要脉系。中共河北省委、河北省人民政府决定编纂出版《燕赵文库》大型丛书，对于保存燕赵文化元素、挖掘其当代价值、构建传承体系、推动当代经济社会发展，都具有重要的意义。

二、本着“整理、传承、研究”和“存史、资政、育人”的宗旨，《燕赵文库》选取具有较高历史价值和深远影响，在思想文化发展史上占有一定地位，并具有借鉴作用的前人著述，以及现当代学者研究河北文化的著述，分为《文献编》和《研究编》两部分。

《文献编》选收现今河北区域，或历史上属于燕赵地域，或长期客居燕赵且著述内容多反映河北文化的名人佳作。时限自古代至民国，按历史时期分为5卷，另有方志档案卷。预计收440余种，490余册。

《研究编》选收现当代学者研究燕赵文化各领域的著述。研究时限自古代至1949年，按研究的内容分为历史、人物、文物、风物、艺术、文化综合等6卷。预计收260余种，210余册。

为保存和查阅之便，两编各自按卷次编号，以罗马数字和阿拉伯数字分别标明卷次和册次。

三、《燕赵文库》除个别影印的图书外，一律采用简化字横排加新式标点的方式出版。简化字的使用，以2013年6月15日经国务院同意，由教育部、国家语言文字工作委员会组织制定并予以公布的《通用汉字规范字表》为准。标点符号的使用，以2011年经国务院同意，由国家语言文字工作委员会、新闻出版总署修订并重新予以公布的《标点符号用法》为准。

四、为保证数字使用的规范和统一，《燕赵文库》的《文献编》一律使用汉字数字。《研究编》中的现当代人的著述，其文字、标点、格式等均按现行出版有关规定使用和处理。

五、凡《燕赵文库》所收图书，均由校勘者、研究者撰写前言一篇。《文献编》的前言主要介绍该书作者生平、版本、内容及其学术价值等；《研究编》的前言主要介绍该书的研究视角、基本观点及在学术界的影响等。

《燕赵文库》编辑出版委员会

目　　录

卷四十

表 二 十 五

选举八进士　国朝一

顺治九年，定会试为南、北、中卷，直隶为北卷。十二年，止分南、北卷，每科按临场举人多寡随时分派中额《大清会典》。

康熙三十年，议准直隶为北左，合计卷数多寡取中，五十二年，始分省定额，直隶取中二十二名同上。

谨案：康熙三十年以后至乾隆十九年，分省定额，直隶中数均取二十余名至三十名。惟雍正八年广额取中至四十名。乾隆二十五年以后，中数均取十四五名、十一二名不等。自嘉庆四年仍复旧额至今，直隶中额每科二十余名。

	顺天府	保定府	承德府	永平府	河间府	天津府	正定府	顺德府	广平府	大名府	宣化府	遵化州	易州	冀州	赵州	深州	定州
顺治二年丙戌科傅以渐榜	**李奭棠**大兴人，礼部尚书。 **楼晟**大兴人。 **胡兆龙**大兴人。 **朱之弼**大兴人，尚书。有传。 **耿于垣**大兴人。 **林起龙**大兴人，尚书。有传。 **王士骥**大兴人，御史。 **宋杞**大兴	**石维昆**大宁卫人，御史。有传。 **纪耀**大宁卫人，佥事。有传。 **何可化**大宁卫人。 **刘之屏**大宁卫人，知县。有传。 **高桂**清苑人，光禄寺少卿。 **陈公定**安肃人，山东禹城县知县。		**刘鸿儒**迁安人，左督御史。有传。 **李成性**迁安人，山东新城县知县。有传。 **李云起**昌黎人，山西黎城县知县。有传。 **石申**滦州人，吏部左侍郎。有传。	**多象谦**阜城人，按察使。有传。 **李陶**任丘人，河南沔县知县。 **王登录**任丘人，山西稷县县知县。有传。 **苏铣**交河人，江西按察使。 **王纪**交河人，江西临江府推官。 **王惟叙**景州	**任昌祚**静海人，山东武城县知县。 **吕士秀**沧州人，河南夏邑县知县。 **吕缵祖**沧州人，榜眼，侍读学士。 **张文炳**沧州人，广东布政使参议。有传。 **褚士昇**盐山人，河南通许县知	**梁清宽**正定人，吏部左侍郎。有传。 **梁清远**正定人，吏部左侍郎。有传。 **张纯熙**正定人，御史。有传。 **武士豪**正定人，山东莱芜县知县。有传。 **丁裕初**获鹿人，云南曲靖府知府。	**杨思圣**巨鹿人，四川布政使。有传。 **杨时荐**巨鹿人，左副都御史。有传。 **田一伦**内丘人，湖广柳州知州。	**冀如锡**永年人，工部尚书。有传。 **胡芝发**永年人，户部主事。 **李澄**永年人，江苏松江府推官。 **赵士宏**永年人，山西绛县知县。 **樊鸿选**永年人，陕西长安县知县。 **柴望岱**曲周	**窦遴奇**大名人，安徽徽宁道。有传。 **张调鼎**元城人，知县。 **卢毓粹**东明人，工部主事。有传。 **崔印宏**长垣人，江南安庐道。有传。 **崔葑**长垣人，山东蒙阴县知县。 **郜焕元**长垣	**魏象枢**蔚州人，尚书。有传。 **王天鉴**万全卫人，陕西河西道。 **胡以温**万全卫人，江西乐安县知县。有传。 **宋之屏**开平卫人，今万全县境，任江南副使。有传。 **李遵度**龙门卫人，浙江德清县知	**李及秀**玉田人，御史。	**刘廷训**涞水人，山东临淄县知县。	**李培基**南宫人，内阁中书。 **张慎行**南宫人，云南晋宁州知州。有传。	**魏裔介**柏乡人，保和殿大学士。有传。 **刘昌**隆平人，山西沁水县知县。 **蔡含灵**宁晋人，河南睢陈道佥事。 **靳秉璋**宁晋人，山西长治县知县。有传。	**刘景云**深州人，按察副使。有传。 **李振春**深州人，山东莱州府推官。	

	顺天府	保定府	承德府	永平府	河间府	天津府	正定府	顺德府	广平府	大名府	宣化府	遵化州	易州	冀州	赵州	深州	定州
	人，参议。**李若琛**大兴人，御史。**张文明**大兴人，副使。有传。**颜永锡**大兴人，知县。**宋翔**大兴人，佥事。有传。**靳龙光**大兴人。**杨璜**宛平人，给事中。**张国宪**宛平	**师若玮**安肃人，浙江嘉兴县知县。**崔士俊**唐县人，御史。有传。**周之鼎**庆都人，山东青城县知县。**张惠迪**完县人，湖广辰州府推官。**宋牧民**雄县人，副使。有传。			人，山西徐沟县知县。**刘三章**景州人，江南池太道。**刘世祯**东光人，山西石城县知县。	县。**韩重辉**盐山人，河南荥泽县知县。	**傅维鳞**灵寿人，工部尚书。有传。		人，河南汝宁府知府。**李倩**曲周人，兵部员外郎。**周之琦**邯郸人，安徽太平府推官。**白所见**磁州人，山东鱼台县知县。**李鸿勋**磁州人，山西阳城县知县。	人，湖广提学佥事。有传。**郜炳元**长垣人，湖北孝感县知县。有传。	县。有传。						

	顺天府	保定府	承德府	永平府	河间府	天津府	正定府	顺德府	广平府	大名府	宣化府	遵化州	易州	冀州	赵州	深州	定州
	人，给事中。**刘泽芳**宛平人，运同。**李鲸**宛平人，知县。**邓林瞿**宛平人，知县。**孔传孟**宛平人，佥事。**常自牧**宛平人，湖广彬州知州。**陆嵩**宛平人，检讨。**杨三知**良乡	**赵明英**雄县人，主事。**李时蓁**祁州人，浙江平湖县知县。**于嗣登**安州人，刑部右侍郎。有传。**高景**新安人，刑部尚书。有传。**李天伦**新安人，山东诸城县知县。															

	顺天府	保定府	承德府	永平府	河间府	天津府	正定府	顺德府	广平府	大名府	宣化府	遵化州	易州	冀州	赵州	深州	定州
	人，佥事。有传。 **刘澍** 永清人，陕西洮岷道。 **袁懋功** 香河人，山东巡抚。有传。 **王体仁** 香河人，佥事。 **朱国俊** 三河人，山西五台县知县。 **胡应徵** 三河人，湖北罗田县知	**李霨** 高阳人，保和殿大学士。有传。 **刘霦** 高阳人，浙江提学佥事。有传。															

	顺天府	保定府	承德府	永平府	河间府	天津府	正定府	顺德府	广平府	大名府	宣化府	遵化州	易州	冀州	赵州	深州	定州
	县。**陆华疆**昌平州人，知县。**周朴**密云人，山东信阳县知县。**樊缵前**霸州人，江西提学道佥事。**刘澜**霸州人，陕西固原道佥事。**陈协**文安人，户部侍郎。																

	顺天府	保定府	承德府	永平府	河间府	天津府	正定府	顺德府	广平府	大名府	宣化府	遵化州	易州	冀州	赵州	深州	定州
	王印祚 文安人，大理寺卿。**刘楗** 大城人，尚书。有传。**薛元瑞** 大城人，兵部郎中。**刘克家** 保定县人，郎中。有传。																
顺治四年丁亥吕宫榜	**徐兆举** 大兴人，知府。有传。**张俊** 大兴人，按察使。	**张呈** 大宁卫人，佥事。有传。**傅云鹏** 庆都人，凤阳府知		**田国足** 抚宁人，江西饶州府推官。**佘一元** 临榆人，礼	**王翰** 吴桥人，山西乡宁县知县。	**马鸣萧** 青县人，工部员外郎。**李人龙** 沧州人，会元，中	**娄维嵩** 正定人，江苏青浦县知县。**张秀实** 灵寿人，南	**王民瞻** 沙河人，湖北保康知县。**杜良祚** 沙河人，山东海丰	**叶腾凤** 永年人，江苏淮安府同知。	**苗毓秀** 大名人。**钱綎** 元城人，副都御使。		**谷应泰** 丰润人，浙江按察使佥事。有传。**杨泰** 丰润			**高光国** 宁晋人，广东驿盐道。有传。**蔡含灵** 宁晋人，河		

	顺天府	保定府	承德府	永平府	河间府	天津府	正定府	顺德府	广平府	大名府	宣化府	遵化州	易州	冀州	赵州	深州	定州
	庄正中大兴人，知府。 **胡昇猷**大兴人，按察使。有传。 **张能鳞**大兴人，副使。有传。 **罗森**大兴人，巡抚。 **刘玉瓒**大兴人，知府。 **李昌垣**宛平人，侍读学士。 **苏霖**宛平	府。 **苏东柱**雄县人，知州。有传。 **李世洽**束鹿人，山东督粮道。		部郎中。有传。 **穆尔谟**山海卫人，山东莱州府知府。有传。		书。 **刘芳声**沧州人，山西太平县知县。	城县知县。 **高明**晋州人，陕西临潼县知县。有传。 **赵志抃**藁城人，知县。	县知县。有传。 **程万里**南和人，广东潮州府推官。				人，山西永和县知县。 **李长秀**玉田人，江苏江阴县知县。 **江中楫**玉田人，福建瓯宁县知县。			南雎陈道。有传。		

	顺天府	保定府	承德府	永平府	河间府	天津府	正定府	顺德府	广平府	大名府	宣化府	遵化州	易州	冀州	赵州	深州	定州
	人，运同。**胡惟德**宛平人，行人。**王之鼎**宛平人，知县。**章云鹭**宛平人，侍郎。**王熙**宛平人，大学士。有传。**张元枢**良乡人，河南怀庆府推官。有传。**周绳烈**昌平人。																

	顺天府	保定府	承德府	永平府	河间府	天津府	正定府	顺德府	广平府	大名府	宣化府	遵化州	易州	冀州	赵州	深州	定州
	丁同益昌平人。**郝惟讷**霸州人，吏部尚书。**万方庆**文安人，安徽宁国府推官。**王建中**大城人，福建将乐县知县。																
顺治六年己丑刘子壮榜	**姜图南**大兴人，御史。**徐增美**大兴人，吏部主事。	**陈上年**清苑人，参议。有传。**李印龙**雄县人，副使。有传。		**赵映斗**迁安人，山西马邑县知县。有传。**胡来相**卢龙人，元	**左敬祖**河间人，会元，左副都御使。**白惺涵**河间人，吏部郎	**贾廷奭**天津人，山东登州府推官。**朱承命**天津人，云南安宁	**刘宏誉**正定人，户部主事。**王鼎臣**正定人，山西壶关县知		**杜霁远**永年人，山东沂水县。	**成亮**大名人，编修。有传。**郭一元**大名人，山东费县知县。	**王道南**蔚州人，户部郎中。**李承矿**龙门人，湖广房县知县，	**周体观**遵化人，江西饶九道。有传。		**宋文运**南宫人，顺天府尹。有传。**龙起潜**枣强人，陕西延安	**杨宗昌**赵州人，知县。有传。**郑名**宁晋人，御史。有传。	**郭金铉**安平人，户部郎中。有传。	**郝浴**定州人，广西巡抚。有传。

	顺天府	保定府	承德府	永平府	河间府	天津府	正定府	顺德府	广平府	大名府	宣化府	遵化州	易州	冀州	赵州	深州	定州
	梁以桂 大兴人，郎中。**叶树德** 大兴人，知府。有传。**方于光** 大兴人，同知。**王毓恂** 大兴人。**徐翀** 大兴人。**萧世賁** 大兴人，知县。**宗彝** 大兴人，副使。**蒋如瑶** 大兴	**杨行健** 安州人，陕西蓝田县知县。有传。**施肇元** 定兴人。		城县知县。有传。	中。**李仪古** 任丘人，祭酒。有传。**郭之培** 任丘人，浙江按察使。有传。**孙遂** 故城人，河南息县知县。**崔作霖** 故城人，江西崇义县知县。**马之駥** 东光人，兵部主事。	州知州。**高尔修** 静海人，御史。有传。**蔡振兰** 沧州人。	县。**孙温** 获鹿人，知县。			有传。**张瑄** 元城人，知县。**吕补衮** 长垣人，礼部员外郎。有传。	殉节。有传。			府同知。	**王宠受** 宁晋人，山东即墨县知县。有传。		

	顺天府	保定府	承德府	永平府	河间府	天津府	正定府	顺德府	广平府	大名府	宣化府	遵化州	易州	冀州	赵州	深州	定州
	人。**韩有倬**大兴人，知县。**于之挺**大兴人，知县。**孙灏**大兴人，吏部主事。**李长印**大兴人。**颜敏**宛平人。**张舜举**宛平人。**谢泰**宛平人。有传。				**马廷赞**东光人，湖广宜都县知县。**任中杰**宁津人，行人。**苏腾凤**宁津人，江西石泉县知县。												

	顺天府	保定府	承德府	永平府	河间府	天津府	正定府	顺德府	广平府	大名府	宣化府	遵化州	易州	冀州	赵州	深州	定州
	吴道煌 宛平人，知府。有传。 **王辛** 宛平人，知县。有传。 **张士甄** 通州人，吏部尚书。有传。 **侯于廷** 通州人。 **雷一龙** 通州人，给事中。 **汪伯翔** 武清人，山东德平县知县。																

	顺天府	保定府	承德府	永平府	河间府	天津府	正定府	顺德府	广平府	大名府	宣化府	遵化州	易州	冀州	赵州	深州	定州
	郑遹元 密云人。有传。**高光夔** 文安人，扬州兵备道副使。有传。																
顺治九年壬辰邹忠倚榜	**张永祺** 大兴人，榜眼，少卿。有传。**陈可畏** 大兴人。**谭宏宪** 大兴人，山东运同。**金铉** 宛平人，巡抚。	**郭棻** 清苑人，内阁学士。有传。**于鸿渐** 安肃人，湖广醴陵县知县。**王馨谷** 新城人，山西汾州府同知。		**孙如林** 滦州人，河南祥符县知县。	**张翼舒** 河间人，推官。**张厥修** 任丘人，浙江嘉兴县知县。有传。**邢士标** 东光人，河南兰阳县知县。	**刘天谟** 沧州人，吏科给事中。有传。**吕祖望** 沧州人，鸿胪寺少卿。	**何澄** 正定人，四川川北道。有传。**阎政** 正定人，刑部郎中。	**张已** 沙河人。	**孙启后** 永年人。**张鸿基** 永年人，江苏上元县知县。**温如玉** 成安人，广东盐提举。有传。	**张现龙** 东明人，陕西通渭县知县。**徐谓弟** 长垣人。					**张暚** 赵州人，知县。**阎宗尼** 宁晋人，江苏江浦县知县。	**张偀** 深州人，云南罗平州知州。	

	顺天府	保定府	承德府	永平府	河间府	天津府	正定府	顺德府	广平府	大名府	宣化府	遵化州	易州	冀州	赵州	深州	定州
	方希贤宛平人，推官。**刘源澄**固安人，户部主事。**杨士烒**通州人，御史。**郝惟训**霸州人，江南徽州府推官。**崔之瑛**霸州人，云南布政使。	**张文韬**新城人，福建提学佥事。															

	顺天府	保定府	承德府	永平府	河间府	天津府	正定府	顺德府	广平府	大名府	宣化府	遵化州	易州	冀州	赵州	深州	定州
顺治十二年乙未史大成榜	**朱[illegible]** 大兴人，知县。 **宁光玺** 大兴人。 **钱升** 大兴人，知府。 **张伟** 大兴人，郎中。 **刘芳躅** 宛平人，巡抚。有传。 **陈必成** 宛平人，知府。 **田种玉** 宛平人，工部尚书。有	**翁佶** 清苑人，知府，旧志作新城县。 **高标** 满城人，江苏宜兴县知县。 **张萃** 蠡县人，佥事。 **张懋德** 蠡县人，知县。 **常建** 雄县人。 **张嘉善** 雄县人。 **张鼎彝** 束鹿人。通			**孙际昌** 河间人，陕西临洮道副使。有传。 **周敏政** 河间人，安徽定远县知县。 **王阶** 景州人，安徽庐州府同知。有传。 **刘子正** 吴桥人，吏部郎中。有传。	**戴王纶** 沧州人，榜眼，江西布政使参议。 **刘庆藻** 沧州人，江南虹县知县。 **刘深** 南皮人，陕西布政使知事。 **赵奋霄** 盐山人，江南丹徒县知县。	**贾廷兰** 正定人，山西储粮道。 **李浣** 元氏人，江苏娄县知县。 **杨标** 元氏人，县志无。		**杨瀛** 永年人，陕西麟游县知县。 **石曜** 永年人，江西龙泉县知县。 **王志鳌** 曲周人，江西会昌县知县。	**刘元徵** 大名人，刑部郎中。有传。 **安九埏** 开州人，浙江德清县知县。 **赵奠丽** 开州人，户部员外郎。 **杜宸辅** 长垣人，陕西洮岷道佥事。	**魏允升** 宣化卫人，江南常熟县知县。 **张光烈** 万全卫人，山西平阳府同知。有传。 **郝献明** 万全卫人，河南彰德府同知。	**谷元亨** 丰润人，江南山阳县知县。 **桑开运** 玉田人，山东提学道。有传。 **刘毓安** 玉田人，江西余干县知县。			**张若麒** 隆平人。 **王元晋** 宁晋人，户部郎中。 **王昌嗣** 宁晋人，广东安定县知县。	**符应琦** 饶阳人，主事。	

	顺天府	保定府	承德府	永平府	河间府	天津府	正定府	顺德府	广平府	大名府	宣化府	遵化州	易州	冀州	赵州	深州	定州
	传。**张完臣**宛平人。**刘宗韩**固安人，礼部主事。**巩维城**永清人，江苏常州府推官。**雷湛**通州人，户部郎中。有传。**冯源济**涿州人，祭酒。有传。**纪元**文安人，甘	政使。**韩雄岱**高阳人，礼部郎中。有传。															

	顺天府	保定府	承德府	永平府	河间府	天津府	正定府	顺德府	广平府	大名府	宣化府	遵化州	易州	冀州	赵州	深州	定州
	肃巩昌府知府。有传。																
顺治十五年戊戌孙承恩榜	**沈崇宁** 大兴人。**殷观光** 宛平人，庶吉士。**姚祖项** 宛平人，给事中。**杨正中** 通州人，礼部侍郎。有传。**李含春** 通州人，吏部郎中。有传。	**刘桓** 大宁卫人，知县。**冯壮** 清苑人，知县。**张倓** 清苑人，知县。**刘思辑** 清苑人，知县。**吴美秀** 蠡县人，知府。有传。**刘泰祥** 蠡县人，知		**程观颐** 山海卫人，山东淄川县知县。有传。**田麟** 永平籍辽东人。	**刘梅** 故城人，江南常镇道。有传。**马中骥** 东光人，山东昌邑县知县。	**张奇抱** 天津人陕西成县知县。**李枝长** 静海人，四川宜宾县知县。**戴玉缙** 沧州人，御史。**刘振基** 盐山人，南城兵马司指挥。	**魏双凤** 获鹿人，宗人府府丞。有传。**李灏** 元氏人，江苏娄县知县。**娄维岑** 晋州人，陕西陉县知县。			**谷峰** 元城人，四川东乡县知县。有传。		**戴玺** 玉田人，兵部主事。		**杜镇** 南宫人，翰林院侍读。有传。**张尔翼** 武邑人，浙江平阳县知县。**王兴贤** 衡水人，甘肃阶州知州。	**李培初** 宁晋人，福建晋江知县。	**吴本植** 安平人，侍读学士。有传。	

	顺天府	保定府	承德府	永平府	河间府	天津府	正定府	顺德府	广平府	大名府	宣化府	遵化州	易州	冀州	赵州	深州	定州
	杜继召 通州人，广西马平县知县。 **陈敬** 通州人，庶吉士。 **钱中谐** 昌平卫人。有传。 **王灿** 蓟州人，贵州黄平州知州。 **冯壮** 保定人，江西德清县知县。有传。	县。 **崔蔚林** 安州人，詹事府詹事。有传。															

	顺天府	保定府	承德府	永平府	河间府	天津府	正定府	顺德府	广平府	大名府	宣化府	遵化州	易州	冀州	赵州	深州	定州
顺治十六年己亥徐元文榜	**王勖** 大兴人，编修。**苏宣化** 大兴人，少詹。有传。**蒋宏道** 大兴人，左都御史。**朱之佐** 大兴人，侍读学士。**陈之蕴** 大兴人。**张应科** 固安人，广东合浦县知县。	**樊司铎** 清苑人，知县。**高寅** 大宁卫人，江西建德县知县。**张亨升** 完县人，湖广安仁县知县。**吴英光** 蠡县人，行人。**蔡宏璧** 雄县人，知县。**李如滂** 高阳人，四川酆都		**高岗** 滦州人，山东蓬莱县知县。**王淑问** 滦州人，四川犍为县知县。	**戈英** 献县人，御史。有传。**边大义** 任丘人，浙江永康州知州。**苏矿** 交河人，中书。**刘泽厚** 吴桥人，四川江安县知县。有传。	**孟宗舜** 天津人，萍乡县知县。**刘士泓** 青县人，山西岚县知县。**姚景瑄** 青县人，正定府教授。**高恒懋** 静海人，奉天府教授。**傅廷俊** 沧州人，御史。**刘雯矿** 沧州人，编修。	**崔华** 平山人，陕西凉庄道。有传。**许洄** 藁城人，陕西镇安县知县。**田丞髦** 藁城人，户部郎中。	**刘源清** 沙河人，广东琼山县知县。有传。**张尊贤** 唐山人，湖南醴陵县知县。	**杜震远** 永年人。**宁尔讲** 永年人，御史。**唐霖生** 磁州人，山东即墨县知县。有传。	**侣鸾举** 清丰人。四川知县。**田可大** 开州人，安徽来安县知县。**王崇曾** 开州人，江苏太湖县知县。**常时泰** 开州人，贵州思南府推官。**王运开** 长垣人。	**孟宪孔** 保安卫人，江苏松江府通判。	**曹鼎望** 丰润人，陕西凤翔府知府。有传。		**路望重** 南宫人，江南丹阳县知县。**郑端** 枣强人，江苏巡抚。有传。**李时亨** 枣强人，四川邻水县知县。**王凝命** 衡水人，江西会昌县知县。	**翟廉** 赵州人。有传。**马豸** 隆平人。有传。**李伸** 高邑人，河南永宁县知县。**司世教** 宁晋人，湖北巴东县知县。**章尚忠** 宁晋人，原籍江西。**高士侈** 宁晋人，广	**靳闇然** 安平人。	

	顺天府	保定府	承德府	永平府	河间府	天津府	正定府	顺德府	广平府	大名府	宣化府	遵化州	易州	冀州	赵州	深州	定州
	赵之符武清人，佥都御史。有传。 **井在**文安人，福建永安县知县。有传。 **王公任**大城人，浙江开化县知县。 **马玑**大城人，安徽泗州知州。	县知县。有传。 **董煜**高阳人，四川金堂县知县。有传。				**汤裔振**南皮人，甘肃平凉府同知。有传。									东番禺县知县。		

	顺天府	保定府	承德府	永平府	河间府	天津府	正定府	顺德府	广平府	大名府	宣化府	遵化州	易州	冀州	赵州	深州	定州
顺治十八年辛丑马世俊榜	**李时谦**大兴人。有传。 **张尔奎**大兴人。 **苏嵋**大兴人。 **陈宏**大兴人，旧志作顾宏。 **周世泽**大兴人，知县。 **米汉雯**宛平人。有传。 **刘芳喆**宛平人，国子监司业。有	**高棻**清苑人，知县。 **谢宸荃**安肃人，福建安溪县知县。 **郑侨**祁州人，浙江上虞县知县。 **顾启祥**安州人，河南涉县知县。 **韩菼光**高阳人，刑部主事。			**刘争先**阜城人。有传。 **张衡**景州人，陕西佥事。有传。 **陈之佐**故城人，江苏上海县知县。	**张林纶**沧州人。 **刘宗亮**沧州人，浙江临海县知县。 **汤纯**南皮人。 **邵沖**盐山人，河南陕州知州。有传。	**刘元慧**正定人，左都御史。有传。 **曹官纯**正定人，知县。 **牛枢**元氏人，浙江嘉兴府知府。有传。	**赵培基**平乡人，广东陵水县知县。 **崔鸣鹫**内丘人。有传。 **刘滋**任县人，江南绩溪县知县。	**申涵昐**永年人，检讨。有传。	**王维坤**长垣人，四川梓潼县知县。有传。	**史伯言**蔚州人。		**于滕海**易州人，陕西合水县知县。	**周根郘**南宫人，兵科给事中。 **连佳樗**南宫人，中书。有传。 **崔天宠**南宫人，浙江平阳县知县。有传。 **宋文镜**南宫人，河南浙川县知县。 **尹任**枣强人，山东肥城县知	**魏裔讷**柏乡人，江苏桃源县知县。有传。 **王锡九**柏乡人，江西石城县知县。 **方秉桢**宁晋人。 **冯锡祺**宁晋人。		

	顺天府	保定府	承德府	永平府	河间府	天津府	正定府	顺德府	广平府	大名府	宣化府	遵化州	易州	冀州	赵州	深州	定州
	传。**宋世熙**宛平人。**贾爆**永清人，御史。**张鸿猷**通州人，广西提学佥事。有传。**纪星**文安人，四川纳溪县知县。**井廞**文安人，江西长宁县知县。													县。**李履祥**枣强人，贵州普安县知县。			

	顺天府	保定府	承德府	永平府	河间府	天津府	正定府	顺德府	广平府	大名府	宣化府	遵化州	易州	冀州	赵州	深州	定州
康熙三年甲辰严我斯榜	**秦敬傅**大兴人，中书。**邵宗周**大兴人。**范固**大兴人。**周宪文**大兴人。**王梅**大兴人。**钟声之**通州人，知县。	**霍勋**清苑人，知县。**师若琪**安肃人，礼部主事。		**冯贲徵**河间人，山东沂水县知县。**王鼎基**河间人。**李孔嘉**景州人，礼部郎中，旧志作辛丑科。**刘子直**吴桥人，中书。**周慎**吴桥人。	**黄德昌**南皮人。**朱爚南**盐山人，广东博罗县知县。			**秦璟**曲周人。	**孙郁**元城人，浙江桐乡县知县。有传。		**李有伦**丰润人，中书科典籍。	**胡矿**易州人，陕西府谷县知县。	**陈纯**冀州人。	**王懿**赵州人。			

谨案：旧志：是科有王元镳，成安人，《题名碑》无，附此俟考。《贡举考略》：是科初废八股，取士专用策论。试改二场，中式二百五十人。

	顺天府	保定府	承德府	永平府	河间府	天津府	正定府	顺德府	广平府	大名府	宣化府	遵化州	易州	冀州	赵州	深州	定州
康熙六年丁未缪彤榜	**朱敦厚** 大兴人。**胡懋宣** 大兴人。**尤子麟** 大兴人。**何天宠** 宛平人。**纪愈** 文安人，工科给事中。有传。**张报魁** 霸州人。					**郑肃** 沧州人。			**王谦** 永年人，江苏淮阳道参议。有传。**温毓泰** 邯郸人。	**黄之鼎** 元城人。**张鸿仪** 元城人，山西永和县知县。有传。**王作舟** 开州人。				**郑雍** 南宫人，山东临邑县知县。有传。**宋师祁** 枣强人，云南开化府同知。有传。			
康熙九年庚戌蔡	**李录予** 大兴人，吏部侍郎。**张烈** 大兴	**陈垣** 清苑人。**陈正** 清苑人。		**杨振藻** 永平人。	**胡权** 任丘人，河南宝丰县知县。有传。		**纪沄** 晋州人。詹事府正詹。有传。		**刘超凡** 永年人，佥都御史。有传。	**刘元福** 大名人。**张结绿** 大名人，广东乐会		**谷元调** 丰润人，河南宝丰县知县，有传。		**陈宗彝** 冀州人，有传。**耿德曙** 冀州人，福	**张尔介** 赵州人。**高去怠** 宁晋人，江南霍丘	**张倬** 安平人，山西道参议，有传。	

	顺天府	保定府	承德府	永平府	河间府	天津府	正定府	顺德府	广平府	大名府	宣化府	遵化州	易州	冀州	赵州	深州	定州
启傅榜	人。有传。 **沈尚仁** 大兴人，知县。 **祖文谟** 大兴人，侍讲学士。 **万嵩** 大兴人。 **孙祚昌** 大兴人。 **辛乐舜** 固安人，江西南唐县知县。 **杨士炌** 通州人，山东沂水县知县。	**李文炳** 安肃人，河南遂城县知县。 **刘恒祥** 蠡县人，主事。 **刘豫祥** 蠡县人。 **童炜** 祁州人，浙江海盐县知县。			**石润广** 交河人。 **张恂** 景州人，江苏泰兴县知县。有传。 **施廷槐** 东光人，江西长宁县知县。				**王邻** 曲周人，山西隰州知州。有传。 **王勋** 曲周人，广东雷州府知府。有传。 **秦恪** 曲周人，福建同安县知县。有传。 **张晖** 邯郸人，陕西武功县知县，县志作柳晖。	县知县。 **崔徵璧** 长垣人，侍郎，有传。 **李振世** 长垣人，有传。				建古田县知县。	县知县。		

	顺天府	保定府	承德府	永平府	河间府	天津府	正定府	顺德府	广平府	大名府	宣化府	遵化州	易州	冀州	赵州	深州	定州
	周钊 涿州人。**邵秉忠** 文安人，山东乐安县知县。**李起** 文安人，江苏江都县知县。								**齐祖望** 鸡泽人，甘肃巩昌府知府。								
谨案：《贡举考略》：本年大学士等奏议，场中仍用八股，照旧例叠试三场，场录准复行刊刻。																	
康熙十二年癸丑韩炎榜	**顾汧** 大兴人，巡抚。**李尚隆** 大兴人。**田成玉** 大兴人。**葛鸣鹍** 大兴	**吴恒秀** 蠡县人。**李百龄** 高阳人，广西西林县知县。			**王琯** 交河人，永昌道副使。有传。**秘丕笈** 故城人，工部郎中。	**柴廷望** 南皮人。**宫梦仁** 静海人，庚戌会元，本科殿试，巡抚。		**束启宗** 唐山人。	**岳葱** 曲周人，江西雩都县知县。有传。	**王印芳** 大名人。**张鼎新** 大名人。**黄伸** 元城人。**栗芳林** 清丰人。					**司铉** 宁晋人，郎中。		

	顺天府	保定府	承德府	永平府	河间府	天津府	正定府	顺德府	广平府	大名府	宣化府	遵化州	易州	冀州	赵州	深州	定州
	人。旧志无。**余应霖**大兴人。**张祖荣**宛平人。**郝惟谟**霸州人。**井睦**文安人，河南河南府知府。有传。				**马孔怀**东光人。有传。					**靳文谟**开州人，御史。							
康熙十五年丙辰彭定求榜	**高联**大兴人。**田肇埏**大兴人。**李嘉猷**大兴人。**高裔**宛平人。有	**谢公洪**保定人，浙江湖州府知府，《任丘志》作任丘县人。		**翁叔元**永平卫人，探花，刑部尚书，原籍江苏常熟。有传。	**窦重光**肃宁人，江南丹阳县知县。**舒瑜**任丘人，内阁中书。	**沈支炳**天津人。旧志作河间人。	**阎足兴**新乐人。	**滑澡德**内丘人，刑部郎中。	**马振古**永年人。**赵昌龄**鸡泽人。**张榕端**磁州人，礼部侍郎。有传。	**万愫**南乐人，四川提学佥事。**万图昌**长垣人，知县。**李聘**长垣人，知	**郭之祚**保安州人，湖广兴宁县知县。				**魏䰠**柏乡人，广西浔州府同知。	**高明峻**深州人，河南荥阳县知县。**刘谦**武强人，都御史。有传。	

	顺天府	保定府	承德府	永平府	河间府	天津府	正定府	顺德府	广平府	大名府	宣化府	遵化州	易州	冀州	赵州	深州	定州
	传。**刘彦**宛平人。**胡忠正**宛平人。**杨九有**武清人，中书。**裘充美**昌平人。	**李作哲**清苑人。**张璲**满城人，员外郎。有传。**甄承嗣**唐县人。**李用楫**容城人，江南安庆府同知。**李瑞徵**容城人，户部主事。有传。**郭文炳**蠡县人，主事。**吴升秀**蠡县								县。有传。							

	顺天府	保定府	承德府	永平府	河间府	天津府	正定府	顺德府	广平府	大名府	宣化府	遵化州	易州	冀州	赵州	深州	定州
		人。**杨尔淑**新安县人，通政使。有传。															
谨案：旧志：是科有刘嗣吉，大兴人，考《题名碑》系刘嗣李，江南泰兴人。又有罗衍嗣，永平人，《题名碑》系奉天金州人，《永平府志》不载，今删。																	
康熙十八年己未归允肃榜	**李樗**固安人，福建南安县知县。**卜景超**固安人，云南永昌道参议。有传。**杨雍**宝坻人，检讨。有传。**龚宜生**涿州	**阎中宽**蠡县人，郎中。有传。				**刘果实**沧州人，编修。有传。		**田象三**内丘人，浙江海宁县知县。	**王泽长**曲周人，御史。					**郑惟孜**南宫人，御史。有传。**张光豸**南宫人，福建按察副使。**刘拯**枣强人，御史。有传。	**赵玉振**高邑人，山东观城县知县。	**乔文锦**深州人，湖北武昌县知县。	

	顺天府	保定府	承德府	永平府	河间府	天津府	正定府	顺德府	广平府	大名府	宣化府	遵化州	易州	冀州	赵州	深州	定州
	人。**郝士锌**霸州人，知府。																
康熙二十一年壬戌蔡升元榜	**袁桥**大兴人。**黄轩**大兴人。**徐经远**宛平人。**卜峻超**固安人，御史。**赵珣**武清人，吏部员外郎。**孙缵功**昌平人，云南按察使佥事。	**康起梅**满城人，福建顺昌县知县。有传。**鹿宾**定兴人，御史。有传。**常绅**雄县人，给事中。**孙洤**容城人，内阁中书。有传。**冯铭**束鹿					**张莲**正定人，御史。有传。	**李霄**广宗人，福建漳浦县知县。有传。	**路元升**曲周人，检讨。	**黄仪**元城人，知县。有传。**张璟**元城人，知县。	**姚文光**宣化前卫人，云南驿盐道。**李旭升**蔚州人，吏部侍郎。有传。**魏学诚**蔚州人，翰林院侍读。有传。			**杨含素**南宫人。		**韩曰煐**深州人，湖广永州知府。	**郝林**定州人，工部侍郎。有传。

	顺天府	保定府	承德府	永平府	河间府	天津府	正定府	顺德府	广平府	大名府	宣化府	遵化州	易州	冀州	赵州	深州	定州
		人，湖南湘潭县知县。**辛禹昆**新安人，吏部郎中。**王作舟**高阳人，礼部郎中。															
谨案：旧志是科有王如曾，大兴人，《题名碑》无，附此俟考。																	
康熙二十四年乙丑陆肯堂榜	**张靄**大兴人。**高寿名**大兴人。**吴琪**大兴人。	**赵灏**满城人，江西弋阳县知县。有传。**田得名**定兴人，陕西凤县知县。**王企靖**雄县		**刘伟**滦州人，御史。	**刘隆卿**献县人。	**张麟生**天津人，湖广新化县知县。		**郑之宗**南和人，广东永安县知县。		**侯溥**清丰人，礼部主事。**纪人龙**东明人，陕西陇州知州。**杨绿绶**长垣人，湖	**黄鼎楫**宣化前卫人，吏科给事中。有传。	**郑恂**丰润人，御史。有传。**李子昌**丰润人，湖南巴陵县知县。		**杨国桢**冀州人。**王伷**枣强人。旧志作壬戌科。	**魏男**柏乡人，浙江金华府知府。		**王之枢**定州人，侍读。有传。

	顺天府	保定府	承德府	永平府	河间府	天津府	正定府	顺德府	广平府	大名府	宣化府	遵化州	易州	冀州	赵州	深州	定州
		人，巡抚。 **杨尔皓** 高阳人，江南砀山县知县。《高阳志》作柴尔皓。 **董一薰** 高阳人，陕西安定县知县。								北安陆县知县。 **成霈** 长垣人，湖北大冶县知县。 **徐涵** 长垣人，河南永城县知县。							
谨案：旧志是科有芮复传，宝坻人，亦见县志。考《题名碑》无，附此俟考。																	
康熙二十七年戊辰	**徐晋** 宛平人。 **王简之** 通州人，江西武宁县知	**张复** 保定卫人，编修。			**冯文蔚** 故城人。	**张翼** 沧州人，户部员外郎。	**田昀** 藁城人，福建政和县知县。		**裴大夏** 邯郸人，兵部主事。 **冀靖远** 曲周人，福		**刘廷理** 宣化前卫人，江南灵璧县知县。			**张子发** 南宫人，广东高明县知县。 **赵惠吉** 新河		**郭徽祚** 武强人，大理寺卿。旧志作乙丑科。	

	顺天府	保定府	承德府	永平府	河间府	天津府	正定府	顺德府	广平府	大名府	宣化府	遵化州	易州	冀州	赵州	深州	定州
沈廷文榜	县。有传。**郝士钧**霸州人。**王允泽**文安人。								建泉州府通判。有传。**秦扩**曲周人，山西马邑县知县。**李皖**鸡泽人。旧志作壬戌科。					人，御史。**杜继美**枣强人，浙江淳安县知县。			
康熙三十年辛未戴有祺榜	**黄叔琳**大兴人，探花。**邵观**大兴人。**王从谏**大兴人。**张宏俶**宛平人。	**蒋敦**蠡县人，知府。				**卫璠**沧州人，陕西神木道佥事。**赵炯**盐山人，广西来宾县知县。有传。	**许岳生**正定人，山西阳城县知县。**张瑀**无极人，河南河内县知县。	**贾汝楫**平乡人，江西兴安县知县。有传。	**和氏玺**永年人，福建闽县知县。有传。**夏纪**永年人，河南荥泽县知县。有传。	**王介**南乐人，陕西清涧县知县。**李允秀**长垣人。安徽桐城县知县。有传。	**朱文卿**保安州人，礼部郎中。		**巩皇图**易州人，四川郧阳县知县。			**张愈**深州人，吏部员外郎。	

	顺天府	保定府	承德府	永平府	河间府	天津府	正定府	顺德府	广平府	大名府	宣化府	遵化州	易州	冀州	赵州	深州	定州
	韩宗纲宛平人。**温为**通州人，陕西清涧县知县。**樊绍祚**文安人，太常寺少卿。**刘肇昆**文安人，广东河源县知县。																
康熙三十三年甲戌胡	**龚铎**大兴人。**周道新**大兴人。**熊苇**涿州人，内	**曹鼒**保定卫人，御史。**赵守易**完县人，礼部主事。		**高天挺**昌黎人，四川隆昌县知县。有传。	**苏瑛**交河人，贵州思南府知府。有传。**任谦**故城	**赵尔孙**盐山人，检讨。			**孙廷瑛**永年人，江西庐陵县知县。有传。**周俊**鸡泽	**李训**大名人。**徐振**长垣人，湖南新田县知县。	**李暄亨**蔚州人，中书。有传。		**李燕俊**易州人，四川万县知县。有传。				

	顺天府	保定府	承德府	永平府	河间府	天津府	正定府	顺德府	广平府	大名府	宣化府	遵化州	易州	冀州	赵州	深州	定州
任舆榜	阁学士。**纪遴宣**文安人，江南萧县知县。				人，福建闽县知县。				人，工部主事。**张丙厚**磁州人，刑部郎中。有传。	**李璠**长垣人，山西清源县知县。							
康熙三十六年丁丑李蟠榜	**萧名俊**大兴人。**张庚耀**大兴人。**吴文炎**大兴人。**何桂蕃**文安人。	**韩法祖**博野人，陕西沔县知县。**安于仁**祁州人，山西壶关县知县。**李而侗**束鹿人，河南鄢陵县知县。**魏重轮**高阳				**尹烈**南皮人。	**吴迪**井陉人。		**乐玉声**磁州人，广东琼山县知县。有传。	**李方照**长垣人。	**李周望**蔚州人，礼部尚书。有传。**宗孔范**保安州人，陕西漳县知县。**宗孔授**保安州人，浙江平阳县知县。	**孙跃**丰润人，郎中。	**张懋德**易州人，江苏长洲县知县。	**董哲**枣强人，吏部郎中。			

	顺天府	保定府	承德府	永平府	河间府	天津府	正定府	顺德府	广平府	大名府	宣化府	遵化州	易州	冀州	赵州	深州	定州
		人，山西应州知州。															
康熙三十九年庚辰汪绎榜	**陶彝** 大兴人。**方辰** 大兴人。**张振嗣** 大兴人。**金元宽** 大兴人。**张登杰** 大兴人。**汪养纯** 宛平人。**王景曾** 宛平人，检讨。**李士瑜** 永清人，广	**郑景洛** 博野人，山东峄县知县。有传。**王俣** 蠡县人。**刘慧奇** 雄县人。**李继泌** 祁州人，浙江缙云县知县。**韩天翥** 高阳人，兵部主事。		**汪兴恒** 卢龙人，福建长泰县知县。**任五伦** 昌黎人，湖广汉阳县知县。有传。**张开第** 山海卫人，广东曲江县知县。	**田衷孚** 肃宁人，陕西兴平县知县。有传。**金璞** 任丘人，中书。有传。	**戴宽** 沧州人，庶吉士。**励廷仪** 静海人，吏部尚书。有传。	**朱良** 无极人，安徽太平县知县。		**李帅正** 永年人。有传。**张瑞生** 肥乡人，江西定南县知县。有传。	**高光宗** 元城人。有传。**张调陛** 元城人。**武龄** 南乐人，湖南永兴县知县。**程璞** 清丰人，安徽当涂县知县。**王权** 长垣人，陕西宝鸡县知县。			**王伫** 易州人。	**李琮** 南宫人，中书。	**王鹿瑞** 赵州人。**孟寅生** 赵州人。	**韩蕃** 武强人。	

	顺天府	保定府	承德府	永平府	河间府	天津府	正定府	顺德府	广平府	大名府	宣化府	遵化州	易州	冀州	赵州	深州	定州
	东惠州府知府。**韩瑛**通州人，贵州瓮安县知县。**李灼**文安人，浙江定海县知县。**王涵**文安人，四川奉节县知县。																
康熙四十二年癸未	**薄有德**大兴人。**唐执玉**大兴人，兵部尚书，原	**张秉盼**清苑人。**张晋**安肃人。有传。			**王嗣昌**任丘人。**张澂**景州人，河南镇平县知	**陈懋德**青县人，吏部主事。**宫懋言**静海人。	**何瑞**正定人，江苏华亭县知县。		**李天祥**永年人，检讨。**秦扬**曲周人，广东恩平	**王居建**开州人，庶吉士。**魏文碧**长垣人，四川梁山					**魏世泰**柏乡人，河南沈丘县知县。**魏沅**柏乡	**辛炜**武强人。有传。	

	顺天府	保定府	承德府	永平府	河间府	天津府	正定府	顺德府	广平府	大名府	宣化府	遵化州	易州	冀州	赵州	深州	定州
王式丹榜	籍江南武进县。李堂蒋嘉猷同知。胡忠本以上三人俱宛平人。韩黄香河人。赵琮武清人。高志绅文安人。	刘兴元蠡县人。马骏安州人。			县。有传。蒋书升故城人，户部主事。	牛天宿静海人。有传。			县知县。有传。	县知县。李凤翔长垣人。					人，广东饶平县知县。		
康熙四十五年丙戌王	田易大兴人。吴文煊大兴人。赵子信大兴人。	王允晋清苑人。李棠清苑人。王我都清苑人。		王珍卢龙人，山海卫教授。姚协于乐亭人，浙江会稽	杜文焕阜城人，宣化府教授。王琮肃宁人。王垣交河	孙谠沧州人。宫鸿历静海人。	郝浚正定人。魏壮获鹿人，鸿胪寺卿。有传。	李堃元城人。魏嵋南乐人，浙江钱塘知县。有传。									

	顺天府	保定府	承德府	永平府	河间府	天津府	正定府	顺德府	广平府	大名府	宣化府	遵化州	易州	冀州	赵州	深州	定州
云锦榜	**诸葛铭**武清人。	**陶国奇**清苑人。**马芝秀**博野人。**韩映**新安人，御史。		县知县。	人。**白璇**交河人。		**魏观**获鹿人，江南苏松太道。**刘博**获鹿人。										
康熙四十八年己丑赵熊诏榜	**黄叔琬**大兴人。**黄叔璥**大兴人。**邵锦江**大兴人。**蒋仁锡**大兴人。**应综文**大兴人。**张奎光**大兴人。	**张榷**清苑人。**张昉**清苑人。**张晓**清苑人。**陈诗**唐县人。**陈偦**雄县人。**张翰扬**束鹿人，贵		**朱廷遴**卢龙人，河间府教授。**崔灿**迁安人，庶吉士。**高棠萼**昌黎人，浙江景宁县知县。**万瑄**昌黎人，河	**边溪**任丘人，江西定南县知县。	**周人龙**天津人，山西蒲州府知府。有传。**朱之璘**青县人。**高缉颢**静海人。	**张淑郿**正定人，湖北武昌府知府。			**王僧慧**开州人，山东萧台县知县。**余庆锡**长垣人，广东香山县知县。有传。	**吕滉**延庆州人，保定府教授。**李厚望**蔚州人，四川重庆府知府。州志作丙戌科。有传。**黑天池**赤城人，广东苍梧				**高维新**宁晋人。		**李率先**深泽人，福建宁洋县知县。

	顺天府	保定府	承德府	永平府	河间府	天津府	正定府	顺德府	广平府	大名府	宣化府	遵化州	易州	冀州	赵州	深州	定州
	邵之旭 大兴人。**胡文灿** 大兴人。**郑羽逵** 宛平人。**赵东暄** 宛平人。**李玘尊** 宛平人。**李果实** 东安人，正定府教授。**阴俨** 香河人。**杨正** 通州人，浙江知县。	州贵筑县知县。有传。**辛禹奕** 新安人，浙江分水县知县。**辛禹籍** 新安人，陕西宁朔县知县。		南内乡县知县。							道。有传。						

	顺天府	保定府	承德府	永平府	河间府	天津府	正定府	顺德府	广平府	大名府	宣化府	遵化州	易州	冀州	赵州	深州	定州
	朱纶 通州人，庶吉士。有传。**钱甫生** 武清人。**黄振国** 武清人。**芮复传** 宝坻人，浙江温处道。有传。**朱一凤** 涿州人，陕西延绥鄜道。有传。**樊贞** 文安人，刑部员外郎。旧																

	顺天府	保定府	承德府	永平府	河间府	天津府	正定府	顺德府	广平府	大名府	宣化府	遵化州	易州	冀州	赵州	深州	定州
	志作樊睿。**雷纯**大城人。																
谨案：旧志及《定兴县志》是科均有郭文元，《题名碑》无，附此俟考。																	
康熙五十一年壬辰王世琛榜	**甄之璜**大兴人。**薄海**大兴人。**舒大成**大兴人。**崔楙**霸州人。	**李介福**完县人。**陈德荣**安州人。有传。**李居广**高阳人，山东峄县知县。**韩三善**高阳人，广西西隆州知州。**韩三公**高阳人，广			**戈楙伦**献县人，检讨。有传。	**高泽弘**静海人。**李登瀛**沧州人。		**鹿耿**南和人，浙江宣平县知县。	**谢鹏程**邯郸人，保定府教授。**张坦**磁州人，陕西潼商道。有传。	**黄之绶**元城人。**阎九畴**南乐人。							

	顺天府	保定府	承德府	永平府	河间府	天津府	正定府	顺德府	广平府	大名府	宣化府	遵化州	易州	冀州	赵州	深州	定州
		平府教授。**王钧**高阳人，浙江丽水县知县。**李如璐**新安人，陕西神木道。															
康熙五十二年癸巳万寿恩科王敬铭榜	**于本宏**大兴人。**王贻荃**大兴人。**徐流谦**大兴人。**方宏度**大兴人。**宋宗淑**大兴人。	**石生晖**定兴人，陕西咸阳县知县。**赵廷辅**完县人，湖广黄陂县知县。**王之臣**蠡县人。			**魏廷珍**景州人，探花，工部尚书。有传。	**黄钜**南皮人。	**李耀庚**晋州人。		**张岑**曲周人。**赵瓒**鸡泽人，天津府教授。		**张元怀**宣化人，浙江布政使。			**周世培**冀州人。		**刘自洁**武强人。	

	顺天府	保定府	承德府	永平府	河间府	天津府	正定府	顺德府	广平府	大名府	宣化府	遵化州	易州	冀州	赵州	深州	定州
	王玉璇 大兴人。**赵晟** 武清人，湖南浏阳县知县。**崔蒞** 霸州人。	**张光华** 高阳人，福建建阳县知县。有传。**叶蓁** 保定左卫人。															
康熙五十四年乙未徐陶璋榜	**陆述宣** 大兴人。**陈仪** 文安人。有传。**郝士铉** 霸州人。	**胡尔默** 保定左卫人。**田玉芝** 蠡县人。**刁承祖** 祁州人，广东布政使。**魏士瑛** 安州人。**张鳞甲** 新安				**宫雍** 静海人。**牛思任** 静海人。**高荀侨** 静海人。	**王璋** 正定人，湖南益阳县知县。**石光玺** 获鹿人，山西阳高县知县。		**胡煦** 永年人，江西永丰县知县。**冀栋** 永年人，左副都御使。**冀椝** 永年人，中书。	**冯叔璩** 南乐人。				**李秩** 南宫人，陕西商南县知县。	**刘起宗** 隆平人。		

	顺天府	保定府	承德府	永平府	河间府	天津府	正定府	顺德府	广平府	大名府	宣化府	遵化州	易州	冀州	赵州	深州	定州
		人，御史。							**秦铸**曲周人，河南扶沟县知县。有传。**齐叔伦**鸡泽人。								
康熙五十七年戊戌汪应铨榜	**吴士进**大兴人。**戴允恭**大兴人。**颜光晖**宛平人。**董俊**涿州人，知州。**崔宣**霸州人。**刘博**文安人。	**张宪龄**束鹿人，甘肃宁州知州。**韩惠基**高阳人，浙江黄岩县知县。		**李兰**乐亭人，江西布政使。	**曹永祺**景州人。	**毕谊**沧州人。	**魏述祖**获鹿人。有传。				**赵尔楷**西宁人，山西文水县知县。	**董怡**丰润人。		**杜遂**衡水人。			**杨昌言**曲阳人，福建建宁县知县。

	顺天府	保定府	承德府	永平府	河间府	天津府	正定府	顺德府	广平府	大名府	宣化府	遵化州	易州	冀州	赵州	深州	定州
	刘丕谟 文安人。																
康熙六十年辛丑邓钟岳榜	**邵泰** 大兴人。有传。 **范卜年** 大兴人。 **王兆符** 大兴人。 **刘维新** 宛平人。 **王克宏** 宛平人。 **张大德** 宛平人。 **曹涵** 武清人，检讨。 **李文华** 大城人。	**陶德焘** 保定左卫人。 **赵可大** 清苑人。		**李鍼** 卢龙人。	**陈惟煜** 河间人，顺德府教授。 **段西铭** 河间人。 **边果** 任丘人。 **赵笏** 宁津人。	**励宗万** 静海人，礼部侍郎。 **姜仁修** 沧州人，商籍，清苑县知县。 **杜纯** 沧州人，商籍，山西五寨县知县。 **沈遴** 沧州人。盐籍。 **恽宗恂** 沧州人。盐籍。			**樊正域** 成安人，户部员外郎。						**李渭** 高邑人，山东布政使。		**王植** 深泽人，广东罗定州知州。有传。

	顺天府	保定府	承德府	永平府	河间府	天津府	正定府	顺德府	广平府	大名府	宣化府	遵化州	易州	冀州	赵州	深州	定州
雍正元年癸卯于振榜	**邵锦涛**大兴人。**沈梁**大兴人。**黄元铎**大兴人。**王鼎**大兴人。**邵大生**大兴人。**茹林**宛平人。**辛克一**固安人。**陈诚**通州人，浙江太平县知县。**纪逵宜**文安	**王奎**清苑人。**夏士锦**满城人，冀州学正。**李友绛**祁州人，江南休宁县知县。有传。**冉瑾**高阳人，山西平遥县知县。			**阎奉化**河间人。**马咸厚**东光人，知县。	**王又朴**天津人，东河运同。有传。**李之峥**沧州人，云南蒙化厅同知。有传。**赵温**盐山人，陕西岳阳县知县。**胡清**庆云人，安徽泾县知县。				**朱宏仁**清丰人，山东昌乐县知县。有传。		**魏元枢**丰润人，山西汾州府知府。有传。		**刘熺**冀州人，江西萍乡县知县。**鲍梓**南宫人，献县教谕。有传。**武珩**武强人。	**李淮**高邑人，庶吉士。**王振世**高邑人，湖南湘乡县知县。		**张曰运**曲阳人，山东邹平县知县。

	顺天府	保定府	承德府	永平府	河间府	天津府	正定府	顺德府	广平府	大名府	宣化府	遵化州	易州	冀州	赵州	深州	定州
	人，刑部员外郎，有传。																
谨案：《贡举考略》是科九月会试，十月殿试，中式二百七十人。																	
雍正二年甲辰补行正科陈德华榜	**赵立身**大兴人。**阮汝暻**大兴人。**王廷琬**宛平人。**张忠正**宛平人。**赵晃**武清人，山东登莱青道。**陈浩**昌平人。**郝霪**霸州人。	**房璋**清苑人。**鹿谦吉**定兴人，江南凤台县知县。有传。**尹会一**博野人，吏部侍郎。有传。**赵耀甲**祁州人，云南楚雄县知县。			**叶柷**任丘人，山东淄川县知县。有传。**贾如玺**故城人，御史。有传。**秘象震**故城人，主事。	**张疊**天津人，山东邹平县知县。**萧启栋**青县人，顺德府教授。**于凝祺**静海人，湖北孝感县知县。**李之峥**沧州人，湖北光化县知县。	**傅聚**灵寿人。**王溥**元氏人，浙江丽水县知县。**安偲**赞皇人。**安佑**赞皇人，吏部主事。		**陈慰祖**磁州人，安徽宿州知州。	**武联馨**南乐人，宣化府教授。**武联鼙**南乐人，湖南巴陵县知县。**李子靖**清丰人，江西定南县知县。**宋璋**开州人。有传。**宋汝梅**长垣		**李翔鳞**遵化人，山西长子县知县。有传。**刘所说**丰润人，保定府教授。		**魏世隆**南宫人，河南固始县知县。**赵瑛**新河人。	**刘成德**赵州人。**岳生夔**隆平人，山东新城县知县。		**王棫**深泽人，湖北蕲水县知县。有传。

	顺天府	保定府	承德府	永平府	河间府	天津府	正定府	顺德府	广平府	大名府	宣化府	遵化州	易州	冀州	赵州	深州	定州
	陈凤友文安人。	**陈德华**安州人，状元，吏部尚书。有传。**周家相**新安人，湖广钟祥县知县。								人，江西安仁县知县。							
雍正五年丁未彭启丰榜	**刘东宁**大兴人。**徐安民**大兴人。**陈玉庭**大兴人。**王康**大兴人。**张灏**宛平人。	**李泰来**蠡县人。		**石袭曾**永平人，户部员外郎。	**边樬**任丘人。**曹梦龙**景州人，四川道。	**周人骥**天津人，御史。有传。**金相**天津人，右庶子，有传。**张受长**南皮人，河南河北道。	**杜元麟**赞皇人，湖北南漳县知县。有传。		**杜璁**永年人。	**赵纯仁**长垣人，河南上蔡县知县。**吕益昌**长垣人，福建建阳县知县。			**单钰**易州人，浙江玉环厅同知。有传。				**郝诚炳**定州人。**宋鍋**深泽人，四川江安县知县。

	顺天府	保定府	承德府	永平府	河间府	天津府	正定府	顺德府	广平府	大名府	宣化府	遵化州	易州	冀州	赵州	深州	定州
	钟晼宛平人。**缪灿**宛平人。**裘树荣**宛平人。**陈瑺**通州人，江南霍山县知县。有传。**叶铭**通州人。**蔡珏**通州人，河南鹿邑县知县。有传。**刘苳**霸州人。					**张乃史**南皮人，河间府教授。											

	顺天府	保定府	承德府	永平府	河间府	天津府	正定府	顺德府	广平府	大名府	宣化府	遵化州	易州	冀州	赵州	深州	定州
	韩铨 文安人，山西广灵县知县。																
雍正八年庚戌阎澍榜	**薄岱** 大兴人。**张之浚** 大兴人。**张廷抡** 大兴人。**金溶** 大兴人。有传。**宋长城** 大兴人。**谢锽** 大兴人。**周朗** 大兴人。	**金鸿** 保定左卫人。**张钺** 清苑人。**鹿迈祖** 定兴人，湖北粮道。有传。**蔡焞** 雄县人。**陈德正** 安州人。有传。**梁卿云** 安州人。		**傅齐贤** 卢龙人。**方浩** 滦州人。**牛天贵** 山海卫人，今临榆县。	**戈锦** 献县人，浙江归安县知县。有传。**朱阔** 肃宁人，山西祁县知县。**崔琳** 任丘人，山西长子县知县。有传。**张重振** 任丘人，山	**黄道坪** 青县人。		**田五柱** 内丘人。		**高昶** 长垣人，陕西麟游县知县。**王佐登** 长垣人，广平府教授。			**魏克让** 易州人，顺德府教授。		**刘璜** 隆平人，山东陵县知县。		**宋锋** 深泽人，湖北崇阳县知县。

	顺天府	保定府	承德府	永平府	河间府	天津府	正定府	顺德府	广平府	大名府	宣化府	遵化州	易州	冀州	赵州	深州	定州
	阮汝昭 大兴人。**高弘缉** 大兴人。旧志无。**高泽** 宛平人。**李作楫** 宛平人。**袁儒忠** 宛平人。**顾尔棠** 通州人，山东兰山县知县。**杨烛** 固安人，山东费县知县。**杨秀** 固安	**张祚昌** 新安人，山东知县。			西保德州知州。有传。**王维悫** 交河人，知府。**侯国正** 吴桥人，山东知州。												

	顺天府	保定府	承德府	永平府	河间府	天津府	正定府	顺德府	广平府	大名府	宣化府	遵化州	易州	冀州	赵州	深州	定州
	人，翰林院侍讲。**井其洵**文安人，山东菏泽县知县。**陈玉友**文安人。																
谨案：旧志是科有赵璟，宛平人，《题名碑》系江南无锡人，今删。																	
雍正十一年癸丑陈倓榜	**田志勤**大兴人，榜眼，侍讲。**邵大业**大兴人。有传。**李芳华**大兴人。**刘毓珍**大兴人。	**薛观**清苑人。**张永淑**满城人，陕西河州知州。**孟泽新**安肃人，湖南辰州府同知。			**王硕人**宁津人。	**张廷让**沧州人，户部主事。**赵履亨**盐山人，井陉县训导。		**张文骢**邢台人，江西兴安县知县。		**卢秉懿**东明人，湖北枝江县知县。**李云绣**长垣人，四川眉州知州。	**阎介年**蔚州人，陕西驿盐道。有传。					**翟天翱**饶阳人，浙江诸暨县知县。	**郝诚杰**定州人。

	顺天府	保定府	承德府	永平府	河间府	天津府	正定府	顺德府	广平府	大名府	宣化府	遵化州	易州	冀州	赵州	深州	定州
	魏其滨 大兴人。 **王鉴** 大兴人。 **魏文** 大兴人。 **罗龄** 大兴人。 **徐淳** 大兴人。 **于暲** 大兴人。 **何琇** 宛平人。有传。 **杨瑛** 固安人，河南许州知州。																

	顺天府	保定府	承德府	永平府	河间府	天津府	正定府	顺德府	广平府	大名府	宣化府	遵化州	易州	冀州	赵州	深州	定州
	诸葛永龄武清人，四川宜宾县知县。**刘标**大城人。																

卷四十一

表二十六

选举九进士　国朝二

	顺天府	保定府	承德府	永平府	河间府	天津府	正定府	顺德府	广平府	大名府	宣化府	遵化州	易州	冀州	赵州	深州	定州
乾隆元年丙辰金德瑛榜	**黄登贤**大兴人。 **黄咏**大兴人。 **罗世芳**大兴人。 **王治国**大兴人。 **甄汝舟**大兴人。 **殷修仁**大兴人。 **何玠**宛平	**刘文彦**唐县人。 **李锦辉**祁州人，山东临淄县知县。 **杜三德**祁州人，四川昭化县知县。 **陈策**安州人。有传。		**阎公铣**昌黎人，贵州独山州知州。有传。	**孙维哲**景州人，甘肃渭源县知县。 **方鸣球**吴桥人，山东峄县知县。	**朱嘉**天津人，刑部主事。 **张惟寅**青县人，户部主事。有传。 **胡纯**庆云人，云南蒙自县知县。	**赵朝栋**晋州人，四川盐亭县知县。		**胡在用**永年人，湖北松滋县知县。有传。 **王今远**曲周人，山西垣曲县知县。有传。 **牛毓松**清河人。	**冯仲存**南乐人，四川温江县知县。 **陈恂**长垣人，广西苍梧县知县。 **顿权**长垣人。			**赵允涵**易州人，编修。有传。	**郭琮**冀州人，陕西朝邑县知县。 **魏国光**南宫人，知县。 **孟履中**武邑人。	**冯澎**隆平人，河南沈丘县知县。		**王莹中**深泽人，湖北罗田县知县。

	顺天府	保定府	承德府	永平府	河间府	天津府	正定府	顺德府	广平府	大名府	宣化府	遵化州	易州	冀州	赵州	深州	定州
	人。有传。**陈文灿**宛平人。**卜大川**固安人，大名府教授。**孟瑛**霸州人。**朱霖亿**宝坻人。	**马绍曾**高阳人。															
乾隆二年丁巳恩科于敏中榜	**温葆经**大兴人。**冯秉彝**大兴人。**黄登谷**大兴人。**祝勋**大兴人。	**张于畊**清苑人。**管余庆**清苑人。**高弘均**清苑人。未殿试。**鹿遵祖**定兴			**赵丹枢**阜城人，广东石城县知县。**苏鹤成**交河人。有传。	**牛琳**天津人，庶吉士。				**周礼**大名人，编修。有传。**王瑞**东明人，山东新城县知县。	**孙昇龙**怀柔人。	**冯兆吉**遵化人，江南宜兴县知县。**孙穆**丰润人，湖北蒲圻县知县。					

	顺天府	保定府	承德府	永平府	河间府	天津府	正定府	顺德府	广平府	大名府	宣化府	遵化州	易州	冀州	赵州	深州	定州
	张琪 大兴人。**金世越** 宛平人。**朱良弼** 宛平人。**王光夔** 宛平人。**卢宪观** 宛平人。**杨熥** 固安人，江南山阴县知县。**曹云昇** 通州人，湖南知县。有传。**罗凤仪** 通州	人，正定府教授。**王泰亨** 安州人。**齐士雄** 高阳人。															

	顺天府	保定府	承德府	永平府	河间府	天津府	正定府	顺德府	广平府	大名府	宣化府	遵化州	易州	冀州	赵州	深州	定州
	人。**刘守成**宁河人，湖南岳州府同知。**周洵**昌平州人。**纪虚中**文安人，长芦运使。																
乾隆四年己未庄有恭榜	**徐垣**大兴人。**徐文煜**大兴人。**王锦**大兴人。**费昭**大兴人。**高廷元**大兴	**谢千子**雄县人。**仇元基**雄县人。**李基生**祁州人，浙江淳安县知县。		**赵远猷**滦州人。	**叶天枢**献县人。	**张文运**天津人。**沈宏模**天津人。**王纬**天津人。**周人麒**天津人，庶吉士。	**郑其仁**赞皇人。	**梁尔珣**任县人。		**崔钥**长垣人，理藩院同知。**毛德馨**长垣人。	**姚廷祐**宣化人，编修。**郭家英**宣化人，湖北应山县知县。	**孙矿**丰润人，江南凤台县知县。					

	顺天府	保定府	承德府	永平府	河间府	天津府	正定府	顺德府	广平府	大名府	宣化府	遵化州	易州	冀州	赵州	深州	定州
	人。**丁士睿**大兴人。**张昱**大兴人。**聂元善**大兴人。**孙垣**宛平人。有传。**张謍**宛平人。**潘炯**通州人，江西进贤县知县。有传。**黄绎**文安人。**李勋**文安					**朱曾仲**青县人。**王鸿**范州人，保定府教授。											

	顺天府	保定府	承德府	永平府	河间府	天津府	正定府	顺德府	广平府	大名府	宣化府	遵化州	易州	冀州	赵州	深州	定州
	人。**纪宣猷**文安人，河间府教授。**董朱英**文安人，贵州毕节县知县。																
乾隆七年壬戌金甡榜	**黄鹤龄**大兴人。**徐浩**大兴人。**施鼎**大兴人。**周士瑞**大兴人。**邹本立**大兴人。	**高宏均**清苑人。**王太岳**定兴人，云南布政使。有传。**马元文**博野人，云南浪穹县知县。	**毛复亨**承德人。		**李棠**河间人，江南上元县知县。有传。**刘炳**任丘人，江西九江府知府。有传。**戈岱**景州	**高荀迈**静海人。**宋玮**沧州人。											

	顺天府	保定府	承德府	永平府	河间府	天津府	正定府	顺德府	广平府	大名府	宣化府	遵化州	易州	冀州	赵州	深州	定州
	金镖 大兴人。 **刘璹** 大兴人。 **金洪** 大兴人。 **毛永爕** 大兴人。 **董天柱** 大兴人。 **盛英** 宛平人。有传。 **龚廉** 宛平人。 **王文标** 宛平人。 **李缙** 宛平人。	**刘训** 雄县人。			人，编修。 **赵移** 景州人，天津府教授。 **马兆鳌** 东光人，江苏靖江县知县。有传。												

	顺天府	保定府	承德府	永平府	河间府	天津府	正定府	顺德府	广平府	大名府	宣化府	遵化州	易州	冀州	赵州	深州	定州
	刘圻 通州人，四川永宁道。**单鉴** 宝坻人。**芮永祺** 宝坻人，安徽太湖县知县。																
谨案：承德进士自此科始。																	
乾隆十年乙丑钱维城榜	**吴楫** 大兴人。**徐纲** 大兴人。**朱绣** 大兴人。**陶以忠** 大兴人。	**鹿师祖** 定兴人，山西洪洞县知县。	**宋焕** 承德人。	**温如玉** 抚宁人，礼科给事中。有传。		**丁时显** 天津人。**励守谦** 静海人，司经局洗马。**牛思凝** 静海人，贵州同知。有传。			**张毓藻** 肥乡人。			**鲁克宽** 丰润人，甘肃宁夏县知县。					**陈天章** 深泽人，陕西高陵县知县。

	顺天府	保定府	承德府	永平府	河间府	天津府	正定府	顺德府	广平府	大名府	宣化府	遵化州	易州	冀州	赵州	深州	定州
	侯钧大兴人。**孙英**大兴人。**李元标**大兴人。**于超**大兴人。**金澍**大兴人。**徐光文**宛平人。**刘永受**宛平人。**宋纪**宛平人。**丁虬**通州人，顺德府教授。																

	顺天府	保定府	承德府	永平府	河间府	天津府	正定府	顺德府	广平府	大名府	宣化府	遵化州	易州	冀州	赵州	深州	定州
	杨栋 通州人，知县。**单铎** 宝坻人，庶吉士。**俞成** 昌平州人。**沈文** 文安人，江苏通州知府。																
乾隆十三年戊辰梁国治榜	**王琰** 大兴人。**朱珪** 大兴人。有传。**袁增** 大兴人。**舒毓椿** 大兴人。			**贺让德** 迁安人，安徽天长县知县。	**王屏** 肃宁人，知县。**李中节** 任丘人，翰林院侍讲。有传。**边继祖** 任丘人，中	**张玉楷** 天津人，兵部主事。**李曰端** 静海人。**刘吉** 南皮人。	**李晖** 元氏人，四川广元县知县。		**金振声** 永年人。有传。			**宋梅** 丰润人。				**弓椿** 安平人。有传。	

	顺天府	保定府	承德府	永平府	河间府	天津府	正定府	顺德府	广平府	大名府	宣化府	遵化州	易州	冀州	赵州	深州	定州
	叶启丰 大兴人。**王廷璋** 宛平人。**唐文运** 宛平人。**顾人骥** 东安人。**张景载** 昌平人。**刘洵** 涿州人，知县。**刘湘** 涿州人，给事中。				允。有传。												
乾隆十六年辛	**吴肇元** 大兴人。**杨秉铨** 大兴人。	**尹廷宾** 安肃人，江西安福县知县。		**胡端北** 滦州人。复姓褚。	**刘伯埙** 任丘人，四川成都县知县。	**周隆谦** 天津人，山西知县。有传。									**杨宏声** 柏乡人，江南金山县知县。有传。	**翟翱** 饶阳人。	

	顺天府	保定府	承德府	永平府	河间府	天津府	正定府	顺德府	广平府	大名府	宣化府	遵化州	易州	冀州	赵州	深州	定州
未吴鸿榜	**朱垣**大兴人。**温葆初**大兴人。**舒元焜**大兴人。**张孝泉**宛平人。**李绶**宛平人。有传。**王应元**良乡人。**杨焯**固安人，户部员外郎。**金祖昌**通州人，湖北利川县知县。	**陈筠**安州人。有传。			**戈涛**献县人，御史。有传。	**张庆长**南皮人。											

	顺天府	保定府	承德府	永平府	河间府	天津府	正定府	顺德府	广平府	大名府	宣化府	遵化州	易州	冀州	赵州	深州	定州
乾隆十七年壬申恩科秦大士榜	**翁方纲** 大兴人，鸿胪寺卿，重赴琼林。有传。**王钦** 大兴人。**章天垣** 大兴人。**宋登元** 大兴人。**吴云步** 大兴人。**张模** 宛平人。有传。**孙道周** 宛平人。**夏永** 宛平人。	**谷琠** 蠡县人，山西万全县知县。**陈筌** 安州人，庶吉士。有传。		**郭天性** 昌黎人，顺天府教授。		**于豹文** 天津人。有传。**赵东秀** 盐山人。			**秦克让** 永年人。							**孙铎** 饶阳人，云南广通县知县。	

	顺天府	保定府	承德府	永平府	河间府	天津府	正定府	顺德府	广平府	大名府	宣化府	遵化州	易州	冀州	赵州	深州	定州
	戴之适永清人。**陈启宗**通州人，陕西澄城县知县。**陆象云**通州人，吏部主事。**王永芳**宝坻人。有传。**李国麟**昌平人。**王云鵰**密云人。																

谨案：《贡举考略》：本年皇太后六旬万寿，特开恩科，乡、会一岁举行。

	顺天府	保定府	承德府	永平府	河间府	天津府	正定府	顺德府	广平府	大名府	宣化府	遵化州	易州	冀州	赵州	深州	定州
乾隆十九年甲戌庄培因榜	**朱筠** 大兴人，侍讲学士。有传。 **李天墀** 大兴人。 **王林** 大兴人。 **田玉** 大兴人。 **张润** 大兴人。 **孙际清** 大兴人。 **狄棣** 大兴人。 **高兆煌** 大兴人。 **徐君弼** 大兴				**纪昀** 献县人，礼部尚书。有传。 **戈源** 献县人，户部主事。有传。	**张湘** 天津人，江西余干县知县。有传。 **王开伯** 天津人。商籍。 **查善长** 天津人，工科给事中。											

	顺天府	保定府	承德府	永平府	河间府	天津府	正定府	顺德府	广平府	大名府	宣化府	遵化州	易州	冀州	赵州	深州	定州
	人，未殿试。 **孙枝** 宛平人。 **丁杰** 宛平人。 **徐元弼** 宛平人。 **徐焕** 通州人。 **王兆燕** 通州人。复姓殷，原籍江苏江阴县。 **崔正音** 宁河人，江苏如皋县知县。 **王本嶓** 昌平																

	顺天府	保定府	承德府	永平府	河间府	天津府	正定府	顺德府	广平府	大名府	宣化府	遵化州	易州	冀州	赵州	深州	定州
	人。**王大经**密云人。																
乾隆二十二年丁丑蔡以台榜	**俞瀚**大兴人。**杨廷桦**大兴人。**郭世谊**大兴人。**张光启**宛平人。**吴潮**宛平人。**钟光序**宛平人。**米天英**宛平人。**王大鹤**通州人,右			**张作霖**昌黎人。	**纪昭**献县人，内阁中书。有传。**边廷抡**任丘人，内阁中书。	**解秉智**天津人，甘肃安化县知县。有传。**王僧恺**静海人。**张永祥**静海人，福建永定县知县。	**刘骞青**晋州人。		**段三才**永年人。			**陈鈖**丰润人。					

	顺天府	保定府	承德府	永平府	河间府	天津府	正定府	顺德府	广平府	大名府	宣化府	遵化州	易州	冀州	赵州	深州	定州
	庶子。有传。**纪澄中**文安人，江苏元和县知县。																
谨案:《贡举考略》:是科裁去表、判,增用五言八韵律诗一首,永著为令。																	
乾隆二十五年庚辰毕沅榜	**杨德麟**大兴人。**孙维龙**宛平人。有传。**杨企曾**东安人。**芮永肩**宝坻人。**刘人睿**宁河人，御史。有传。	**韩龙震**清苑人。**李孔阳**清苑人。**朱岐**清苑人。			**李珠林**任丘人，福建漳平县知县。	**郑熊佳**天津人，广东钦州知州。有传。**李廷扬**沧州人。					**景士秀**赤城人，浙江西安县知县。						

	顺天府	保定府	承德府	永平府	河间府	天津府	正定府	顺德府	广平府	大名府	宣化府	遵化州	易州	冀州	赵州	深州	定州
	王沛献 昌平人。**陈本敬** 昌平人。																
乾隆二十六年辛巳恩科王杰榜	**曹君弼** 大兴人。**邵庚曾** 大兴人。**邵自镇** 大兴人。**吴兴宗** 大兴人。**米天琦** 宛平人。**纪曾阴** 文安人。	**赵杭林** 新城人，陕西宁夏同知。			**季炬** 吴桥人。	**刘琯** 天津人，河南扶沟县知县。**高喆** 天津人，宣化府教授。**冯高琇** 天津人，贵州青谿县知县。**王镇** 沧州人。**刘志** 南皮人。	**马曾鲁** 灵寿人。		**栗元** 广平人。			**宋昱** 玉田人。		**袁起颖** 枣强人，广东知县。**高世纶** 衡水人。			

	顺天府	保定府	承德府	永平府	河间府	天津府	正定府	顺德府	广平府	大名府	宣化府	遵化州	易州	冀州	赵州	深州	定州
谨案:《贡举考略》云:是年因皇太后七旬万寿,又值西域平定,武功告成,恩科。																	
乾隆二十八年癸未秦大成榜	**舒元丰** 大兴人。**邵一联** 大兴人。**王麟书** 大兴人。**李之英** 大兴人。**陈彬** 宛平人。**王家宾** 昌平人。**张存性** 涿州人。	**张联芳** 安州人。**韩乾元** 新安人。**胡鹏云** 高阳人。		**刘征泰** 临榆人。	**马葆善** 献县人。												
乾隆三十一年	**黄秉经** 大兴人。**钱良栋** 大兴人。	**李声振** 清苑人。**穆凌烟** 束鹿人,广西上林		**辛大成** 卢龙人。		**吴人骥** 天津人,山东东昌府同知。有传。					**袁秉义** 宣化人,江南睢宁县知县。	**周士拔** 丰润人。	**李文雅** 易州人。		**魏廷皋** 柏乡人。		**颜文楷** 定州人,江西弋阳县知县。

	顺天府	保定府	承德府	永平府	河间府	天津府	正定府	顺德府	广平府	大名府	宣化府	遵化州	易州	冀州	赵州	深州	定州
丙戌张书勋榜	**黄符彩** 大兴人。**李蔚** 大兴人。**陈汇义** 大兴人。**杨廷柱** 大兴人。**谢王鹭** 宛平人。**谢遇** 宛平人。**胡京** 宛平人。**谢聘** 密云人。**王家榦** 昌平人。	县知县。**李殿图** 高阳人，福建巡抚。有传。															

	顺天府	保定府	承德府	永平府	河间府	天津府	正定府	顺德府	广平府	大名府	宣化府	遵化州	易州	冀州	赵州	深州	定州
乾隆三十四年己丑陈初哲榜	**鲁用恩**大兴人。**陈庭学**宛平人。**戴求仁**宛平人。**朱近曾**宛平人。**张珠**宛平人。**吴哲**宛平人。**刘锡瑕**通州人，江南河库道。**陈本忠**昌平人。	**俞之琰**清苑人。		**赵桐**卢龙人，沙河县训导。		**张虎拜**天津人，宗人府主事。**王禄朋**天津人，云南施东道。有传。	**康铎**灵寿人。										

	顺天府	保定府	承德府	永平府	河间府	天津府	正定府	顺德府	广平府	大名府	宣化府	遵化州	易州	冀州	赵州	深州	定州
乾隆三十六年辛卯恩科黄轩榜	**邱文恺** 大兴人。**包慊** 大兴人。**陈源泰** 宛平人。**史积容** 宛平人。**王溯曾** 宛平人。**孙文起** 宛平人。**辛开一** 宛平人。**谢肇渚** 通州人。**赵瓖** 通州人。	**刘敏达** 雄县人。**李镜图** 高阳人，广西浔州知州。			**杨九思** 交河人。	**刘煦** 庆云人，山东昌邑县知县。						**郑澂** 丰润人。					

	顺天府	保定府	承德府	永平府	河间府	天津府	正定府	顺德府	广平府	大名府	宣化府	遵化州	易州	冀州	赵州	深州	定州
乾隆三十七年壬辰金榜榜	**俞大猷**大兴人。**徐大榕**大兴人。**熊言孔**大兴人。**周元良**大兴人。**邱庭漋**宛平人。**刘印全**宛平人。**王永绪**宛平人。**芮振宗**宝坻人。	**钱樾**清苑人。**陆湘**清苑人。					**商连**平山人。	**刘云锦**广宗人。		**魏博**南乐人。							**焦长发**曲阳人。
乾隆四十年乙	**胡文铨**大兴人。**孙瀚**大兴人。				**方林**吴桥人。	**朱恒庆**天津人，陕西安塞县知县。											

	顺天府	保定府	承德府	永平府	河间府	天津府	正定府	顺德府	广平府	大名府	宣化府	遵化州	易州	冀州	赵州	深州	定州
未吴锡龄榜	**恽燮** 大兴人。**何循** 宛平人。**邱桂山** 宛平人。**蒋基** 宛平人。**张镛** 宛平人。**丁兆隆** 房山人。					**裴振** 天津人，安徽亳州知州。**缪琪** 天津人。县志无。**李廷敬** 沧州人。											
乾隆四十三年戊戌戴衢亨榜	**盛时杰** 大兴人。**邵自悦** 大兴人。**王天禄** 大兴人。**吴裕德** 大兴人。	**韩汤衡** 高阳人，湖南澧州知州。有传。			**莫允宣** 景州人，云南曲靖府知府。	**王嵩龄** 天津人，山西赵城县知县。**张槐** 沧州人。									**魏肇高** 柏乡人，湖北蕲州知州。		

	顺天府	保定府	承德府	永平府	河间府	天津府	正定府	顺德府	广平府	大名府	宣化府	遵化州	易州	冀州	赵州	深州	定州
	范沄大兴人。**孙履谦**宛平人。**蔡必昌**宛平人。**杨国麟**宝坻人。																
乾隆四十五年庚子汪如洋榜	**范鏊**大兴人。**李铭**大兴人。**陆廷枢**大兴人。**潘汉**大兴人。**高棫生**宛平人。**徐汝澜**宛平				**陈鸿举**献县人。**解元爔**景州人。	**徐澜**天津人，刑部郎中。**袁正己**静海人，贵州铜仁县知县。**张丙震**南皮人。有传。					**张廷弼**宣化人，山东定陶县知县。**孙厚德**宣化人，兵部主事。						

	顺天府	保定府	承德府	永平府	河间府	天津府	正定府	顺德府	广平府	大名府	宣化府	遵化州	易州	冀州	赵州	深州	定州
	人，福建泉州同知。**张肇揆**宛平人。**王觐宸**通州人，安徽颍上县知县。																
乾隆四十六年辛丑钱棨榜	**王受**大兴人。**祝坤**大兴人。**陆钟**大兴人。**王思诒**宛平人。	**张灼**安肃人。有传。**荆恺**安肃人，广东嘉应州知州。		**张槐符**滦州人，山西按察使。**王鹏**临榆人。	**祝德全**吴桥人。有传。	**金思义**天津人，陕西宜川县知县。**姚逢年**天津人，安徽太平府同知。有传。**叶治**南皮人。	**赵雯**栾城人，湖南新化县知县。								**魏翻**柏乡人，内阁中书。**魏延祚**柏乡人，山西虞乡县知县。		

	顺天府	保定府	承德府	永平府	河间府	天津府	正定府	顺德府	广平府	大名府	宣化府	遵化州	易州	冀州	赵州	深州	定州
乾隆四十九年甲辰茹棻榜	**章廷枫**大兴人。**李蘅**大兴人。**王奉曾**宛平人。**史积英**宛平人。**丁阶**通州人。	**张德懋**满城人。有传。**张源**安肃人，贵州都匀县知县。有传。		**贺贤智**迁安人。	**卢彭**献县人。	**邵玉清**天津人，探花，国子监司业。**查彬**天津人，榜名曾印，河南安阳县知县。**张端城**南皮人。					**姚士鹏**宣化人，广东保昌县知县。						
乾隆五十二年丁未史致光榜	**包恺**大兴人。**翁树培**大兴人。**王肇成**大兴人。**余芳**宛平人。	**吴煦**清苑人。			**刘廷楠**献县人，广东廉州府知府。有传。**贾揆**故城人，主事。	**刘广恕**庆云人，工部员外郎。	**刘德懋**获鹿人。**杜南棠**赞皇人。有传。**杜秉阳**赞皇人。			**范逢恩**东明人。有传。							

	顺天府	保定府	承德府	永平府	河间府	天津府	正定府	顺德府	广平府	大名府	宣化府	遵化州	易州	冀州	赵州	深州	定州
	毛登瀛通州人。**马思圣**宝坻人。																
乾隆五十四年己酉预行正科胡长龄榜	**施杓**大兴人。**金枟发**大兴人。**倪鐩**通州人。	**裴显相**清苑人。有传。**严年谷**高阳人。		**刘之睿**迁安人。		**刘槐棶**静海人，山西交城县知县。**井大源**沧州人。	**张世昌**栾城人，贵州同知。有传。					**周冕**丰润人。					
乾隆五十五年庚	**邵葆醇**大兴人。**陈预**宛平人。有传。					**齐嘉绍**天津人。	**王定柱**正定人。有传。**张世彦**栾城人，河										

	顺天府	保定府	承德府	永平府	河间府	天津府	正定府	顺德府	广平府	大名府	宣化府	遵化州	易州	冀州	赵州	深州	定州
戊石韫玉榜	**史积中** 宛平人。 **魏钧** 通州人，广西永宁州知州。 **魏绍濂** 通州人。 **王谟** 涿州人。						南河南府知府。有传。 **纪兰** 晋州人。										
乾隆五十八年癸丑潘世恩榜	**王麟书** 大兴人。 **戴三锡** 大兴人。 **黄炳奎** 大兴人。 **商起** 大兴人。 **陈云** 宛平人。	**冉玉行** 高阳人。		**蒋第** 卢龙人。 **马学赐** 迁安人。有传。 **魏元煜** 昌黎人，两江总督。有传。													

	顺天府	保定府	承德府	永平府	河间府	天津府	正定府	顺德府	广平府	大名府	宣化府	遵化州	易州	冀州	赵州	深州	定州
谨案:《贡举考略》:是科五经并试。永著为令。																	
乾隆六十年乙卯恩科王以衔榜	**谢城** 大兴人。**李泉** 宛平人。**雷学海** 通州人,广东雷州府知府。有传。**潘杰** 通州人,山西乡宁县知县。	**田维敬** 高阳人。		**蒋灏** 卢龙人。**杨开基** 滦州人,奉天府教授。	**田永年** 任丘人。**王丹枫** 交河人。	**沈乐善** 天津人,贵州贵东道。有传。					**李德淦** 延庆州人。**蒋子定** 蔚州人,钦赐翰林院检讨。			**步毓岩** 枣强人,河南泌阳县知县。有传。			
嘉庆元年丙辰恩科	**黄焜望** 大兴人。**邵葆祺** 大兴人。**谭元** 宛平	**丁玉廉** 清苑人。**李藩** 定兴人,中书。			**解城** 景州人。	**金瓯** 天津人,正定府教授。**刘岘** 静海人,刑						**高作霖** 丰润人。					

	顺天府	保定府	承德府	永平府	河间府	天津府	正定府	顺德府	广平府	大名府	宣化府	遵化州	易州	冀州	赵州	深州	定州
赵文楷榜	人。**吴邦庆**霸州人。有传。**贾名伸**平谷人，户部司务。	**韩抡衡**高阳人，中书。				部主事。**吕中吕**沧州人。											
嘉庆四年己未姚文田榜	**俞恒润**大兴人。**赵玉**大兴人。**俞恒泽**大兴人。**汪桂林**大兴人。**董天醇**大兴人。**王廷绍**大兴人。有传。	**王维钰**雄县人，贵州安顺府知府。**齐正训**高阳人。有传。**王田颖**高阳人。		**吴鼎臣**临榆人。有传。		**沈士煋**天津人，福建上杭县知县。**牛坤**天津人。侍读学士。**杜刚**静海人，奉天锦州府教授。						**孙鹏越**丰润人。		**张汝绪**南宫人。			

	顺天府	保定府	承德府	永平府	河间府	天津府	正定府	顺德府	广平府	大名府	宣化府	遵化州	易州	冀州	赵州	深州	定州
	孙乔龄 大兴人。 **沈世求** 大兴人。 **林天培** 大兴人。有传。 **朱学邃** 宛平人。 **赏错** 宛平人。 **白镕** 通州人，工部尚书。有传 **刘志惓** 宝坻人。 **邵自锦** 密云人。																

	顺天府	保定府	承德府	永平府	河间府	天津府	正定府	顺德府	广平府	大名府	宣化府	遵化州	易州	冀州	赵州	深州	定州
	李熉 涿州人，湖北荆州府知府。**卢坤** 涿州人，两广总督。有传。**崔象山** 霸州人。																
嘉庆六年辛酉恩科顾皋榜	**商戴** 大兴人。**朱澄** 大兴人。**徐鸿** 大兴人。**傅棠** 宛平人。**查讷勤** 宛平	**胡绍祖** 清苑人。**陈耀昌** 安州人。		**汪鉴** 滦州人，国子监助教。	**边龙骧** 任丘人。**边廷英** 任丘人。	**焦景新** 天津人，江西饶州府知府。有传。			**张旭** 曲周人，户部主事。			**刘埙** 丰润人。**董兰馨** 丰润人。**王玉衡** 丰润人。	**赵汝勖** 易州人。				

	顺天府	保定府	承德府	永平府	河间府	天津府	正定府	顺德府	广平府	大名府	宣化府	遵化州	易州	冀州	赵州	深州	定州
	人。陕西督粮道。**钱柼**宛平人。**屠英**宛平人。**倪时中**宛平人。**王达**宛平人。**刘澍**通州人，湖北恩施县知县。**张汝询**涿州人，云南罗平州知州。**徐梦陈**房山人。																

	顺天府	保定府	承德府	永平府	河间府	天津府	正定府	顺德府	广平府	大名府	宣化府	遵化州	易州	冀州	赵州	深州	定州
嘉庆七年壬戌吴廷琛榜	**孙世昌**大兴人。**庄诜男**大兴人。**高廷魁**大兴人。**王庆长**大兴人。**谢幹**大兴人。**胡开益**宛平人。**瞿昂**宛平人。**朱玉林**宛平人。**刘丙**宛平人。**余保纯**宛平人。	**张元模**安州人。**单鹤龄**安肃人。未殿试。		**吴荫松**抚宁人。**李中淑**乐亭人。	**周玉梁**献县人。**齐敦敏**献县人。**莫嵩屏**景州人，福建南靖县知县。	**叶际春**天津人，永平府教授。**陆樟**天津人，山西平陆县知县。**吴超**南皮人。					**段克宗**蔚州人，广东嘉应州知州。	**董齐光**丰润人。			**刘谷万**赵州人。有传。		

	顺天府	保定府	承德府	永平府	河间府	天津府	正定府	顺德府	广平府	大名府	宣化府	遵化州	易州	冀州	赵州	深州	定州
	韩保万宛平人。**邓自申**宛平人。																
嘉庆十年乙丑彭浚榜	**徐松**大兴人。有传。**邵葆钟**大兴人。**徐鉴**大兴人。**徐铨**大兴人。**陈三立**大兴人。**魏襄**大兴人。**周阶平**宛平人。	**温炘**束鹿人。**张泰交**安州人。**朱陛锵**新安人。**齐元发**高阳人。		**蒋策**卢龙人。**王鉴**卢龙人。	**周寿椿**河间人。有传。**牛霆**献县人。	**郭志青**天津人，山东蒲台县知县。**张志廉**南皮人。	**何诒沛**正定人。					**王作肃**玉田人。				**石景宗**武强人。	

	顺天府	保定府	承德府	永平府	河间府	天津府	正定府	顺德府	广平府	大名府	宣化府	遵化州	易州	冀州	赵州	深州	定州
	钱棶勋 宛平人。**缪庭槐** 宛平人。**韩锦** 宛平人。**刘谦** 宛平人。**王廷浚** 通州人，山东济南府知府。**刘坛** 通州人，四川崇宁县知县。**邵自鏻** 密云人。																

	顺天府	保定府	承德府	永平府	河间府	天津府	正定府	顺德府	广平府	大名府	宣化府	遵化州	易州	冀州	赵州	深州	定州
嘉庆十三年戊辰吴信中榜	**丁嘉幹**大兴人。**张葆**大兴人。**刘亨地**大兴人。**姚丙成**大兴人。**王榘曾**大兴人。**汪桂保**大兴人。**沈礼**大兴人。**田文洛**大兴人。**赵植庭**宛平人。**叶璟**宛平人。**赵钟彦**宛平	**谷怀清**蠡县人，刑部主事。**齐森**蠡县人。		**魏元烺**昌黎人，兵部尚书。有传。		**郝延年**天津人，湖北石首县知县。**陶运龢**天津人，山东单县知县。**元在功**静海人，刑部主事。**尹元龙**盐山人，福建海澄县知县。**孙敏浦**盐山人，安徽来安县知县。								**陈柱**南宫人，山西曲沃县知县。**陈作楫**南宫人，保定府教授。			

	顺天府	保定府	承德府	永平府	河间府	天津府	正定府	顺德府	广平府	大名府	宣化府	遵化州	易州	冀州	赵州	深州	定州
	人。**邹士麟**宛平人。**朱文燮**宛平人。**王墀**宝坻人。**崔光弼**宁河人。**崔偲**霸州人。**崔显宗**霸州人。																
嘉庆十四年己巳万寿恩	**陈继茂**大兴人。**姚庆元**大兴人。**□华**大兴人。案:《题	**张兆祥**清苑人。**王棻**高阳人，顺天府教授。有传。		**李广滋**乐亭人。	**李培绪**任丘人。	**姚学纯**青县人。	**王琦**无极人。	**徐连**任县人。		**卫鸦鸣**大名人。		**郑家麟**丰润人。**董峋**丰润人。					

	顺天府	保定府	承德府	永平府	河间府	天津府	正定府	顺德府	广平府	大名府	宣化府	遵化州	易州	冀州	赵州	深州	定州
科洪莹榜	名碑录》华字上缺姓，俟补。 **谢增**大兴人。 **朱瀛**大兴人。 **缪玉铭**宛平人。 **王度**宛平人。 **陈诗**宛平人。 **王世棠**宛平人。 **李光里**宝坻人。 **李锦**通州人，中书。																

	顺天府	保定府	承德府	永平府	河间府	天津府	正定府	顺德府	广平府	大名府	宣化府	遵化州	易州	冀州	赵州	深州	定州
	马凌云霸州人。**李润**蓟州人。																
嘉庆十六年辛未蒋立镛榜	**莫焜**大兴人。**刘晋**大兴人。**郑长簊**宛平人。**邱家炜**宛平人。**陶镕**宛平人。**张学尹**宛平人。**张师德**宛平人。**阎善庆**宛平人。	**沈用维**清苑人。		**张朋来**乐亭人。**张焜**昌黎人，山东鲁甸同知。	**纪树荣**献县人。**边凤翔**任丘人。	**王履谦**天津人，福建长乐县知县。**王凤翥**天津人。**杨恒占**盐山人，山西襄陵县知县。						**谷善禾**丰润人。**高凌云**丰润人。**张如阜**丰润人。					

	顺天府	保定府	承德府	永平府	河间府	天津府	正定府	顺德府	广平府	大名府	宣化府	遵化州	易州	冀州	赵州	深州	定州
	杨永湛 固安人，江苏海防同知。**谢元晖** 东安人。**崔廷诏** 霸州人。																
嘉庆十九年甲戌龙汝言榜	**程铨** 大兴人。**沈咸** 大兴人。**戴于义** 宛平人。**刘礼奎** 宛平人。**许世埙** 宛平人。**李蕃** 宝坻人。	**鹿裕曾** 定兴人。		**赵光祖** 卢龙人。**王瑞徵** 抚宁人。	**边鸣珂** 任丘人。**边九鳌** 任丘人。有传。	**任士谦** 天津人，广西兴业县知县。**张梦连** 静海人，顺天府教授。**陈礼** 沧州人。**董友筠** 沧州人。			**孙继曾** 清河人，河南原武县知县。					**王俊选** 冀州人，国子监助教。**吕玉麟** 武邑人，中书。	**李连梦** 赵州人。有传。		

	顺天府	保定府	承德府	永平府	河间府	天津府	正定府	顺德府	广平府	大名府	宣化府	遵化州	易州	冀州	赵州	深州	定州
	冯铨 通州人，山西潞城县知县。**强上林** 通州人。**雷学淇** 通州人，贵州独山州知州。有传。																
嘉庆二十二年丁丑吴其浚榜	**董基诚** 大兴人。**施棠** 大兴人。**王贻** 宛平人。**王元洪** 宛平人。	**王植** 清苑人，侍郎。有传。**李亨谦** 新城人，贵州遵义县知县。		**郑凤翔** 迁安人。**张攀桂** 滦州人。**安树桐** 乐亭人。	**李钧** 河间人。有传。**王甘霖** 任丘人。**边孔扬** 任丘人。**戈其迈** 景州人，江	**沈兆沄** 天津人，浙江布政使。有传。**金开第** 天津人，湖南督粮道。**王辑宁** 沧州		**刘承谦** 任县人。			**李廷辅** 延庆州人。				**孙右章** 宁晋人，永平府教授。	**李长峰** 深州人，工部主事。	

	顺天府	保定府	承德府	永平府	河间府	天津府	正定府	顺德府	广平府	大名府	宣化府	遵化州	易州	冀州	赵州	深州	定州
	潘黼通州人，江西安福县知县。				西吉安府知府。**李根深**景州人，保定府教授。	人。**孙鹏九**盐山人，国子监助教。											
嘉庆二十四年己卯恩科陈沆榜	**邵甲名**大兴人。**程沄**大兴人。**周濂**大兴人。**陈增稔**大兴人。**张署**大兴人。**朱希良**大兴人。**马洲**宛平人。	**段上功**清苑人。**张缙云**满城人。**李泰**望都人。		**谭光第**滦州人。		**韩大信**天津人，御史。**王天锡**天津人，国子监学正。**孙述庭**盐山人，山东寿光县知县。**李廷幹**庆云人。	**陈嘉谟**阜平人。有传。**耿麟**阜平人。									**贺云举**武强人。	

	顺天府	保定府	承德府	永平府	河间府	天津府	正定府	顺德府	广平府	大名府	宣化府	遵化州	易州	冀州	赵州	深州	定州
	戴本义宛平人。 **周曰炳**宛平人。 **王颐**宛平人。 **王世绂**武清人。 **王思义**宝坻人。																
嘉庆二十五年庚辰陈继昌榜	**邵曰诚**大兴人。 **郑翊**大兴人。 **程式金**大兴人。有传。 **沈道宽**大兴人。		**童文藻**承德人。			**刘恩庆**天津人，中书。 **董瀛山**青县人。 **陈允泽**青县人。 **张扩廷**南皮人。	**刘本夔**无极人。						**赵亨铃**易州人。		**翟升**赵州人。有传。		**张乐田**定州人，山东德平县知县。有传。

	顺天府	保定府	承德府	永平府	河间府	天津府	正定府	顺德府	广平府	大名府	宣化府	遵化州	易州	冀州	赵州	深州	定州
	钱相大兴人。**陈增印**大兴人。**张万年**大兴人。**冯文灿**大兴人。有传。**范承祖**大兴人。**陈思**宛平人。**丁文钊**通州人，山西长子县知县。**方涛**宝坻人。																

	顺天府	保定府	承德府	永平府	河间府	天津府	正定府	顺德府	广平府	大名府	宣化府	遵化州	易州	冀州	赵州	深州	定州
	王锡琨宁河人。																
道光二年壬午恩科戴兰芬榜	**王汝弼**大兴人。**徐青照**大兴人。**陈廷杰**大兴人。**刘文蔚**大兴人。**史积新**宛平人。**钟锡瑞**宛平人。**张志彦**宛平人。**白让卿**通州人，浙江嘉兴	**徐栋**安肃人。有传。**魏桀**安州人。	**傅文炳**滦平人。	**王煦**昌黎人，河南孟县知县。**汪于泗**滦州人。		**张春台**天津人，山西汾州府同知。	**王世耀**正定人，山西汾阳县知县。				**胡先达**延庆人。有传。	**李登螭**遵化人。**蒋叙伦**玉田人。		**张霄**南宫人，浙江会稽县知县。	**赵鹏翔**临城人。		

	顺天府	保定府	承德府	永平府	河间府	天津府	正定府	顺德府	广平府	大名府	宣化府	遵化州	易州	冀州	赵州	深州	定州
	府知府。**王光宇**武清人。**李菡**宝坻人。																
道光三年癸未林召棠榜	**孙济**大兴人。**唐建庚**大兴人。**丁善庆**宛平人。**史致蕃** **张希哲**俱宛平人。**刘源灏**永清人。有传。**李蓺** **王震**俱宝坻人。	**孙德钟**清苑人。**谷怀泼**蠡县人，河南中牟县知县。**李龠通**高阳人，浙江按察使。			**纪焕璇**献县人。**陈凤来**肃宁人。**舒辰会**任丘人。**莫若琦**景州人，山东莱芜县知县。	**郝善**天津人，刑部主事。**刘镆**天津人，山东乐陵县知县。**梁宝常**天津人，浙江巡抚。有传。**王用宾**天津人，礼部主	**陈凤图**阜平人。有传。										**魏儒珍**曲阳人。

	顺天府	保定府	承德府	永平府	河间府	天津府	正定府	顺德府	广平府	大名府	宣化府	遵化州	易州	冀州	赵州	深州	定州
						事。**张映暐**天津人，湖北利川县知县。											
道光六年丙戌朱昌颐榜	**莫元遴**大兴人。**孟光沅**大兴人。**龚冕**宛平人。**朱琦**宛平人。**杨明善**宛平人。**吕振骥**宛平人。**马映辰**宛平人。		**卜云程**朝阳人。	**高龙跃**卢龙人。**邓克兴**迁安人。	**陈怡**献县人。**朱成烈**肃宁人。**孟岱龄**交河人。	**王庆元**盐山人，会元，御史。**刘庆凯**盐山人，山东兖沂曹道。			**许尚德**永年人，检讨。							**赵定曾**深州人，云南知县。**贺锡璋**武强人。	

	顺天府	保定府	承德府	永平府	河间府	天津府	正定府	顺德府	广平府	大名府	宣化府	遵化州	易州	冀州	赵州	深州	定州
	武天弼通州人，山东商河县知县。**李舒林**通州人。**张虎仁**通州人。**马玉麟**武清人。**李萼**宝坻人。																
道光九年己丑李振钧榜	**李嘉端**大兴人，安徽巡抚。**陶澐**大兴人。**丁嘉藻**大兴人。	**房昭素**安州人。				**朱式璟**天津人，福建延平府知府。殉难。有传。**张修育**南皮人,光			**张沈度**成安人。				**陈士恺**易州人。	**步际桐**枣强人，河南开归陈许道。有传。	**杜希轸**隆平人，山东曲阜县知县。有传。		

	顺天府	保定府	承德府	永平府	河间府	天津府	正定府	顺德府	广平府	大名府	宣化府	遵化州	易州	冀州	赵州	深州	定州
	李攀龙大兴人，改名光涵。**傅绎**大兴人。**李亲贤**宛平人。**涂文钧**宛平人。**李从图**宛平人。**袁俊**宛平人。**徐有壬**宛平人。有传。**白谦卿**通州人。					禄寺少卿。**刘有庆**南皮人。有传。**孙葆元**盐山人，吏部侍郎。**刘坦**庆云人。**崔光笏**庆云人。有传。											

	顺天府	保定府	承德府	永平府	河间府	天津府	正定府	顺德府	广平府	大名府	宣化府	遵化州	易州	冀州	赵州	深州	定州
道光十二年壬辰恩科吴钟骏榜	**周铭渊** 大兴人。**郑锡文** 大兴人。**黄廷珍** 宛平人。**桑春荣** 宛平人，刑部尚书。**何镕** 宛平人。**刘荣桂** 宛平人。**崔侗** 霸州人。有传。	**刘镕** 清苑人。		**武兴绪** 迁安人。	**王廷英** 河间人，湖北兴国州知州。**张学孔** 交河人。**贾臻** 故城人，河南布政使。有传。**方城** 吴桥人。**王松** 交河人，宣化府教授。	**刘光第** 天津人，四川隆昌县知县。**刘仲璃** 沧州人。	**侯国璋** 新乐人。**张廷瑞** 获鹿人，江苏扬州府知府。		**杨殿邦** 永年人，山东青城县知县。	**王联堂** 元城人。				**步际逵** 枣强人。有传。			
道光十三年	**朱其荣** 宛平人。**王景铭** 宛平	**吴炜** 清苑人。		**杨宝树** 迁安人。**王兆松** 抚宁	**裘宝镛** 河间人。**左乔林** 河间	**郑辉堂** 天津人。商籍。	**封躬** 平山人，陕西知县。				**高步蟾** 宣化人，陕西榆林县知县。						

	顺天府	保定府	承德府	永平府	河间府	天津府	正定府	顺德府	广平府	大名府	宣化府	遵化州	易州	冀州	赵州	深州	定州
癸巳汪鸣相榜	人。**宋戴赓**顺天人。**徐文耀**宛平人，刑部主事。**徐耀**宛平人。**杜锡衍**宛平人。**朱宪曾**涿州人。			人，鸿胪寺少卿。	人，保定府教授。**苏元峨**交河人。	**姚承恩**天津人，奉天辽阳州知州。有传。**吴士俊**天津人，湖南彬州知州。**樊椿**天津人，湖北襄阳府知府。**张树本**沧州人。											
道光十五年乙未刘	**姜申璠**大兴人。**李维醇**大兴人。**汪绍曾**大兴			**马宗闵**卢龙人。**杜詹**滦州人。		**费荫樟**天津人，甘肃平庆泾道。**张鑅**南皮人，奉	**杨亶骅**晋州人。		**张鋑**磁州人。有传。					**陈鹤年**南宫人，御史。			

	顺天府	保定府	承德府	永平府	河间府	天津府	正定府	顺德府	广平府	大名府	宣化府	遵化州	易州	冀州	赵州	深州	定州
绎榜	人。**严文瀚**大兴人。**涂文光**大兴人。**陈镳**大兴人。**胡应泰**大兴人。**徐有孚**宛平人。**赵振祚**宛平人。有传。**王堃**宛平人。**刘源浚**永清人。**刘廷检**通州人。					天府府丞。											

	顺天府	保定府	承德府	永平府	河间府	天津府	正定府	顺德府	广平府	大名府	宣化府	遵化州	易州	冀州	赵州	深州	定州
	邵宗渭 宁河人。**杨衔** 涿州人。有传。																
道光十六年丙申恩科林鸿年榜	**唐廷纶** 大兴人。**谢荣埭** 大兴人。**郭世亨** 大兴人。**孔继鑅** 大兴人。**朱守方** 大兴人。**丁楚玉** 宛平人。**董用威** 宛平人。	**王发桂** 清苑人，礼部侍郎。有传。**李光钺** 清苑人。**陈宽** 安州人。				**徐廉锷** 天津人，湖南知县。**高熊梦** 南皮人。**张春育** 南皮人，广东惠湖嘉道。**李学殖** 盐山人，陕西孝义府同知。						**史朴** 遵化人。					

	顺天府	保定府	承德府	永平府	河间府	天津府	正定府	顺德府	广平府	大名府	宣化府	遵化州	易州	冀州	赵州	深州	定州
	邱家燧 宛平人。**李藻** 宝坻人。**郑凤鸣** 宝坻人。**张树德** 涿州人。																
道光十八年戊戌钮福保榜	**恽光宸** 大兴人。有传。**王履谦** 大兴人。**钟瀛** 大兴人。**高鲁** 大兴人。**黄树宾** 大兴人。	**王振纲** 新城人，会元。有传。**刘步驷** 高阳人。**韩霖** 高阳人。		**万逢时** 迁安人。**刘钟洛** 临榆人。有传。	**张景沂** 景州人。										**李及辰** 赵州人。		

	顺天府	保定府	承德府	永平府	河间府	天津府	正定府	顺德府	广平府	大名府	宣化府	遵化州	易州	冀州	赵州	深州	定州
	董似谷大兴人。**戴鸾翔**宛平人。**史致谔**宛平人。**倪梦麟**宛平人。**陈则廉**香河人。**李庄**宝坻人。**陈鸿翊**宁河人。																
道光二十年庚子	**范承典**大兴人。**胡光泰**大兴人。	**李纯**满城人。**段金瓯**蠡县人。		**周连仲**乐亭人。**宁曾纶**乐亭人。有传。		**尹宗纯**南皮人。**汤师淇**南皮人。			**武汝清**永年人。		**杨福五**保安州人。有传。	**吴廷溥**丰润人。**孙晋墀**玉田人。					

	顺天府	保定府	承德府	永平府	河间府	天津府	正定府	顺德府	广平府	大名府	宣化府	遵化州	易州	冀州	赵州	深州	定州
预行正科李承霖榜	**王晋** 大兴人。**孙肇元** 大兴人。**秦金鉴** 宛平人。**马铸** 宛平人。**吴台朗** 宛平人，御史。**虞家泰** 宛平人。**王祖培** 宝坻人。**康师敏** 宁河人。**陈锟** 文安人。																

	顺天府	保定府	承德府	永平府	河间府	天津府	正定府	顺德府	广平府	大名府	宣化府	遵化州	易州	冀州	赵州	深州	定州
道光二十一年辛丑恩科龙启瑞榜	**龚宝莲**大兴人，榜眼。**俞长赞**大兴人。**陈庆松**大兴人。**陈浚**大兴人。**张彦云**大兴人。**叶逢春**大兴人。**孙耀先**宛平人。**余锦淮**宛平人。**马映阶**宛平人。	**王瑞庆**清苑人。**李仲祁**清苑人。**汤成彦**清苑人。**陈鉴**清苑人。			**边葆纯**任丘人。	**李瑞章**天津人，江西抚州府知府。**赵培之**盐山人，陕西永寿县知县。	**马晋如**灵寿人。	**郑元善**广宗人。				**孙銮**玉田人。					

	顺天府	保定府	承德府	永平府	河间府	天津府	正定府	顺德府	广平府	大名府	宣化府	遵化州	易州	冀州	赵州	深州	定州
	朱汝鹏永清人。																
谨案：是科有两陈鉴，一为山东历城人，三甲第五十三名，一为直隶清苑人，三甲第七十六名。																	
道光二十四年甲辰孙毓溎榜	**左元烺**大兴人。**黄庆蕿**大兴人。**赵元模**大兴人。**胡霖澍**宛平人。**倪澍**宛平人。**张建基**永清人。**张赋林**通州人，江西南昌府同知。	**陈曜图**清苑人。**张逢辛**清苑人。**康仲方**满城人。	**周相焯**承德人。	**阎廷佩**卢龙人。有传。	**边浴礼**任丘人。**边厚庆**任丘人。	**吴惠元**天津人。云南盐法道。**郭师泰**天津人，山东知县。**殷嘉树**天津人，山东胶州知州。**刘祝庚**南皮人。**孙鸣珂**盐山人，河南归德府知府。	**杜卿霱**赞皇人。									**何玉端**饶阳人。	

	顺天府	保定府	承德府	永平府	河间府	天津府	正定府	顺德府	广平府	大名府	宣化府	遵化州	易州	冀州	赵州	深州	定州
道光二十五年乙巳恩科萧锦忠榜	**童福承**大兴人。**恽世临**大兴人。**罗嘉福**大兴人。**冯栻**大兴人。**陈初泰**大兴人。**胡沄**大兴人。**郑锡瀛**大兴人。**吕式古**大兴人。**杨翰**宛平人。**顾骏**宛平	**孟传金**高阳人。			**包炜**河间人。有传。**刘书年**献县人。							**郑之钟**丰润人。有传。	**赵东曙**易州人。				**杨照藜**定州人。

	顺天府	保定府	承德府	永平府	河间府	天津府	正定府	顺德府	广平府	大名府	宣化府	遵化州	易州	冀州	赵州	深州	定州
	人。**韩一松**宛平人。**刘伯埙**永清人。**王万龄**涿州人。有传。**贺庄**文安人。																
道光二十七年丁未张之万榜	**段培元**大兴人。**沈墉**大兴人。**袁绩懋**宛平人，榜眼。**沈桂芬**宛平人，尚书。			**郭定柱**临榆人。	**吴怀玉**河间人。**刘其年**献县人。**詹锦堂**宁津人，保定府教授。	**张之万**南皮人，状元，尚书。**刘有铭**南皮人。		**周鸣鹿**南和人。有传。						**陈椿年**南宫人。**杨书香**武邑人。			

	顺天府	保定府	承德府	永平府	河间府	天津府	正定府	顺德府	广平府	大名府	宣化府	遵化州	易州	冀州	赵州	深州	定州
	陈钟芳宛平人。**周道治**宛平人。**徐家杰**宛平人。**翟绩凝**宛平人。**许亦崧**宛平人。**张国士**东安人。**李德增**宝坻人。**方学苏**宝坻人。**周云翥**涿州人。																

	顺天府	保定府	承德府	永平府	河间府	天津府	正定府	顺德府	广平府	大名府	宣化府	遵化州	易州	冀州	赵州	深州	定州
道光三十年庚戌陆增祥榜	**恽鸿仪**大兴人。**张师右**宛平人。**吴台寿**宛平人。**储德灿**宛平人。**邵亨豫**宛平人。陕西巡抚。**刘传祺**宛平人。**钟佩贤**宛平人。**王继庭**武清人。	**胡叔琳**清苑人。		**傅观海**卢龙人。	**王浚**河间人。**李羲钧**任丘人。	**高崇基**静海人，山西布政使。			**李吉言**永年人，福建建宁府知府。			**鲁方**遵化人。**李廷楠**丰润人。					

	顺天府	保定府	承德府	永平府	河间府	天津府	正定府	顺德府	广平府	大名府	宣化府	遵化州	易州	冀州	赵州	深州	定州
咸丰二年壬子恩科章鋆榜	**杨丰绅**大兴人。**徐启文**大兴人。**陈继业**大兴人。**俞奎垣**大兴人。**朱光绂**宛平人，未殿试。	**李鸿藻**高阳人，吏部尚书。			**陈松龄**献县人。**庞际云**宁晋人。	**陈骏**天津人，御史。**华鑅**天津人，工部主事。**陶云升**天津人，浙江钱塘县知县。**张云辉**天津人，山西知县。**李耀琛**沧州人。			**武澄清**永年人。		**马缉熙**万全人。	**董春卿**丰润人。**蒋庆第**玉田人。					
咸丰三年癸丑	**谢膺禧**大兴人。**朱仪训**大兴人。	**孙恩寿**清苑人，江苏扬州府知府。		**姚亮臣**迁安人。	**燕晋**献县人。**崔澜**献县人。	**周延年**南皮人。					**席树馨**怀来人。		**李廷钺**易州人。		**杜田之**隆平人，刑部员外郎。		

	顺天府	保定府	承德府	永平府	河间府	天津府	正定府	顺德府	广平府	大名府	宣化府	遵化州	易州	冀州	赵州	深州	定州
孙如仪榜	**谈宝森**宛平人。**果汉源**良乡人，吏部员外郎。**徐振瀛**武清人。**王涉**宝坻人，原名泉。**任式坊**密云人。**纪旸**文安人。	**贺锡福**清苑人，河南罗山县知县。**王金台**高阳人，户部主事。			**刘肇棫**献县人。**苏名显**交河人。												
咸丰六年丙辰翁同	**缪冠瀛**大兴人。**王允升**大兴人。**宋学濂**大兴	**傅庆贻**清苑人，安徽按察使。**孙堪**清苑人，奉	**韩经畬**平泉州人。	**郭长清**临榆人。	**许业香**河间人，翰林。**王题雁**献县人。	**梁凤翰**静海人。**于光甲**沧州人。**张其蕙**南皮人。		**赵士举**广宗人。**赫慎修**巨鹿人，刑部主事。			**薛荣**万全人。	**芮继宗**丰润人。					

	顺天府	保定府	承德府	永平府	河间府	天津府	正定府	顺德府	广平府	大名府	宣化府	遵化州	易州	冀州	赵州	深州	定州
稣榜	人。**翁延绪**宛平人。**杨泽山**永清人。**邵占鳌**东安人。**杨景孟**宝坻人。**孙廷彦**宁河人。**杨兆运**涿州人。	天昌图府知府。**李士芸**高阳人。			**孙凤翔**任丘人。												
咸丰九年己未孙家鼐榜	**黄庆珍**大兴人。**郑锡泰**大兴人。**恽彦琦**大兴人。	**汤似瑄**清苑人。		**高文煜**昌黎人。**钱德昌**乐亭人。**王凤森**滦州人。	**李汝弼**任丘人。**杜墨林**宁津人。		**王荫丰**正定人，翰林院检讨。**陈肇杰**元氏人，山西宁武县知县。		**刘自立**曲周人。								**杨荣隰**定州人。

	顺天府	保定府	承德府	永平府	河间府	天津府	正定府	顺德府	广平府	大名府	宣化府	遵化州	易州	冀州	赵州	深州	定州
	韩宝鸿 大兴人。**王其慎** 宝坻人。**张丕烈** 宝坻人。**石树珠** 大城人。																
咸丰十年庚申恩科钟骏声榜	**孙汝霖** 大兴人。**游观第** 良乡人，河间府教授。**王庆祺** 宝坻人，编修。**刘涯年** 大城人。	**任涟** 清苑人，主事。**胡叔珊** 清苑人。		**王汝讷** 滦州人。	**刘俊扬** 河间人。**牛元恺** 献县人。**王树德** 献县人。**伏作霖** 任丘人。	**王维珍** 天津人，太仆寺少卿。**李桂林** 盐山人，御史。			**李汝霖** 永年人。**郭家修** 邯郸人。								**毕棠** 深泽人。

	顺天府	保定府	承德府	永平府	河间府	天津府	正定府	顺德府	广平府	大名府	宣化府	遵化州	易州	冀州	赵州	深州	定州
同治元年壬戌恩科徐郙榜	**范德馨**大兴人。**王兆兰**宛平人。**李庆沅**通州人，会元，礼部主事。**井钟丹**文安人。**王玉相**大城人。**王昕**蓟州人，工部主事。	**鹿传霖**定兴人，河南巡抚。**董兆奎**完县人，江西广信府知府。**沈鸣珂**祁州人。		**王兆柏**抚宁人。**傅桢**抚宁人。	**李宝箴**献县人。**齐方书**献县人。**周浚**宁津人。	**高其镇**南皮人。**傅维弼**盐山人。					**段儒林**蔚州人。	**张玠**丰润人。		**王铦**枣强人，户部主事。	**贾汝霖**宁晋人，河间府教授。		
同治二年癸亥	**陈振瀛**宛平人，编修。**刘嘉干**宛平	**刘天壮**蠡县人。**王炳耀**蠡县人。		**张旭曦**昌黎人。**解煜**临榆人。	**高锡畴**献县人。**边崇瑄**任丘人。	**刘仲篪**静海人。**刘子镜**沧州人。	**胡元照**正定人，陕西绥德州知州。		**祁德昌**永年人。			**王槐三**丰润人。**赵国华**丰润人。					

	顺天府	保定府	承德府	永平府	河间府	天津府	正定府	顺德府	广平府	大名府	宣化府	遵化州	易州	冀州	赵州	深州	定州
恩科翁曾源榜	人。**白桓**通州人，侍读。**张炳彬**通州人。**刘钟麟**昌平州人。**全士锜**涿州人。**张理澄**涿州人。**吕式桂**大城人。	**郝荣衔**祁州人。				**张之洞**南皮人，探花，两广总督。											
同治四年乙丑崇绮榜	**钮玉庚**大兴人。**李国琇**大兴人。**宋作宾**宛平人。	**苏维城**清苑人。**田翰墀**清苑人，御史。**郭芳兰**新城		**张镔**卢龙人。**郑束**迁安人。**于宗翰**乐亭人。	**刘思溥**吴桥人，御史。**邢元恺**吴桥人，四川盐亭县知县。	**李世珍**天津人，员外郎。**焦骏枫**天津人，吏部主事。			**崔丹桂**清河人。		**杨暹**万全人。						**李逢春**定州人。

	顺天府	保定府	承德府	永平府	河间府	天津府	正定府	顺德府	广平府	大名府	宣化府	遵化州	易州	冀州	赵州	深州	定州
	杨联桂宛平人。**董承乾**通州人。**李衢亨**通州人。**李溱**宝坻人。**方学伊**宝坻人。**李璠**宝坻人，御史。**李桂联**宝坻人。**吕式枚**大城人。	人。**蒋会图**蠡县人。**杨倬云**祁州人。		**田植仁**临榆人。		**崔澄寰**盐山人，户部主事。											

	顺天府	保定府	承德府	永平府	河间府	天津府	正定府	顺德府	广平府	大名府	宣化府	遵化州	易州	冀州	赵州	深州	定州
同治七年戊辰洪钧榜	**孙汝明**大兴人。**王鹏运**大兴人。**路青云**大兴人。**陈寿昌**宛平人，主事。**陈庆萱**宛平人。未殿试。**张丕绩**宝坻人。**刘治平**昌平州人。	**张清元**清苑人。**梁仲衡**安肃人。			**王煦**肃宁人。	**张曾扬**南皮人，编修。**张佩训**南皮人，河南尉氏县知县。**孙承烈**盐山人。						**于万川**丰润人。**张人骏**丰润人。**丁维**玉田人。**吉绅**玉田人。	**鲁宗周**易州人。		**冯庆长**隆平人。	**贺尔昌**武强人，编修。	
同治十年辛未	**刘鸿熙**大兴人。**王祖光**大兴人。	**苏维垣**清苑人。**张冲霄**清苑人。		**宋广荫**乐亭人。**韩钊**乐亭人。	**周维祺**献县人。**边瀹慈**任丘人。	**王文锦**天津人。**李锡朋**天津人。	**何粹然**正定人。					**张佩纶**丰润人。	**宋棫臣**易州人，奉天府教授。				

	顺天府	保定府	承德府	永平府	河间府	天津府	正定府	顺德府	广平府	大名府	宣化府	遵化州	易州	冀州	赵州	深州	定州
梁耀枢榜	**刘承宽**大兴人。 **史贤**宛平人。 **徐浩**宝坻人。 **赵辉棣**宁河人。 **王玉森**大城人。	**孙万春**清苑人。 **李乔年**满城人。 **邢彤云**新城人。 **傅式芳**博野人。		**李铁林**临榆人。	**李联珠**景州人，会元。												
同治十三年甲戌陆润庠榜	**陈文骙**大兴人。 **俞培元**大兴人。 **王振声**通州人。 **路金声**武清人。	**许涵度**清苑人，山西即用知县。 **曹志清**满城人。 **李光斗**祁州人。		**张旭东**卢龙人。 **陈宝树**迁安人。 **刘鹏鸣**迁安人。 **彭德清**滦州人。		**华金寿**天津人，传胪、编修。 **武登第**天津人，郎中。 **辛家彦**天津人，编修。			**赵锡恩**永年人。		**阎廷弼**宣化人。	**秦树春**遵化人。 **董余三**丰润人。		**孙赋谦**衡水人。	**张驹贤**赵州人。		

	顺天府	保定府	承德府	永平府	河间府	天津府	正定府	顺德府	广平府	大名府	宣化府	遵化州	易州	冀州	赵州	深州	定州
						张曾镛南皮人。**李念兹**盐山人，主事。											
光绪二年丙子恩科曹鸿勋榜	**李维城**大兴人。**徐致端**宛平人。**张汝熙**武清人。**高赓恩**宁河人。	**刘振镛**清苑人。**酒龙章**安肃人。**师义方**安肃人。**聂江**唐县人。		**王瑠藩**卢龙人。**刘鸿逵**昌黎人。**刘东美**滦州人。**刘成诵**乐亭人。**李桂林**临榆人。		**王用钦**天津人。**王凤沼**青县人。**葛之覃**南皮人。**高第甲**盐山人。**潘江**盐山人。	**刘宇清**栾城人。				**贾联堂**蔚州人。	**刘际唐**丰润人。**尹椿**玉田人。		**宋德泽**枣强人。		**李世寅**深州人。	
光绪三年丁丑	**胡薇元**大兴人。**沈维诚**宛平人。	**李锡彬**清苑人。**苏毓铨**清苑人。	**李尚卿**承德人。**卜燕宾**朝阳人。		**荣厚源**宁津人。	**赵世曾**天津人。**卞翊清**天津人。		**刘秉哲**邢台人，会元。		**赵冠卿**清丰人。					**邓元善**赵州人。		

	顺天府	保定府	承德府	永平府	河间府	天津府	正定府	顺德府	广平府	大名府	宣化府	遵化州	易州	冀州	赵州	深州	定州
王仁堪榜	**董云标**宁河人。	**蔡汝麟**清苑人。**陈九畴**清苑人。**王惠吉**定兴人。**蒋式芬**蠡县人。	**孙宝琮**朝阳人。			**王恩淮**天津人。**孔传勋**天津人。											
光绪六年庚辰黄思永榜	**孙汝梅**大兴人。**范广衡**大兴人。**王隽颐**大兴人。**陈应禧**大兴人。**卢庆云**大兴人。**徐京**永清人。	**杨清魁**清苑人。**杨耀林**清苑人。**鹿学良**定兴人。**王毓芝**新城人。**王清江**望都人。**赵受璋**祁州人。		**李威**滦州人。	**王濂**吴桥人。	**沈士鏻**天津人。**高凌霄**天津人。**张正堉**南皮人。					**李敬修**保安州人。						

	顺天府	保定府	承德府	永平府	河间府	天津府	正定府	顺德府	广平府	大名府	宣化府	遵化州	易州	冀州	赵州	深州	定州
	韩受卿通州人。**马存朴**宝坻人。**王庆禔**宝坻人。**戴彬元**宁河人，传胪。**刘沛然**宁河人。**王锐新**涿州人。																
光绪九年癸未陈冕榜	**陈冕**宛平人。**邵松年**宛平人。**赵臣翼**大兴人。			**孙国桢**乐亭人。**王金镕**乐亭人。**徐元瑞**乐亭人。	**刘维翰**景州人。**李阴銮**景州人。	**严修**天津人。**曹隽瀛**天津人。**徐谦**天津人。			**胡景桂**永年人。	**武勋朝**南乐人。	**刘诩**蔚州人。						

	顺天府	保定府	承德府	永平府	河间府	天津府	正定府	顺德府	广平府	大名府	宣化府	遵化州	易州	冀州	赵州	深州	定州
	徐炳文通州人。**李浚**宝坻人。**陈源潾**宝坻人。**张丕弼**宝坻人。**徐绍康**武清人。			**李锡庚**乐亭人。**李垣**乐亭人。		**李铨**天津人。**齐学瀛**天津人。											

卷四十二

表二十七

选举十举人　国朝一

顺天乡试分编满、合、夹、承、贝、南皿、北皿、中皿等字号。承字号承德取中三名；贝子号直隶生员取中一百一名，加五经遗额五名，共一百六名；北皿奉天、直隶、山东、山西、河南、陕西、甘肃贡监生取中三十六名《科场条例》。

顺治二年，题准顺天乡试中式一百六十八名内。直隶生员贝字号中一百十五名，北监生皿字号中四十八名，宣化旦字号中三名，奉天夹子号中二名同上。

十七年，题准乡试中式照旧额减半同上。

康熙二十年，增顺天乡试中额五名同上。

三十五年，顺天乡试生员增中十七名，北皿监生共增七名同上。

五十年，顺天贝字号增十八名，南、北皿字号共增十三名同上。

雍正十二年，遵旨议定宣化府旦字号加中一名同上。

乾隆九年，大学士、九卿遵旨议定，直隶贝字号额中一百零八名。除奉天夹字号、宣化旦字号各额中四名，长芦等处卤字号额中一名，俱毋庸议减外，贝字号酌减九名是年，御史范咸奏准，贝字一百零八名连五经额五名，共一百十三名，酌减十一名，定为一百二名。同上。

乾隆四十四年，奉旨：承德府另编承字号，每科乡试取中一名同上。

嘉庆七年，议准署直隶总督陈大文等奏，据宣化府属生员吕鸣盛等呈称，乡试归入贝字号取中同上。

嘉庆十一年奉旨：承字号中额一名外，广额二名，每科乡试取中举人三名同上。

光绪四年十二月初五日，直隶总督奏，据宣化府属文生请，仍复旦字号原额四名邸抄。

	顺天府	保定府	承德府	永平府	河间府	天津府	正定府	顺德府	广平府	大名府	宣化府	遵化州	易州	冀州	赵州	深州	定州
顺治二年乙酉科	**刘泽芳**大兴人。 **林起龙**大兴人，见《进士表》。《蓟州志》作蓟州人。 **刘玉瓒**大兴人。 **方于光**大兴人。 **李若琛**大兴人。 **宋杞**大兴人。 **叶献章**大兴人。 **朱之弼**大兴人。	**刘源深**清苑人。 **刘之屏**清苑人。 **孙长耀**清苑人。 **郭棻**清苑人，见《进士表》。 **石维昆**清苑人。 **何可化**清苑人。 **李振圻**清苑人。 **庞枫**清苑人。 **陈公定**安肃人，见《进士		**戴殿云**永平人。 **刘鸿儒**迁安人，见《进士表》。 **陈性天**乐亭人，陕西宜川县知县。有传。 **穆维乾**山海卫人，翰林院典簿。 **沈所端**山海卫人。 **田应昇**昌黎人，河南罗山县知县。	**张翼舒**河间人。 **刘振先**河间人。 **王登镗**任丘人。 **王登录**任丘人，见《进士表》。 **李陶**任丘人，见《进士表》。 **苏铣**交河人，见《进士表》。 **王惟叙**景州人。 **刘三章**景州人。	**贾廷奭**天津人，见《进士表》。 **刘士泓**青县人。 **马鸣萧**青县人。 **董嗣舒**静海人。 **车辂**沧州人，江南溧水县知县。 **吕希龙**沧州人，四川遵义府推官。 **蔡震兰**沧州人。	**刘宏誉**正定人，见《进士表》。 **张纯熙**正定人，见《进士表》。 **丁浴初**获鹿人，见《进士表》。 **孙光远**获鹿人。 **张令仪**栾城人，江苏嘉定县知县。 **贡骏学**灵寿人。 **贾璋**平山人。	**张己**沙河人，见《进士表》。 **王民瞻**沙河人，见《进士表》。 **杨时荐**巨鹿人，见《进士表》。	**胡芝发**永年人，见《进士表》。 **张鸿基**永年人，见《进士表》。 **张扬采**永年人，陕西雒南县知县。 **李倩**曲周人，见《进士表》。 **柴望岱**曲周人，见《进士表》。 **贺应旌**肥乡人，江苏丹阳	**苗毓秀**大名人，见《进士表》。 **窦遴奇**大名人，见《进士表》。 **侣鸾举**大名人，见《进士表》。 **张调鼎**元城人，见《进士表》。 **戴元**东明人，见《进士表》。 **崔拱乾**东明人。 **郜炳元**长垣	**胡以温**宣化人，见《进士表》。 **王天鉴**万全人，见《进士表》。 **李遵度**万全人，见《进士表》。 **宋之屏**龙门人，见《进士表》。	**李茂春**遵化州人，陕西汉阴县知县。 **江中楫**玉田人，见《进士表》。 **江中耀**玉田人，刑部郎人。 **孙启聪**玉田人，安州学正。 **李及秀**玉田人，见《进士表》。		**宋文运**南宫人，见《进士表》。 **尚统宗**南宫人，湖北荆州府推官。 **龙起潜**枣强人，见《进士表》。	**张梦蛟**隆平人，安州学正。 **刘昌**隆平人，见《进士表》。 **张大道**隆平人，香河县教谕。 **杨晋**隆平人，河南卢氏县知县。 **郑名**宁晋人。 **蔡含灵**宁晋人。	**李振春**深州人，见《进士表》。 **符应琦**饶阳人，见《进士表》。	**刘自贵**定州人，见《进士表》。

	顺天府	保定府	承德府	永平府	河间府	天津府	正定府	顺德府	广平府	大名府	宣化府	遵化州	易州	冀州	赵州	深州	定州
	耿于垣大兴人。**张炯**大兴人。**施民瞻**大兴人。**王士骥**大兴人。**颜永锡**大兴人。**宋翔**大兴人。**庄正中**大兴人。**莫尔漼**大兴人。**张文明**大兴人。**楼晟**大兴	表》。**师若玮**安肃人，见《进士表》。**崔士俊**唐县人。**傅云鹏**庆都人。**张维德**容城人。**李曰琴**完县人，山西高平县教谕。**赵明英**雄县人，见《进士表》。**吴凤起**雄县人,陕			**孙遂**故城人，见《进士表》。**张元慧**东光人。**马廷翰**东光人，国子监学录。**苏腾凤**宁津人，见《进士表》。	**王玉成**盐山人，云南楚雄县知县。**田思圣**盐山人。**常自牧**盐山人，见《进士表》。**韩重辉**盐山人，见《进士表》。	**高明**晋州人，陕西临潼县知县。		县知县。**白所见**磁州人，见《进士表》。**李鸿勋**磁州人，见《进士表》。	人，解元。							

	顺天府	保定府	承德府	永平府	河间府	天津府	正定府	顺德府	广平府	大名府	宣化府	遵化州	易州	冀州	赵州	深州	定州
	人。**靳龙光**大兴人。**林晖**大兴人。**孙灏**大兴人。**孔衍樾**大兴人。**陆嵩**宛平人。**颜敏**宛平人。**孔传孟**宛平人，见《进士表》。**胡兆龙**宛平人。**李鲸**宛平	西狄道县知县。**宋牧民**雄县人，见《进士表》。**李霨**高阳人，见《进士表》。**刘霦**高阳人，见《进士表》。**李天伦**新安人。**高景**新安人，见《进士表》。															

	顺天府	保定府	承德府	永平府	河间府	天津府	正定府	顺德府	广平府	大名府	宣化府	遵化州	易州	冀州	赵州	深州	定州
	人。**张国宪**宛平人。**赵琪**宛平人。**王之鼎**宛平人。**杨三知**良乡人，见《进士表》。**张元枢**良乡人，见《进士表》。**袁懋功**香河人，见《进士表》。**王体晋**香河人。																

	顺天府	保定府	承德府	永平府	河间府	天津府	正定府	顺德府	广平府	大名府	宣化府	遵化州	易州	冀州	赵州	深州	定州
	钟声之通州人。**王公擢**通州人。有传。**胡应徵**三河人。**刘瑞远**三河人，江苏海州知州。有传。**曹文熷**武清人，广东香山县知县。**陆华强**昌平州人。**周朴**密云人。																

	顺天府	保定府	承德府	永平府	河间府	天津府	正定府	顺德府	广平府	大名府	宣化府	遵化州	易州	冀州	赵州	深州	定州
	林赞春 霸州人，浙江云和县知县。 **崔之瑛** 霸州人，见《进士表》。 **刘澜** 霸州人，见《进士表》。 **陈协** 文安人，鸿胪寺正卿。 **王荫祚** 文安人，户部侍郎。县志作王景祚。																

	顺天府	保定府	承德府	永平府	河间府	天津府	正定府	顺德府	广平府	大名府	宣化府	遵化州	易州	冀州	赵州	深州	定州
	刘楗 大城人，见《进士表》。**李翼鹏** 大城人。**刘克家** 保定县人，见《进士表》。**骆腾** 蓟州人，山西阳和道副使。																
顺治三年丙戌科	**孙圣麟** 大兴人。**汤允立** 大兴人。**胡惟德** 大兴人。	**刘世芳** 清苑人。**陈上年** 清苑人，见《进士表》。		**田国足** 抚宁人，见《进士表》。**田三接** 昌黎人。	**陈国玺** 河间人。**周敏政** 河间人，见《进士表》。	**萧赋颖** 静海人，山西汾州府推官。**高尔修** 静海人，见	**郝尔瞻** 平山人，江南亳州知州。**娄维高** 晋州人，见《进士	**杜良祚** 沙河人，见《进士表》。**白方曙** 南和人，河南宜阳	**杜云桢** 永年人，福建龙岩县知县。**石曜** 永年人，见	**成亮** 大名人，见《进士表》。**钱綖** 元城人，见《进士	**王道南** 蔚州人，见《进士表》。**孟宪孔** 保安州人，见《进士	**李启元** 遵化人。**杨泰** 丰润人。**谷应泰** 丰润人，见	**曹耿源** 涞水人，福建宁洋县知县。	**耿德焯** 冀州人。**郑雍** 南宫人，见《进士表》。	**张祖旒** 隆平人，雄县教谕。**司世教** 宁晋人。	**李苑辉** 武强人。**张自发** 饶阳人。据县志补。	**郝浴** 定州人，见《进士表》。

	顺天府	保定府	承德府	永平府	河间府	天津府	正定府	顺德府	广平府	大名府	宣化府	遵化州	易州	冀州	赵州	深州	定州
	张能麟大兴人。**王深**大兴人。**徐兆举**大兴人。**韩有倬**大兴人，见《进士表》。《南宫志》作南宫人。**胡昇猷**大兴人。**纪咸亨**大兴人。**王名世**大兴人。**罗森**大兴	**赵时润**清苑人。**于有麟**清苑人。**贾尔梅**清苑人。有传。**刘源溥**清苑人，知府。**高檠**清苑人。**张巴**清苑人。**石巩垣**清苑人，知县。**李贺**满城人，枣强县教谕。		**白培极**滦州人。**鞠惟谦**滦州人。**崔联芳**山海卫人。有传。**穆尔谟**山海卫人，见《进士表》。	**李瑞徵**献县人，江西新建县知县。**刘争光**阜城人，见《进士表》。**沈伍乔**肃宁人，博野县教谕。**朱之宷**任丘人，广平府教授。**郭之培**任丘人，见《进士表》。**李仪古**任丘人，见	《进士表》。**刘文翰**静海人。**王呈麟**沧州人。**刘庆藻**沧州人。**高廷对**盐山人。**王廷銮**盐山人，翰林院典簿。**赵奋霄**盐山人，见《进士表》。	表》。**张鹏翼**晋州人，万全县教谕。**秘业兴**晋州人，广东恩平县知县。**赵志抃**藁城人，见《进士表》。	县知县。**韩有倬**任县人。	《进士表》。**李隽**永年人，江南江宁府知府。**杨瀛**永年人，见《进士表》。**杜霁远**永年人，见《进士表》。**张湑**磁州人，见《进士表》。**康霖生**磁州人，见《进士表》。	表》。**张奋翮**东明人。**郭一元**魏县人，见《进士表》。	表》。**张可捷**万全人，江南舒城县知县。**岳徵琎**万全人，浙江会稽县知县。	《进士表》。**李云栽**玉田人，邢台县教谕。**邵洪勷**玉田人。**李长秀**玉田人，见《进士表》。		**张星耀**枣强人。**王凝命**衡水人，见《进士表》。	**冯景祺**宁晋人。		

	顺天府	保定府	承德府	永平府	河间府	天津府	正定府	顺德府	广平府	大名府	宣化府	遵化州	易州	冀州	赵州	深州	定州
	人。**洪范**大兴人。**茹鄂侯**大兴人。**梁以桂**大兴人。**于廷奏**大兴人。有传。**萧世贲**大兴人。**杜朴**大兴人。**于之挺**大兴人。**徐翀**大兴人。**张廷瓒**大兴人。	**都硕宾**满城人。**高标**满城人，见《进士表》。**师人淑**安肃人，佥都御史。有传。**张文韬**新城人。**王祚明**庆都人。有传。**金肖孙**完县人，四川富顺县知县。**孙兆桢**完县			《进士表》。**张培真**景州人。有传。**贾一元**故城人，解元。**刘梅**故城人，见《进士表》。**刘泽厚**吴桥人，见《进士表》。**朱铉**东光人。**邢士标**东光人。				**杨睿**磁州人，兵部司务。								

	顺天府	保定府	承德府	永平府	河间府	天津府	正定府	顺德府	广平府	大名府	宣化府	遵化州	易州	冀州	赵州	深州	定州
	张宏俊大兴人。**王德明**大兴人。**祁复业**宛平人。**金铵**宛平人。**章云鹭**宛平人，见《进士表》。**李昌垣**宛平人。**王熙**宛平人，见《进士表》。**李大发**宛平人。	人，陕西两当县知县。**赵亮**蠡县人。**吴美秀**蠡县人，见《进士表》。**苏东柱**雄县人，见《进士表》。**何良策**雄县人，四川峨嵋县知县。**郭碧麟**雄县人，河南怀庆府通判。															

	顺天府	保定府	承德府	永平府	河间府	天津府	正定府	顺德府	广平府	大名府	宣化府	遵化州	易州	冀州	赵州	深州	定州
	王辛 宛平人，见《进士表》。 **方贤** 宛平人。 **谢泰** 宛平人。 **苏霖** 宛平人。 **张璟** 良乡人，御史。 **刘宗韩** 固安人，见《进士表》。 **巩维城** 永清人。 **雷湛** 通州人，见	**张名世** 雄县人，河南西平县知县。 **徐人望** 祁州人，通州学正。 **李世洽** 束鹿人，见《进士表》。 **王家遴** 高阳人，河南罗山县知县。 **李如滂** 高阳人，见《进士表》。 **李顺昌** 新安															

	顺天府	保定府	承德府	永平府	河间府	天津府	正定府	顺德府	广平府	大名府	宣化府	遵化州	易州	冀州	赵州	深州	定州
	《进士表》。**王法汤**通州人，山东泰安州学正。**张士甄**通州人，见《进士表》。**刘作霖**武清人，湖广郧阳府知府。**蒋文灿**昌平人。**丁同益**昌平人。**周纯熙**昌平人。	人，山东济宁州知州。**崔维雅**新安人，广西布政使。															

	顺天府	保定府	承德府	永平府	河间府	天津府	正定府	顺德府	广平府	大名府	宣化府	遵化州	易州	冀州	赵州	深州	定州
	郝惟讷霸州人，见《进士表》。**郝惟谦**霸州人。**吴光印**霸州人，山西蒲县知县。**万方庆**文安人，见《进士表》。**王建中**大城人，见《进士表》。																

谨案:《贡举考略》云:乙酉,丙戌科场初开,士子应试都门者,间以道涂梗塞,后期始至。朝廷加意招徕,重行乡会。

	顺天府	保定府	承德府	永平府	河间府	天津府	正定府	顺德府	广平府	大名府	宣化府	遵化州	易州	冀州	赵州	深州	定州
顺治五年戊子科	**张永祺**大兴人。 **李长荫**大兴人。 **温良璞**大兴人。 **徐增美**大兴人。 **陈卣**大兴人。 **宗彝**大兴人。 **袁汴**大兴人。 **秦性恒**大兴人。 **张继镳**大兴人。 **蒋如瑶**大兴	**颉光**清苑人，户部郎中。有传。 **刘桓**清苑人。 **赵之鼎**满城人，御史。 **于鸿渐**安肃人，见《进士表》。 **马学曾**博野人，延庆州学正。 **王协吉**博野人。 **周祐**庆都人。		**孙灏**永平人，见《进士表》。 **赵映斗**迁安人，见《进士表》。 **高岗**滦州人。 **梁桢**滦州人。 **高显辰**滦州人，云南云南府知府。 **黄忱孝**乐亭人，山东单县知县。	**孙际昌**河间人，见《进士表》。 **李延年**河间人，河南河阴县知县。 **王躬赞**河间人。 **白惺涵**河间人，见《进士表》。 **刘福清**河间人，河南鹿邑县知县。 **周体观**任丘人，见《进士表》。	**朱承命**天津人，见《进士表》。 **戴王纶**沧州人。 **吕祖望**沧州人。 **刘雯旷**沧州人。 **汤纯**南皮人，见《进士表》。	**施肇元**正定人，见《进士表》。 **何澄**正定人，见《进士表》。 **梁士济**正定人，湖广辰州府推官。 **王廷瑞**正定人，河南鹿邑县知县。 **李丛玉**正定人。 **孙温**获鹿人，见《进士	**劳之**邢台人。 **陈定国**沙河人，广西昭平县知县。 **刁履和**南和人，江西安仁县知县。	**鲁斯**曲周人，詹事府主簿。 **刘派久**威县人，湖南永兴县知县。有传。 **顾天宠**清河人。	**张瑄**元城人。 **吕补衮**长垣人。 **徐谓弟**长垣人。	**张光烈**万全人，见《进士表》。 **纪肇修**万全卫人，浙江龙泉县知县。有传。 **孙一桂**怀来人，山西陵川县知县。府志作辛卯科。 **杨应选**怀来人，江西永丰县知县。	**林润**遵化人，工部主事。 **谷元亨**丰润人。 **谷卿云**丰润人，四川宜宾县知县。 **梁祯**丰润人，礼部司务。	**赵居甲**广昌人。有传。	**连佳荫**南宫人，见《进士表》。 **陈年谷**南宫人，见《进士表》。 **翟裕厚**新河人，安徽蒙城县知县。 **杨骏声**衡水人，开州学正。	**杨宗昌**赵州人。 **冯思高**柏乡人。 **李僎**高邑人。 **李培初**宁晋人，解元。 **高去侈**宁晋人。 **王宠爰**宁晋人。 **王元晋**宁晋人。	**陶澄龄**深州人。 **张俊明**深州人。 **符应琇**饶阳人。 **李如兰**饶阳人。据县志补。	

	顺天府	保定府	承德府	永平府	河间府	天津府	正定府	顺德府	广平府	大名府	宣化府	遵化州	易州	冀州	赵州	深州	定州
	人。**俞彝**大兴人。**朱志远**大兴人。**徐兆庆**大兴人。**王毓恂**大兴人。**阮标**大兴人。**王朝彦**大兴人。**徐兆极**大兴人。**王三接**大兴人。**李熠**大兴人。	**张亨升**完县人，见《进士表》。**马化龙**雄县人，河南夏邑县知县。**李即龙**雄县人，见《进士表》。**李世澄**束鹿人，国子监学正。**韩国球**高阳人，兵马司指挥。有传。**张瑄**高阳人。			**张国范**景州人。**孙佩**故城人。**崔作霖**故城人，见《进士表》。**马之駛**东光人，见《进士表》。**马中骥**东光人，见《进士表》。**马廷赞**东光人，见《进士表》。**马赞明**东光人。		表》。**魏双凤**获鹿人，见《进士表》。**王馨**获鹿人。据府志补。**李云开**元氏人。										

	顺天府	保定府	承德府	永平府	河间府	天津府	正定府	顺德府	广平府	大名府	宣化府	遵化州	易州	冀州	赵州	深州	定州
	王琦 大兴人。**吴炜** 大兴人。**黄鼎铉** 大兴人。**黄中璜** 大兴人。**沈肇基** 大兴人。**李暲** 大兴人。**王世约** 大兴人，见《进士表》。**周礼** 大兴人。**蒋士衡** 大兴人。				**毕士俊** 东光人，江西贵溪县知县。**任中杰** 宁津人，见《进士表》。												

	顺天府	保定府	承德府	永平府	河间府	天津府	正定府	顺德府	广平府	大名府	宣化府	遵化州	易州	冀州	赵州	深州	定州
	赵裔昌大兴人。**叶树德**大兴人。**李光玺**大兴人。**王仲**宛平人。**张舜举**宛平人。**颜敦**宛平人。**刘芳躅**宛平人，见《进士表》。**吴道煌**宛平人。**张完臣**宛平人。																

	顺天府	保定府	承德府	永平府	河间府	天津府	正定府	顺德府	广平府	大名府	宣化府	遵化州	易州	冀州	赵州	深州	定州
	龚瑛 宛平人。**宁坊** 宛平人。**沈慧侠** 宛平人。**余司仁** 宛平人。**刘源澄** 固安人，见《进士表》。**张六经** 固安人。**邵骏发** 东安人。**魏继柸** 通州人，云南北胜州知州。有																

	顺天府	保定府	承德府	永平府	河间府	天津府	正定府	顺德府	广平府	大名府	宣化府	遵化州	易州	冀州	赵州	深州	定州
	传。 **雷一龙** 通州人，见《进士表》。 **卢裕楫** 三河人，山东兖州府通判。 **汪伯翔** 武清人，见《进士表》。 **郑通玄** 密云人。 **杨陛** 涿州人，兵备道。 **顾敞** 涿州人，浙江云和县知																

	顺天府	保定府	承德府	永平府	河间府	天津府	正定府	顺德府	广平府	大名府	宣化府	遵化州	易州	冀州	赵州	深州	定州
	县。**高之蕙**霸州人，浙江上虞县知县。**高光夔**文安人，见《进士表》。**纪元**文安人，见《进士表》。**贺士珍**文安人，广西富川县知县。**王瀚**大城人，山东青城县知县。																

	顺天府	保定府	承德府	永平府	河间府	天津府	正定府	顺德府	广平府	大名府	宣化府	遵化州	易州	冀州	赵州	深州	定州
顺治八年辛卯科	**朱萓**大兴人。 **张龙如**大兴人。 **周宪文**大兴人。 **徐俞**大兴人。 **沈举**大兴人。 **朱之佐**大兴人。 **阮如兰**大兴人。 **胡懋谦**大兴人。 **冯三台**大兴人。 **张弘俨**大兴	**王雨润**清苑人。 **高棻**清苑人，见《进士表》。 **刘光祚**满城人。 **刘傧**唐县人，通州学正。 **杨含春**完县人，陕西鄠县知县。 **张莘**蠡县人。 **张继儒**雄县人。 **张嘉善**雄县		**李若璋**迁安人，四川什邡县知县。 **赵启晋**昌黎人。 **赵天锡**昌黎人。 **孙如林**滦州人，见《进士表》。 **秦文标**滦州人。 **程观颐**山海卫人，见《进士表》。	**冯贲徵**河间人，见《进士表》。 **衣鸣佩**肃宁人。 **王之俊**肃宁人，江南丰县知县。有传。 **刘体仁**任丘人。 **张厥修**任丘人，见《进士表》。 **苏矿**交河人，见《进士表》。 **张衡**景州	**吴愚公**天津人。 **高恒懋**静海人。 **陈继美**沧州人。 **傅廷俊**沧州人。 **吴维哲**南皮人。 **刘振基**盐山人，见《进士表》。 **丁重辉**庆云人。	**阎玫**正定人，见《进士表》。 **贾廷兰**正定人，见《进士表》。 **梁士潾**正定人，山东夏邑县知县。 **黄维桂**正定人，广西永宁州知州。 **陈鸣凤**正定人。 **陈三宅**行唐人。	**刘清源**沙河人，见《进士表》。 **张庚**南和人。 **赵似祖**唐山人，顺天府教授。	**孙启后**永年人，见《进士表》。 **李司鉴**永年人。 **程续南**永年人，文安县教谕。 **王颐**曲周人，湖广祁阳县知县。 **颜龙图**曲周人，广东封川县知县。 **鲁葆冲**曲周人。	**杨标**大名人。 **宋绎**大名人，河南柘城县知县。 **史昌德**魏县人，湖北保康县知县。 **杨标**元城人，见《进士表》。 **柳映奎**元城人，见《进士表》。 **杨更新**清丰人，湖南宁远	**王国辅**宣化人。 **郝献明**宣化人。 **王家启**蔚州人，广东新会县知县。有传。 **刘中式**蔚州人，山西绛州学正。 **李调元**蔚州人，山西绛州学正。 **夏光虞**蔚州人，江南靖江县知县。	**李有伦**丰润人。 **谷秉谦**丰润人，河南中牟县知县。 **黄道启**玉田人，正定府教授。		**陈滈**冀州人，见《进士表》。 **白瑶**南宫人。 **乞皇宠**南宫人。 **崔天宠**南宫人，见《进士表》。 **赵达**新河人。 **李时亨**枣强人，见《进士表》。 **张尔翼**武邑人，见《进士表》。	**张暚**赵州人。 **王锡九**柏乡人，见《进士表》。 **曹若铬**隆平人，陕西西安县知县。 **郭藩镇**高邑人，解元。 **李潆**高邑人，山东滋阳县知县。有传。 **冯锡祺**宁晋人。	**张偀**深州人，见《进士表》。	

	顺天府	保定府	承德府	永平府	河间府	天津府	正定府	顺德府	广平府	大名府	宣化府	遵化州	易州	冀州	赵州	深州	定州
	人。 **苏宣化** 大兴人，见《进士表》。 **王心** 大兴人。 **张劝** 大兴人。 **杜士晋** 大兴人。 **朱之翼** 大兴人。 **徐逸** 大兴人。 **王道隆** 大兴人。 **陈可畏** 大兴人。 **张尔奎** 大兴	人，见《进士表》。 **蔡璧** 雄县人，见《进士表》。 **常来誉** 雄县人。 **李白生** 祁州人，大城县教谕。 **郑侨** 祁州人。 **董煜** 高阳人，见《进士表》。 **李琰** 高阳人，广东万州知州。			人。 **李孔嘉** 景州人。 **耿始达** 故城人。 **李品清** 故城人。 **马孔彰** 东光人，山东新城县知县。		**李浣** 元氏人，见《进士表》。 **杨标** 元氏人，见《进士表》。 **张英华** 元氏人，江苏仪征县知县。有传。 **韩煜玗** 晋州人，安徽当涂县知县。		**张绎** 肥乡人，江西安远县知县。 **吴本源** 成安人。 **索翼明** 磁州人。	县知县。 **周俊** 东明人。 **赵奠丽** 开州人。 **王汝砺** 开州人。 **萧九成** 开州人。 **王镂** 长垣人，束鹿县教谕。 **黄之俊** 长垣人。 **张元美** 长垣人。 **成象理** 长垣人。				**张璞** 衡水人。			

	顺天府	保定府	承德府	永平府	河间府	天津府	正定府	顺德府	广平府	大名府	宣化府	遵化州	易州	冀州	赵州	深州	定州
	人。**陈必成**宛平人。**雷经**宛平人。**杨起鹏**宛平人。**陆鸣时**宛平人。**唐颀**宛平人。**魏朝瑛**宛平人。**沈子龙**固安人，见《进士表》。**赵子秀**固安人。**张应科**固安	**韩雄岱**高阳人，见《进士表》。**韩持执**高阳人，天津府教授。**齐赞宸**高阳人，见《进士表》。**齐赞枢**高阳人，见《进士表》。**崔九围**新安人，陕西白水县知县。**高宣化**新安人。								**王运开**长垣人。							

	顺天府	保定府	承德府	永平府	河间府	天津府	正定府	顺德府	广平府	大名府	宣化府	遵化州	易州	冀州	赵州	深州	定州
	人，见《进士表》。**吕鸣燕**固安人，江南合肥县知县。**王印元**通州人，陕西蒲城县知县。**杜继召**通州人，见《进士表》。**杨士烒**通州人，见《进士表》。**胡公著**通州人，陕西鄜州																

	顺天府	保定府	承德府	永平府	河间府	天津府	正定府	顺德府	广平府	大名府	宣化府	遵化州	易州	冀州	赵州	深州	定州
	知州。**邵汝懋**通州人。**赵之符**武清人，见《进士表》。**张宾王**宝坻人，知县。**沈尚仁**顺义人，见《进士表》。**赵珩**密云人，河南淇县知县。**郝惟谟**霸州人，见《进士表》。																

	顺天府	保定府	承德府	永平府	河间府	天津府	正定府	顺德府	广平府	大名府	宣化府	遵化州	易州	冀州	赵州	深州	定州
	郝惟训霸州人，见《进士表》。**谭宏宪**文安人，见《进士表》。**王峋**文安人，正定县教谕。**毛维泰**文安人，广西藤县知县。**蔡迪**大城人。**戴君锡**大城人，赞皇县教谕。																

	顺天府	保定府	承德府	永平府	河间府	天津府	正定府	顺德府	广平府	大名府	宣化府	遵化州	易州	冀州	赵州	深州	定州
	蔡师襄大城人。																
顺治十一年甲午科	**史起贤**大兴人。 **李元发**大兴人。 **周世泽**大兴人。 **赵吉徵**大兴人。有传。 **赵明徵**大兴人。 **朱以忠**大兴人。 **钱国寿**大兴人。 **沈堃**大兴人。	**史士奇**清苑人。 **刘云书**清苑人。 **翁佶**清苑人，见《进士表》。 **贾焯然**清苑人，教谕。 **高寅**清苑人，江西建德县知县。 **董聿肃**新城人。		**裴式度**迁安人。 **马逢乐**昌黎人。 **谭从简**山海卫人，云南晋宁州知州。	**王维**交河人。 **石润广**交河人，见《进士表》。 **王瑞**景州人。 **王阶**景州人。 **张恂**景州人。 **曹慎独**景州人，四川酆都县知县。 **王珏**故城	**孟宗舜**天津人，见《进士表》。 **王逢五**天津人，大名县教谕。 **张人瑞**天津人，四川新繁县知县。 **李玉树**青县人。 **李枝长**静海人。 **刘宗亮**沧州人。	**刘元慧**正定人，见《进士表》。 **李灏**元氏人，见《进士表》。 **李云龙**元氏人。 **安瑀**赞皇人，湖南慈利县知县。有传。 **安克谐**赞皇人。	**崔灿**沙河人。 **鹿遇明**南和人，国子监助教。有传。 **杨思睿**巨鹿人，知县。 **张尊贤**唐山人，见《进士表》。 **刘滋**任县人，见《进士表》。 **李凤翔**任县人。	**郭砥**永年人。 **杜震远**永年人，见《进士表》。 **王谦**永年人，见《进士表》。 **郝渊**永年人。 **宋永绪**永年人。 **李奇珍**永年人，见《进士表》。	**赵凤集**大名人。 **黄伉**大名人。福建侯官县知县。 **张鼎新**大名人，见《进士表》。 **成克秉**大名人。 **刘元徵**大名人，见《进士表》。 **张结缘**大名人，见	**魏允升**宣府人，见《进士表》。 **杨变善**宣府人，湖广长沙县知县，府志作杨变春。 **贾时泰**蔚州人，陕西渭南县知县。 **贺巍功**蔚州人，湖南新田县知县。	**曹鼎望**丰润人。 **姚曰都**丰润人。 **刘玉安**玉田人，见《进士表》。 **桑开运**玉田人，见《进士表》。	**解运昌**易州人，邢台县教谕。	**宋文镜**南宫人，见《进士表》。 **周绪**南宫人。 **程宗圻**新河人。 **李玉芳**新河人，湖北孝感县知县。 **李履祥**枣强人，见《进士表》。 **王兴贤**衡水人，见	**王懿**赵州人。 **魏裔讷**柏乡人，见《进士表》。 **马豸**隆平人，见《进士表》。 **李伸**高邑人，见《进士表》。 **王昌嗣**宁晋人，见《进士表》。 **高光绣**宁晋	**张翼明**深州人。	**张笃之**深泽人。

	顺天府	保定府	承德府	永平府	河间府	天津府	正定府	顺德府	广平府	大名府	宣化府	遵化州	易州	冀州	赵州	深州	定州
	陈之蕴大兴人。 **钱升**大兴人。 **田种玉**宛平人，解元。 **蒋姬荫**宛平人。 **诸用章**宛平人。 **孙仍**宛平人。 **陈国士**宛平人。 **胡兆麟**宛平人。 **马犹龙**宛平人。	**孙才发**博野人。 **李进光**容城人，浙江金华县知县。 **王之卿**完县人。 **张懋德**蠡县人。 **吴英光**蠡县人。 **常建**雄县人，见《进士表》。 **王尔楫**雄县人，定州学正。			人。 **卢如煜**吴桥人。 **刘子正**吴桥人，见《进士表》。 **何如淮**东光人，河南考城县知县。	**刘玉森**沧州人。 **黄得昌**南皮人，见《进士表》。 **刘深**南皮人，见《进士表》。 **汤裔振**南皮人，见《进士表》。			**冀庞龄**永年人，故城县教谕。 **郝化龙**永年人，吴桥县教谕。 **胡禧宏**永年人。 **王志鳌**曲周人，见《进士表》。 **秦珣**曲周人。 **房占鳌**邯郸人。 **房宣化**邯郸人。 **杜宸丹**鸡泽	《进士表》。 **魏匡**南乐人，河南叶县知县。 **田可大**开州人。 **安九斑**开州人。 **孙万程**开州人。 **常时泰**开州人。 **王作舟**开州人。 **王琛**开州人。 **王鸾冲**长垣人。	**刘宏绪**蔚州人，刑部郎中。			《进士表》。	人。 **高光豸**宁晋人。		

	顺天府	保定府	承德府	永平府	河间府	天津府	正定府	顺德府	广平府	大名府	宣化府	遵化州	易州	冀州	赵州	深州	定州
	刘万策 固安人，知县。**柴应宸** 永清人。**陈梫芳** 香河人，万全左卫教授。**丁林声** 通州人，庆符县知县。有传。**康庄** 通州人，兵部主事。**陈敬** 通州人，见《进士表》。	**刘凤翀** 祁州人。**童炜** 祁州人，见《进士表》。**张鼎彝** 束鹿人，见《进士表》。**齐遵周** 高阳人，山西交河县知县。**李洪勋** 高阳人，见《进士表》。**顾启祥** 新安人。**李衷绣** 新安							人。**田缉熙** 鸡泽人。**张腾云** 威县人。**陈圣俞** 磁州人，见《进士表》。	**成懋勋** 长垣人。**杜宸辅** 长垣人。							

	顺天府	保定府	承德府	永平府	河间府	天津府	正定府	顺德府	广平府	大名府	宣化府	遵化州	易州	冀州	赵州	深州	定州
	李含春 通州人，见《进士表》。 **乔木** 通州人，奉天府教授。 **王乃余** 宝坻人，拣选知县。 **张鼎铨** 顺义人，河南府教授。 **沈仁敷** 顺义人。原名茎。 **冯源济** 涿州人，见《进士表》。	人，山西朔州知州。															

	顺天府	保定府	承德府	永平府	河间府	天津府	正定府	顺德府	广平府	大名府	宣化府	遵化州	易州	冀州	赵州	深州	定州
	井廞 文安人，见《进士表》。**井在** 文安人，见《进士表》。**马玑** 大城人，见《进士表》。**冯壮** 保定县人，见《进士表》。																
顺治十四年丁酉科	**万嵩** 大兴人，解元。**李易国** 大兴人。**牛日旼** 大兴	**张体诚** 清苑人。有传。**刘思辑** 清苑人，见《进士表》。		**汪淑问** 卢龙人，见《进士表》。**崔巍** 卢龙人，武邑县教	**贾维英** 河间人，刑部郎中。**张林纶** 河间人。	**张士绅** 天津人。**张奇抱** 天津人，见《进士表》。	**傅维枸** 灵寿人。**崔华** 平山人，见《进士表》。	**张樱** 南和人，国子监助教。**王束带** 唐山人。	**宁尔讲** 永年人，见《进士表》。**郝士魁** 永年人。	**王荫芳** 大名人，见《进士表》。**张璟** 元城人。	**史伯言** 蔚州人，见《进士表》。**郝维域** 蔚州人。	**边士暹** 玉田人，广平府教授。**戴玺** 玉田人，见《进士表》。		**曹名传** 冀州人，南和县教谕。**杨光世** 新河人。	**王汝靖** 赵州人。**翟廉** 赵州人。**魏裔懿** 柏乡人，陕	**贾振裘** 武强人。**翟九彩** 饶阳人。**吴本植** 安平人，见	**赵文杰** 定州人，邢台县教谕。**赵亮** 定州人。

	顺天府	保定府	承德府	永平府	河间府	天津府	正定府	顺德府	广平府	大名府	宣化府	遵化州	易州	冀州	赵州	深州	定州
	人。 **尤子麟** 大兴人。 **沈崇宁** 大兴人。 **李嘉猷** 大兴人。 **范固** 大兴人。 **邵宗周** 大兴人。 **蒋弘道** 大兴人。 **顾宏** 大兴人。 **吴瑛** 大兴人。 **景贞运** 大兴人。	**樊铎** 清苑人，见《进士表》。 **高钉** 清苑人，学正。 **张问明** 安肃人，滦州学正。 **杨友桐** 容城人。 **吴文玺** 蠡县人。 **桂早攀** 蠡县人。 **刘泰祥** 蠡县人。 **张鼎鼐** 束鹿人，教		谕。有传。 **彭翚** 迁安人。 **张元复** 昌黎人，江苏靖江县知县。 **宋景时** 昌黎人。	**戈英** 献县人，见《进士表》。 **边大义** 任丘人，见《进士表》。 **申明庠** 景州人。 **王维清** 景州人。 **蔡恒馥** 吴桥人。	**孙振基** 青县人。 **姚景瑄** 青县人。 **钱天予** 青县人。 **缪邦达** 静海人。 **戴王缙** 沧州人。 **赵景伯** 盐山人，湖广蒲圻县知县。有传。 **韩峰起** 盐山人，山东邹县知县。有传。	**牛枢** 元氏人，见《进士表》。 **娄维岑** 晋州人，见《进士表》。 **毛凤翀** 藁城人。 **边芳声** 藁城人。 **许沺** 藁城人，见《进士表》。 **田烝髦** 藁城人，见《进士表》。	**赵培基** 平乡人，见《进士表》。 **王悃** 广宗人，知县。 **冀振先** 内丘人，国子监博士。 **崔鸣鹭** 内丘人，见《进士表》。	**王宏禄** 曲周人。 **王起元** 邯郸人。 **赵昌龄** 鸡泽人，见《进士表》。 **苑育蕃** 鸡泽人，江西永宁县知县。	**魏力仁** 南乐人，陕西中部县知县。 **尚国桢** 东明人。有传。 **郭鸿文** 开州人。 **王崇曾** 开州人。 **李琇莹** 长垣人。	**刘汉杰** 延庆州人。			**宋师祈** 枣强人，见《进士表》。 **郑端** 枣强人，见《进士表》。	西平凉府知府。 **高去惫** 宁晋人，见《进士表》。 **司铉** 宁晋人，见《进士表》。 **孙梗** 宁晋人，中书。 **高居敬** 宁晋人，永平府教授。 **刘起龙** 宁晋人。	《进士表》。 **靳闇然** 安平人，见《进士表》。	

	顺天府	保定府	承德府	永平府	河间府	天津府	正定府	顺德府	广平府	大名府	宣化府	遵化州	易州	冀州	赵州	深州	定州
	殷观光 宛平人。**胡兆凤** 宛平人。**米汉雯** 宛平人。**朱世熙** 宛平人。**姚祖顼** 宛平人。**苏嵋** 宛平人。**郭士乾** 宛平人。**苑育蕃** 良乡人。**张元榜** 良乡人。**刘基孟** 固安	谕。**崔蔚林** 新安人，见《进士表》。**田躬耕** 新安人，湖广远安县知县。				**邵沖** 盐山人，见《进士表》。											

	顺天府	保定府	承德府	永平府	河间府	天津府	正定府	顺德府	广平府	大名府	宣化府	遵化州	易州	冀州	赵州	深州	定州
	人。 **贾燝** 永清人，见《进士表》。 **杨正中** 通州人，见《进士表》。 **李涵** 通州人，广平府教授。 **刘汉裔** 通州人，浙江江山县知县。 **王建中** 通州人。 **张鸿猷** 通州人，见《进士																

	顺天府	保定府	承德府	永平府	河间府	天津府	正定府	顺德府	广平府	大名府	宣化府	遵化州	易州	冀州	赵州	深州	定州
	表》。 **杨九有** 武清人，见《进士表》。 **钱中谐** 昌平人。 **南宫第** 密云人，雄县教谕。 **高跻** 密云人，浙江鄞县知县。 **刘馨闻** 文安人，赵州学正。 **纪星** 文安人，见《进士表》。																

	顺天府	保定府	承德府	永平府	河间府	天津府	正定府	顺德府	广平府	大名府	宣化府	遵化州	易州	冀州	赵州	深州	定州
	王公任 大城人，见《进士表》。 **王灿** 蓟州人，见《进士表》。																
顺治十七年庚子科	**李时谦** 大兴人。 **张敦生** 大兴人。 **胡懋宣** 大兴人。 **孙祚昌** 大兴人。 **钱裕国** 宛平人。 **张举** 宛平人。	**师若琪** 安肃人，见《进士表》。 **谢宸荃** 安肃人，见《进士表》。 **荆毓凤** 安肃人。 **徐振采** 定兴人。 **刘鼎新** 容城人。		**朱尔怡** 卢龙人，山东沂水县知县。 **田元扶** 昌黎人。 **刘名远** 滦州人。 **孟贲予** 滦州人，山海卫教授。	**黄甲鼎** 献县人，山西凤县知县。 **王标阁** 任丘人。 **于捷** 交河人。 **郭谦** 交河人。 **陈之佐** 故城人。	**庞勷** 沧州人。 **冯琚** 沧州人，奉天府教授。 **翟彝** 沧州人，枣强县教谕。 **张璞** 盐山人，山海卫教授。	**朱泰** 井陉人。 **郝瑾** 灵寿人。 **贾淑** 晋州人，滑县教谕。 **王行正** 藁城人。 **阎足兴** 新乐人。	**张翊** 广宗人，祁州学正。	**申涵昐** 永年人，见《进士表》。 **郑茂** 永年人，福建武平县知县。有传。 **秦璟** 曲周人，见《进士表》。 **王邻** 曲周	**窦徵奇** 大名人。 **成克大** 大名人。有传。 **王维坤** 长垣人。 **许道光** 长垣人。	**李九标** 宣化人。 **谢孟灿** 延庆州人。	**曹牧** 丰润人，广西富川县知县。	**胡矿** 易州人，见《进士表》。 **于腾海** 易州人，见《进士表》。	**陈宗彝** 冀州人，见《进士表》。 **周根邰** 南宫人，见《进士表》。 **尹任** 枣强人，见《进士表》。 **刘元奎** 枣强人。	**张名兹** 赵州人。 **李呈秀** 隆平人。 **方秉桢** 宁晋人，见《进士表》。 **张从善** 宁晋人。 **张纩** 宁晋人。 **王不骄** 宁晋	**国之蒲** 深州人，河南浚县教谕。 **李逊** 安平人，东光县教谕。	**宋时正** 深泽人。

	顺天府	保定府	承德府	永平府	河间府	天津府	正定府	顺德府	广平府	大名府	宣化府	遵化州	易州	冀州	赵州	深州	定州
	张国隽宛平人。**刘璞**固安人。**杨士炌**通州人，解元，见《进士表》。**周钊**涿州人。**蔡芹香**文安人，教谕。**李淑秀**大城人。	**安靖方**祁州人，盐山县教谕。**徐应昇**束鹿人，教谕。**陈泚**安州人。**韩荩光**高阳人，见《进士表》。**刘庆臻**新安人，山西交城县知县。**李经天**新安人，四川筠运县知县。				**张敦生**盐山人，赵州学正。			人，见《进士表》。**王臣**曲周人。**郭凤翱**肥乡人。**贾同文**广平人。**王升秀**清河人。**高折桂**磁州人。						人，安州学正。**李宗聃**宁晋人。		

	顺天府	保定府	承德府	永平府	河间府	天津府	正定府	顺德府	广平府	大名府	宣化府	遵化州	易州	冀州	赵州	深州	定州
		赵如兰 新安人，陕西镇原县知县。															
康熙二年癸卯科	**张友黄** 大兴人。**陈光祖** 大兴人。有传。**刘宾廷** 大兴人。**丁际怡** 大兴人。**张世绶** 大兴人。**赵邃** 大兴人。**秦敬传** 大兴人。	**陈垣** 清苑人，见《进士表》。**尹幡然** 清苑人。**王元辅** 清苑人。**霍勋** 清苑人，见《进士表》。**王懿谷** 新城人。**谷待聘** 蠡县人。		**刘疏泗** 卢龙人。**阎允吉** 昌黎人，江西抚州府知府。有传。**邢吉士** 滦州人。	**王鼎基** 河间人，见《进士表》。**李育** 任丘人，湖北蕲水县知县。**李濂** 任丘人，浙江桐乡县知县。**王登韹** 任丘人，滦州学正。	**柴廷望** 南皮人，见《进士表》。**朱爚南** 盐山人，见《进士表》。**刘涛** 盐山人。	**韩续祖** 正定人，中书。**霍绍曾** 井陉人，东安县教谕。**纪沄** 晋州人，解元，见《进士表》。**史质** 新乐人，东光县教谕。	**王言** 邢台人，奉天宁远州学正。**李玉梁** 南和人，获鹿县教谕。**张勉** 南和人，江苏萧县知县。**滑藻德** 内丘人，见《进士表》。	**刘超凡** 永年人，见《进士表》。**王泽长** 曲周人，见《进士表》。**柳晖** 邯郸人，见《进士表》。**王元镛** 成安人，见《进士表》。**张增华** 广平	**黄之鼎** 元城人，见《进士表》。**张鸿仪** 元城人，见《进士表》。**孙郁** 元城人，见《进士表》。**张国钦** 东明人。**张元嘉** 长垣人。	**郭景仪** 宣化人。**孟鋐** 宣化人。**阎兴邦** 宣化人。**陈又新** 保安人，江南兴化县知县。**马麟趾** 蔚州人，山西曲沃县知县。	**谷威** 丰润人，江西丰城县知县。		**冯梦龙** 冀州人。**郑稺** 枣强人，行人司行人。**孙可宪** 衡水人，浙江乐清县知县。	**翟庸** 赵州人。**张麟徵** 赵州人。**张尔介** 赵州人。**王汝翼** 赵州人。**赵䄉** 隆平人。**贾文英** 宁晋人。	**郭书爵** 深州人，束鹿县教谕。**张倬** 安平人，见《进士表》。**武韡** 安平人，知县。	

	顺天府	保定府	承德府	永平府	河间府	天津府	正定府	顺德府	广平府	大名府	宣化府	遵化州	易州	冀州	赵州	深州	定州
	王梅 大兴人。**吴涧** 宛平人。**任鼎成** 宛平人。**宋国鉴** 宛平人。**海嵋** 永清人。**程思恭** 香河人，晋州学正。**陈震元** 通州人，广西知县。有传。**刘培** 通州人，保	**吴升秀** 蠡县人。**刘豫祥** 蠡县人。**潘植** 安州人，宁晋县教谕。**李百龄** 高阳人，见《进士表》。**齐宗孔** 高阳人。			**胡权** 任丘人，见《进士表》。**申明伦** 景州人。**秘丕笈** 故城人，见《进士表》。**刁克崇** 故城人，见《进士表》。**李桐** 故城人，中书。**周慎** 吴桥人，见《进士表》。**刘子直** 吴桥				人。**贾承祖** 威县人。**李同兰** 磁州人。	**吕非虎** 长垣人。有传。	**张允恭** 蔚州人，万全右卫教授。						

	顺天府	保定府	承德府	永平府	河间府	天津府	正定府	顺德府	广平府	大名府	宣化府	遵化州	易州	冀州	赵州	深州	定州
	定府教授。有传。 **李炜**武清人，都察院右副都御使。有传。 **邵秉忠**文安人，见《进士表》。				人，见《进士表》。												
康熙五年丙午科	**李开泰**大兴人。有传。 **冯载**大兴人。 **何楷**大兴人。 **张烈**大兴人。	**段文瑛**清苑人。 **谢公洪**清苑人，见《进士表》。 **王延祧**清苑人。 **霍仪世**清苑		**沈锡眉**卢龙人。	**窦重光**肃宁人，见《进士表》。 **王琯**交河人，见《进士表》。 **刘应瑞**景州人，甘	**沈文炳**天津人。 **郑肃**沧州人。 **白学曾**南皮人。 **龚宜生**静海人。	**刘世安**正定人，昌平州学正。 **么元禧**元氏人。	**王珂**邢台人，定兴县教谕。	**杨文华**永年人。有传。 **申涵煜**永年人。有传。 **马振古**永年人，见《进士表》。	**李昌荣**元城人。 **栗芳林**清丰人，见《进士表》。 **李振世**长垣人。 **王元烜**长垣	**姚允煦**宣化人，山东济宁州知州。 **胡显祖**宣化人，贵州永从县知县。			**耿德曙**冀州人，见《进士表》。 **李韬**南宫人。 **李景龄**南宫人。 **张英声**枣强		**王绍中**武强人。	

	顺天府	保定府	承德府	永平府	河间府	天津府	正定府	顺德府	广平府	大名府	宣化府	遵化州	易州	冀州	赵州	深州	定州
	柴应速大兴人。 **朱敦厚**大兴人。 **王俶**大兴人。 **冯绍京**大兴人。 **朱寿**宛平人。 **姚询**宛平人。 **陆峤**宛平人。 **纪五典**宛平人。 **刘彦**宛平人。 **叶振甲**昌平	人。 **蒋敬**清苑人。 **臧煌**清苑人。 **陈正**清苑人，见《进士表》。 **张璲**满城人，见《进士表》。 **张汝皋**满城人，广东会同县知县。 **李文炳**安肃人，见《进士表》。			肃漳县知县。 **张炜**东光人。 **石声宏**东光人，霸州学正。 **臧际昌**宁津人。 **单政**宁津人。				**温毓泰**邯郸人，见《进士表》。 **傅明德**成安人。 **齐祖望**鸡泽人，见《进士表》。	人。 **王行冲**长垣人。有传。	**马麟定**蔚州人，湖广蓝山县知县。			人。 **岳牧**衡水人。			

	顺天府	保定府	承德府	永平府	河间府	天津府	正定府	顺德府	广平府	大名府	宣化府	遵化州	易州	冀州	赵州	深州	定州
	人。 **张报魁** 霸州人，见《进士表》。 **何之汉** 文安人，知州。 **李起** 文安人，见《进士表》。 **纪愈** 文安人，见《进士表》。 **樊翰** 文安人。 **吴煜** 大城人。	**杨亮采** 完县人。 **吴性明** 蠡县人。 **石麟** 蠡县人。 **郭浚** 雄县人。 **何来似** 雄县人。 **李修和** 束鹿人，江西新昌县知县。 **杨攀桂** 安州人。 **陈名世** 新安人，顺天府教授。															

	顺天府	保定府	承德府	永平府	河间府	天津府	正定府	顺德府	广平府	大名府	宣化府	遵化州	易州	冀州	赵州	深州	定州
		辛禹昆 新安人。															
康熙八年己酉科	**祖文谟** 大兴人。**高联** 大兴人。**余应霖** 大兴人。**王访伊** 大兴人。**鲍鼎铨** 大兴人。**陈标新** 大兴人。**李录予** 大兴人。**顾汧** 大兴人。	**李作哲** 清苑人，见《进士表》。**毛九苞** 满城人。有传。**赵允昌** 满城人，奉天开源县知县。有传。**师若棨** 安肃人，平谷县教谕。**陈文璘** 新城人。		**周之桢** 永平人，景州学正。**郑惟一** 滦州人，陕西清涧县知县。**宋一麟** 乐亭人。	**赵嘉会** 任丘人。**时振** 交河人。**申正谊** 景州人。**刘永誉** 吴桥人。**马孔怀** 东光人，见《进士表》。**周玑** 东光人。**施廷槐** 东光人，见《进士表》。	**铉今升** 静海人。**宫梦仁** 静海人。**边憬** 静海人。**张时华** 沧州人。	**韩绪祖** 正定人，内阁中书。**梁士浺** 正定人，翰林院典籍。**贾源** 平山人。	**史翼经** 平乡人。**束启宗** 唐山人，见《进士表》。**田象三** 内丘人，见《进士表》。	**赵愫** 永年人，江西鄠都县知县。**马翊宸** 永年人，江西新淦县知县。有传。**林楚卿** 永年人。**宋叔价** 曲周人。**王郧** 曲周人，见《进士表》。	**刘元福** 大名人，解元，见《进士表》。**刘元启** 大名人。**苏逵** 大名人。**李训** 大名人。**陈孚** 元城人，见《进士表》。**胡公陈** 元城人。**黄任** 元城	**郭之祚** 保安人，见《进士表》。**史嘉言** 蔚州人，浙江浦江县知县。**郭世昌** 万全卫人，福建闽县知县。			**孔琦** 南宫人，开州学正。有传。**杨含素** 南宫人，见《进士表》。	**秦讷** 赵州人。**魏勚** 柏乡人。**张元生** 隆平人。**张齐说** 隆平人，兵部主事。	**高明峻** 深州人，见《进士表》。**路沇** 饶阳人，据县志补。	**赵延珍** 定州人，山东博平县知县。

	顺天府	保定府	承德府	永平府	河间府	天津府	正定府	顺德府	广平府	大名府	宣化府	遵化州	易州	冀州	赵州	深州	定州
	田成玉 大兴人。 **张增** 宛平人。 **张鹏翼** 宛平人。 **萧名辅** 宛平人。 **辛乐舜** 固安人，见《进士表》。 **李槽** 固安人，见《进士表》。 **陈情** 永清人。 **王昕** 通州人，湖广安陆	**王之傧** 完县人，成安县教谕。 **刘桓祥** 蠡县人，见《进士表》。 **孙宗彝** 蠡县人。 **贾二酉** 祁州人，国子监助教。 **冯铭** 束鹿人。							**秦恪** 曲周人，见《进士表》。 **张奎登** 邯郸人。	人，见《进士表》。 **黄伸** 元城人，见《进士表》。 **侯溥** 清丰人，见《进士表》。 **靳文谟** 开州人。 **王铉** 长垣人。 **崔徵璧** 长垣人。 **段一洁** 长垣人。 **翟舜臣** 长垣人。							

	顺天府	保定府	承德府	永平府	河间府	天津府	正定府	顺德府	广平府	大名府	宣化府	遵化州	易州	冀州	赵州	深州	定州
	县知县。**杨舟** 通州人，赵州学正。**刘灏** 文安人，广西修仁县知县。**井镃** 文安人，景州学正。有传。																
康熙十一年壬子科	**邵光裕** 大兴人。**陈溥** 大兴人。**李高隆** 大兴人。	**鹿班** 定兴人。**陈瑺** 唐县人。有传。**孙立勋** 容城		**李沛** 卢龙人。**翁叔元** 永平卫人，见《进士表》。	**舒瑜** 任丘人，见《进士表》。**苏瑛** 交河人，见《进士	**袁任** 天津人。**刘驷良** 沧州人。**杨国桢** 沧州人。	**韩雷** 正定人。**魏宅揆** 元氏人。	**王锡绶** 沙河人，故城县教谕。**张宏备** 广宗人。	**张佑后** 永年人，福建古田县知县。**姚昇** 永年人，浙	**成完** 大名人。**张鸿佑** 元城人。有传。**张爆** 元城	**张执中** 保安人，江西信丰县知县。**朱维熊** 保安人，浙			**张殿扬** 枣强人。**王伷** 枣强人，见《进士表》。	**魏虢** 柏乡人，见《进士表》。**赵玉振** 高邑人，见《进士表》。		

	顺天府	保定府	承德府	永平府	河间府	天津府	正定府	顺德府	广平府	大名府	宣化府	遵化州	易州	冀州	赵州	深州	定州
	陆循大兴人。**黄轩**大兴人。**田肇埏**大兴人。**郑养民**宛平人。**徐晋**宛平人。**钱芳模**宛平人。**龚尔美**宛平人。**高裔**宛平人。**张祖荣**宛平人。**杨学嗣**良乡	人，邢台县教谕。**梁允淳**容城人，浙江台州府知府。**李用楫**容城人，见《进士表》。**孙洤**容城人，见《进士表》。**郭文炳**蠡县人。**吴恒秀**蠡县人。**耿遡**束鹿人。			表》。**张元士**吴桥人。**赵潘**东光人，候选知县。	**刘若鼐**沧州人，大理寺少卿。有传。**徐德含**沧州人。			江开化县知县。有传。**岳葱**曲周人，见《进士表》。**吴桐**曲周人，山东曹县知县。**殷勤**鸡泽人。**张明远**威县人。**张榕端**磁州人，见《进士表》。	人。**黄仪**元城人。**李硅楚**南乐人。**黄图昌**长垣人。	江平湖县知县。			**张玥**武邑人。			

	顺天府	保定府	承德府	永平府	河间府	天津府	正定府	顺德府	广平府	大名府	宣化府	遵化州	易州	冀州	赵州	深州	定州
	人，浙江嵊县知县。 **卞景超**固安人，见《进士表》。 **李沛春**通州人。 **李滋春**通州人，广西典业县知县。 **张士埴**通州人，广东永安州知州。 **杨雍**宝坻人，解元，见《进士表》。	**杨尔淑**新安人。															

	顺天府	保定府	承德府	永平府	河间府	天津府	正定府	顺德府	广平府	大名府	宣化府	遵化州	易州	冀州	赵州	深州	定州
	樊绍作文安人，见《进士表》。 **井睦**文安人，见《进士表》。																
康熙十四年乙卯科	**车鼎元**大兴人。 **张友闵**大兴人。 **于冯宰**大兴人。 **张天觉**大兴人。 **邵宏魁**大兴人。 **丁一新**大兴人。	**颉鸣璬**清苑人。 **蒋锡龄**清苑人。 **甄承嗣**唐县人。 **李瑞徵**容城人，见《进士表》。 **贾振荣**蠡县人。		**刘伟**滦州人，解元，见《进士表》。 **刘之源**滦州人。	**张寅**河间人，江苏嘉定县知县。 **庞垲**任丘人。有传。 **及缥**交河人。 **冯文蔚**故城人，见《进士表》。	**庞尔熙**天津人，获鹿县教谕。 **刘果实**沧州人。 **刘松乔**沧州人，安州学正。 **刘引孙**沧州人，正定县教谕。	**崔如岳**获鹿人。 **许朝玉**井陉人。 **米粉**平山人。 **朱良**无极人，见《进士表》。	**王道炘**邢台人，中书。	**李蔚楷**永年人。 **殷仔**鸡泽人。 **李谦**磁州人。 **乐玉声**磁州人，见《进士表》。	**万慄**南乐人。 **张瑷**清丰人。 **张耀**东明人。 **靳成玫**长垣人。 **李琳**长垣人。	**褚绂**宣化人，中书。 **朱文卿**保安人，见《进士表》。 **魏学诚**蔚州人，见《进士表》。	**韩居敬**丰润人，冀州学正。	**李燕俊**易州人，见《进士表》。	**张其祚**冀州人。 **张子发**南宫人，见《进士表》。 **郑惟孜**南宫人，见《进士表》。	**赵淑普**隆平人。 **冯樾**宁晋人。	**乔文锦**深州人，见《进士表》。 **尹澍**深州人，通州学正。 **刘谦**武强人，见《进士表》。 **贾逢庆**武强人。	

	顺天府	保定府	承德府	永平府	河间府	天津府	正定府	顺德府	广平府	大名府	宣化府	遵化州	易州	冀州	赵州	深州	定州
	汪养纯 宛平人。**赵东旭** 宛平人。**胡中正** 宛平人。**王简之** 通州人，见《进士表》。**王升德** 通州人。**田勃** 武清人，清丰县教谕。**赵珣** 武清人，见《进士表》。**刘芷** 宝坻	**阎中宽** 蠡县人。**于琦** 安州人。**韩雄裔** 高阳人，平谷县教谕。**韩雄迈** 高阳人，高邑县教谕。			**王作肃** 吴桥人。有传。	**张作楫** 南皮人。**赵尔孙** 盐山人，见《进士表》。										**张星法** 武强人，御史。有传。**刘调鼎** 饶阳人。	

	顺天府	保定府	承德府	永平府	河间府	天津府	正定府	顺德府	广平府	大名府	宣化府	遵化州	易州	冀州	赵州	深州	定州
	人，云南南宁县知县。**孙缵功**昌平人。**张祖凯**顺义人，广东广宁县知县。**侯度谨**涿州人。**王坦**文安人，中书。**王允泽**文安人，见《进士表》。																

	顺天府	保定府	承德府	永平府	河间府	天津府	正定府	顺德府	广平府	大名府	宣化府	遵化州	易州	冀州	赵州	深州	定州
康熙十六年丁巳科	**陶熙**大兴人。**沈龙骧**大兴人。**张弘俶**宛平人。**尚琰**宛平人。**赵璘**武清人，广东惠州府知府。										**胡维桢**龙门人，交海县教谕。						
康熙十七年戊午科	**范琦**大兴人。**张升孙**大兴人。**高寿名**大兴人。	**郭炭**清苑人。**魏元发**清苑人。**康起元**满城人，见《进士		张开第山海卫人，见《进士表》。	**曹廷延**景州人。**李栴**故城人。**孟蕴**吴桥人。	**姚鹍虞**青县人，安州学正。**王嘉乐**静海人。**王廷镆**沧州	**刘鸿业**正定人。**张莲**正定人，见《进士表》。**李际清**正定	**王炌**邢台人，安徽宿松县知县。**路廷极**南和人，霸州学	**宁尔读**永年人，中书。**杜楷**永年人。**路元升**曲周人，见	**郭文佳**大名人。**黄之裳**元城人。**张调升**元城人。	**姚文光**宣化人，见《进士表》。**史慎修**蔚州人。**陈覆谊**龙门	**徐之佐**遵化人。**李子昌**丰润人。**桑侗**玉田人。		**杨国桢**冀州人。**刘溁**冀州人。**张光豸**南宫人，解元，见	**魏男**柏乡人，见《进士表》。**晋秉琬**宁晋人。	**刘诚**武强人。	

	顺天府	保定府	承德府	永平府	河间府	天津府	正定府	顺德府	广平府	大名府	宣化府	遵化州	易州	冀州	赵州	深州	定州
	王如曾大兴人。 **孟赓澍**大兴人。 **吴琪**大兴人。 **张翥**大兴人。 **卜峻超**固安人，见《进士表》。 **王鼎臣**通州人。 **张光銮**通州人。 **吴邦翰**通州人，沧州学正。	表》。 **鹿宾**定兴人，见《进士表》。 **王克明**容城人，河南郑州知州。 **崔之连**容城人。 **赵守易**完县人，见《进士表》。 **姚鸣韶**束鹿人，教谕。 **杨拱辰**安州人。 **王作舟**高阳人，见				人，高阳县教谕。 **赵炯**盐山人，见《进士表》。	人。 **马子襄**灵寿人。有传。 **张行恕**赞皇人，长垣县教谕。 **田之蕃**藁城人，武清县教谕。 **史懋德**新乐人，开州学正。《定州志》作定州人。	正。 **李慎修**内丘人。县志作王慎修。	《进士表》。 **冀靖远**曲周人，见《进士表》。 **秦述祖**曲周人。 **李皖**鸡泽人，见《进士表》。 **李霖**磁州人，河南舞阳县教谕。	**王稔**清丰人。 **李天瑛**东明人，深州学正。 **纪人龙**东明人，见《进士表》。 **乔醰**东明人，山西阳曲县知县。 **田廷对**开州人。 **张允执**长垣人，晋州学正。 **徐范**长垣	人，柏乡县教谕。府志作陈正谊。			《进士表》。 **马玙**南宫人，工部主事。 **刘拯**枣强人，见《进士表》。 **杜继美**枣强人，见《进士表》。 **萧九奏**衡水人，肥乡县教谕。			

	顺天府	保定府	承德府	永平府	河间府	天津府	正定府	顺德府	广平府	大名府	宣化府	遵化州	易州	冀州	赵州	深州	定州
	王国纶 武清人，教谕。**冯源淇** 涿州人。**郝士镎** 霸州人。**井钺** 文安人，武邑县教谕。**李仔** 大城人。	《进士表》。**李铣** 高阳人，长垣县教谕。**王赟** 新安人，广东琼山县知县。								人。**黄度贞** 长垣人。							
康熙二十年辛酉科	**袁桥** 大兴人。**雷有乾** 宛平人。**江景瑞** 宛平人。**温为** 通州	**张复** 清苑人。**石松延** 蠡县人。**李可材** 雄县人。**王企靖** 雄县		**吕徵** 卢龙人，昌平州学正。**马庆兴** 昌黎人。**卫蕃** 滦州人，曲	**李凤起** 肃宁人，宁晋县教谕。**王嗣昌** 任丘人，见《进士表》。	**张麟生** 天津人，见《进士表》。**杨文炳** 天津人。**王文灿** 青县人。	**李桢** 正定人。**贾炜实** 平山人。**高法圣** 元氏人。**张瑀** 无极	**王永清** 邢台人，河南滑县教谕。**王瑸** 邢台人，行人司副使。	**张会** 邯郸人，陕西略阳县知县。**马祖璧** 广平人，固安县教谕。	**李贞仪** 大名人。**郭锋** 大名人。**包玉美** 魏县人。**段大任** 南乐	**张四维** 宣化人，正定府教授。**黄鼎楫** 宣化人，见《进士表》。			**杨瑄** 新河人。		**韩日煐** 深州人，见《进士表》。**郭徽祚** 武强人，见《进士表》。	**郝林** 定州人，见《进士表》。**樊超凡** 深泽人。**李柱** 深泽人。

	顺天府	保定府	承德府	永平府	河间府	天津府	正定府	顺德府	广平府	大名府	宣化府	遵化州	易州	冀州	赵州	深州	定州
	人，见《进士表》。 **张光钥**通州人，江西宁都县知县。 **赵瓒**武清人。 **李应甲**宝坻人，奉天宁远州学正。 **孙谟**房山人。 **郝士镛**霸州人。 **郝士钧**霸州人。 **张永曙**霸州	人。 **常绅**雄县人。 **董一薰**高阳人，见《进士表》。 **张与利**高阳人，遵化州学正。 **王茂京**高阳人。		周县教谕。	**王修己**东光人。	**张名世**静海人。 **李楷**沧州人。 **杨昺**沧州人。 **单之珍**沧州人。	人，见《进士表》。 **田昀**藁城人，见《进士表》。	**李霄**广宗人，见《进士表》。	**李骏声**鸡泽人。 **赵昌武**鸡泽人。	人，任丘县教谕。 **王养粹**南乐人，四川西充县知县。 **王介**南乐人，见《进士表》。 **冯仲焻**南乐人，浙江浦江县知县。有传。 **侯璘**清丰人。 **李士容**东明人。 **王元介**开州	**郭家植**宣化人。 **贾懋实**蔚州人。陕西咸宁县知县。 **阎振谷**蔚州人。					**路文**饶阳人。 **王曰忠**饶阳人。 **吴玠**安平人。 **崔甲默**安平人，见《进士表》。	

	顺天府	保定府	承德府	永平府	河间府	天津府	正定府	顺德府	广平府	大名府	宣化府	遵化州	易州	冀州	赵州	深州	定州
	人。 **范矩**文安人。									人，解元。 **孙岚**开州人。 **杨绿绶**长垣人，见《进士表》。 **成霈**长垣人，见《进士表》。 **王权**长垣人，见《进士表》。 **李璠**长垣人，见《进士表》。 **徐涵**长垣人，见《进士表》。							

	顺天府	保定府	承德府	永平府	河间府	天津府	正定府	顺德府	广平府	大名府	宣化府	遵化州	易州	冀州	赵州	深州	定州
康熙二十三年甲子科	**应校发**大兴人。**邵观**大兴人。**薄有德**大兴人。**赵如升**大兴人。**周道新**大兴人。**沈潜思**大兴人。**杨堂**大兴人。**汪敷敏**宛平人。**李超**固安人。**李如渤**房山	**赵灏**满城人，见《进士表》。**田得名**定兴人，见《进士表》。**李继靖**庆都人。有传。**金鐏**完县人。**金钘**完县人，邢台县教谕。**齐秉诚**蠡县人。**耿潢**束鹿人，通州学		**汪与恒**卢龙人，见《进士表》。	**刘隆卿**献县人，见《进士表》。**任复古**肃宁人。**李杜友**交河人。**张澂**景州人，见《进士表》。**张激**景州人，河南罗山县知县。有传。**蒋书升**故城人。	**李兰馨**青县人，宝坻县教谕。**孙炎**青县人。**尹烈**南皮人。**赵两**盐山人，山东观城县知县。	**许岳生**正定人，见《进士表》。**刘生灏**平山人。**贾玺**平山人。**马思援**藁城人。	**张时**南和人，大名府教谕。**郑之琮**南和人，见《进士表》。**吕刚吕**内丘人。县志作吕顺吕。	**卜杰可**曲周人，云南云南县知县。**秦扩**曲周人，见《进士表》。**路湛**曲周人，遵化州学正。**王璠**邯郸人。**刘汪**邯郸人。**胡俊**鸡泽人，见《进士表》。**张韫秀**清河人。	**成说**大名人。**刘翔仪**魏县人，雄县教谕。**张调元**元城人。**赵坤**元城人。**李训鹤**清丰人，交河县教谕。**李元秀**长垣人，见《进士表》。**夏鲸**长垣人。**赵璐**长垣	**王又曾**万全人，束鹿县教谕。**张大贤**万全人。	**郑恂**丰润人，见《进士表》。**白弘绪**丰润人。	**巩皇图**易州人，见《进士表》。**徐钟英**广昌人。		**王颛**赵州人。**赵淑颐**隆平人，安州学正。**陆漕**宁晋人。	**张志**深州人。**张环奇**深州人。**张荩**武强人。**赵亮**安平人。	**贾即元**定州人。**王之枢**定州人，见《进士表》。

	顺天府	保定府	承德府	永平府	河间府	天津府	正定府	顺德府	广平府	大名府	宣化府	遵化州	易州	冀州	赵州	深州	定州
	人。 **胡涝** 文安人，中书。 **刘肇昆** 文安人，见《进士表》。 **纪遴宜** 文安人，见《进士表》。 **张嵩龄** 大城人。 **李相** 大城人。	正。 **陈鹤龄** 安州人。有传。 **刘鹏云** 高阳人，怀安县教谕。 **杨尔皓** 高阳人，见《进士表》。县志作柴尔皓。 **魏重轮** 高阳人，见《进士表》。 **王质** 新安人。 **刘睿思** 新安人。								人，江西宁都县知县。有传。 **徐振** 长垣人，见《进士表》。							

	顺天府	保定府	承德府	永平府	河间府	天津府	正定府	顺德府	广平府	大名府	宣化府	遵化州	易州	冀州	赵州	深州	定州
康熙二十六年丁卯科	**郑廷俊**大兴人。**张庚昶**大兴人。**张庚曜**大兴人。**于甲培**大兴人。**曹绍徽**大兴人。**方宸**大兴人。**萧名俊**大兴人。**吴文炎**大兴人。**连斐**大兴人。**赵东暄**宛平	**谢宗玉**安肃人。**耿永年**定兴人，固安县教谕。**梁廷幹**唐县人。**陈于亼**唐县人。**郑景洛**博野人。**王侯**蠡县人。**蒋敦**蠡县人。**李继泌**祁州人，见《进士表》。		**卢丹**永平人。**王家桢**永平人。**王祚兴**卢龙人。**穆宗道**山海卫人，宁晋县教谕。	**杨元祥**河间人。**多时珍**阜城人，解元，内阁中书。**赵九锡**肃宁人，饶阳县教谕。**金璞**任丘人，见《进士表》。**王协中**景州人，改归浙江归安县原籍。**陈懋德**景州人。	**倪元亮**天津人，昌平州学正。**齐承嗣**静海人。**牛天宿**静海人。**张翼**沧州人。	**何瑞**正定人，见《进士表》。**辛执中**晋州人。**毛凤藻**藁城人。	**贾汝楫**平乡人，见《进士表》。**杜森**内丘人。	**马握龙**永年人。**刘廷英**永年人，见《进士表》。**马卜**永年人，清苑县教谕。**夏纪**永年人，见《进士表》。**斐大夏**邯郸人，见《进士表》。	**郭粲**大名人。**高光宗**元城人。**程璞**清丰人，见《进士表》。**高名扬**长垣人，蔚州教谕。**黄景运**长垣人。**贾巩**长垣人。**阎若玫**长垣人，赵州学正。	**李暄亨**宣化人，见《进士表》。**刘廷理**宣化人，见《进士表》。**宗孔范**保安人，见《进士表》。**李大仪**蔚州人。据府志增。	**孙跃**丰润人。		**刘玮**枣强人。**王彤元**武邑人。**曹庆云**武邑人。	**魏燕超**柏乡人，广东镇平县知县。**蔡鸣珂**隆平人，元城县教谕。**屈如辰**隆平人，文安县教谕。	**张愈奇**深州人，见《进士表》。**韩蕃**武强人。**刘晧**武强人。**路得**饶阳人。	**赵文凖**定州人。

	顺天府	保定府	承德府	永平府	河间府	天津府	正定府	顺德府	广平府	大名府	宣化府	遵化州	易州	冀州	赵州	深州	定州
	人。 **曹江** 固安人，内阁中书。 **祖舜** 固安人，饶阳县教谕。 **李士瑜** 永清人。 **张光镛** 通州人，大理寺评事。 **李庚启** 涿州人。 **王允捷** 霸州人。 **何桂蕃** 霸州人，见《进士	**韩殿** 高阳人，江南清河县知县。 **崔锡** 新安人，河南淅川县知县。			**张惠迪** 景州人，元城县教谕。 **任谦** 故城人，见《进士表》。												

	顺天府	保定府	承德府	永平府	河间府	天津府	正定府	顺德府	广平府	大名府	宣化府	遵化州	易州	冀州	赵州	深州	定州
	表》。 **王涵** 文安人，见《进士表》。																
康熙二十九年庚午科	**龚铭** 大兴人。 **黄叔琳** 大兴人。 **王民新** 大兴人。 **王从谏** 大兴人。 **宋德盛** 大兴人。 **吴文炯** 大兴人。 **钱友龙** 大兴人。	**王我都** 清苑人。 **郭清远** 满城人，龙门县教谕。 **吴道一** 博野人。 **张伉** 完县人，解元，奉天辽阳州学正。 **王正心** 蠡县人。		**武克相** 卢龙人，易州学正。 **吴班** 乐亭人，四川井研县知县。 **姚协干** 乐亭人。	**吴旭** 河间人，冀州学正。 **张震孙** 河间人，江西浮梁县知县。 **汤寅** 河间人。 **林瀚** 阜城人，通州学正。 **韩濮** 交河人。	**张廷铨** 天津人，中书。 **朱之璘** 青县人。 **傅廷赞** 沧州人。 **卫璠** 沧州人。	**李应斗** 获鹿人，教谕。 **傅爕钧** 灵寿人。	**徐尔招** 唐山人。	**冀栋** 永年人，见《进士表》。 **和氏玺** 永年人，见《进士表》。 **李帅正** 永年人，见《进士表》。 **李维** 永年人，安徽铜陵县知县。	**孙亿** 大名人。 **崔缉麟** 魏县人，教谕。有传。 **侯溱** 清丰人，中书。 **李禹** 清丰人，景州学正。 **杨彬** 长垣人，浙江富阳县知	**王志粹** 蔚州人。 **李周望** 蔚州人，见《进士表》。 **魏学谧** 蔚州人，江南丰县知县。	**唐寿朋** 丰润人。 **董铮** 丰润人。	**张懋德** 易州人，见《进士表》。	**董哲** 枣强人，见《进士表》。 **李轸** 枣强人，广东番禺县知县。 **李如松** 衡水人。 **马训** 衡水人。	**苏汝衡** 赵州人。 **王谦** 高邑人，贵州铜仁县知县。有传。 **孙芝发** 宁晋人。	**韩曰煜** 深州人，束鹿县教谕。 **韩曰炆** 深州人，赤城县教谕。	

	顺天府	保定府	承德府	永平府	河间府	天津府	正定府	顺德府	广平府	大名府	宣化府	遵化州	易州	冀州	赵州	深州	定州
	韩宗纲 宛平人。**方从义** 宛平人。**崔恂** 霸州人。有传。**杜星熠** 文安人。**陈仪** 文安人，见《进士表》。**赵璇** 蓟州人，山西忻州知州。	**李埁** 蠡县人。有传。**刘兴元** 蠡县人。**蒋克昌** 蠡县人。**张懋业** 蠡县人。**董朝栋** 束鹿人。**耿灏** 束鹿人。**张琰** 安州人。**张济亨** 安州人。**曹鼐** 保定卫人。			**苏腾蛟** 故城人。**周曰庠** 吴桥人。有传。**息如恂** 东光人。**马咸厚** 东光人，见《进士表》。				**张瑞生** 肥乡人，见《进士表》。**李暻暄** 成安人。**李士骥** 威县人。	县。**赵熺可** 长垣人。**李文隽** 长垣人。**徐鲲** 长垣人。**卢士龙** 长垣人。							

	顺天府	保定府	承德府	永平府	河间府	天津府	正定府	顺德府	广平府	大名府	宣化府	遵化州	易州	冀州	赵州	深州	定州
康熙三十二年癸酉科	**李仙湄**大兴人，解元。**王源**大兴人。**龚铎**大兴人。**赵美玉**大兴人。**杜维翰**大兴人。**吴翰翀**大兴人。**杨枝远**宛平人。**胡忠本**宛平人。**赵琮**武清人，内丘县教	**郭发**清苑人。**张秉盼**清苑人。**师若璞**安肃人，内阁中书。**任正谊**定兴人。县志作癸卯科。**徐景涛**博野人，拣选知县。**赵廷辅**完县人，见《进士表》。**刘懋奇**雄县人。		**翟正经**卢龙人，见《进士表》。**王佩**卢龙人。**张坦**抚宁人。**张埙**抚宁人，中书。**高天挺**昌黎人，见《进士表》。**高棠萼**昌黎人，见《进士表》。**任五伦**昌黎人，见《进士	**顾昉**献县人。**戈懋伦**献县人，见《进士表》。**傅济**故城人。	**丁檟**天津人，蓟州学正。**李曙**静海人。	**黄启虞**正定人。**吴迪**井陉人，见《进士表》。**时雨**赞皇人，奉天锦县教谕。	**樊周建**沙河人。**袁步云**巨鹿人，知县。**王泮**唐山人。	**李天祥**永年人，见《进士表》。**傅霁**永年人。旧志作苏霁。**胡秉直**永年人，中书。**崔永安**永年人，中书。**秦扬**曲周人，见《进士表》。**彭宪祖**曲周人，浙江嘉善县知县。有	**沈樣**魏县人。**程希灏**魏县人。**崔徵麟**魏县人。**魏玉相**南乐人，河南遂平县知县。旧志作朱玉相。**武龄**南乐人，见《进士表》。**崔璧**东明人。**魏文琛**长垣人。	**饶有斐**延庆州人，江南黟县教谕。**宗孔授**保安人，见《进士表》。	**石宪**丰润人。	**王伫**易州人，见《进士表》。	**郑预**南宫人，贵州余庆县知县。**王育性**新河人。**徐正中**武邑人。	**张云羽**赵州人。**张泌**宁晋人。**王国勋**宁晋人。	**吴璠**安平人。	**王宗洛**深泽人。

	顺天府	保定府	承德府	永平府	河间府	天津府	正定府	顺德府	广平府	大名府	宣化府	遵化州	易州	冀州	赵州	深州	定州
	谕。**黄振国**武清人。**白尔德**昌平人。**吴廷标**昌平人。**熊苇**涿州人，见《进士表》。**高志绅**文安人，见《进士表》。	**安于仁**祁州人，见《进士表》。**刘笃生**祁州人，赵州学正。**李而侗**束鹿人，见《进士表》。**耿溶**束鹿人。**陈光祚**高阳人，固安县教谕。		表》。**黄如幹**乐亭人。					传。**赵瀚**曲周人，山西汾西县知县。**李梅**肥乡人。**殷勉**鸡泽人。**张丙厚**磁州人，见《进士表》。	**陈宸**长垣人。**史帝臣**长垣人，甘肃巩昌县知县。有传。**宋寅**长垣人，兵马司指挥。**苑上林**长垣人，福建政和县知县。							
康熙三十五年	**王曰嘉**大兴人。**汪倬**大兴人。	**段龙光**清苑人。**张晋**安肃人，见		**岂惟讷**卢龙人。**管名标**卢龙人。	**陈婝**河间府。**王琮**肃宁人，见	**陈伟**沧州人。**杨见龙**盐山人，雄	**郝浚**正定人，解元，见《进士表》。	**张应昌**南和人，滦州学正。	**宋之揆**永年人，东光县教谕。	**李莹**元城人。**武人龙**南乐人，河	**吕滉**延庆人，见《进士表》。	**张伟烈**玉田人。		**李琮**南宫人，见《进士表》。	**邵元龙**柏乡人。**赵雯**柏乡人，湖	**张清奇**深州人。**韩中煌**武强人。	**李绩**定州人，知县。**刘登**定州人，江西南

	顺天府	保定府	承德府	永平府	河间府	天津府	正定府	顺德府	广平府	大名府	宣化府	遵化州	易州	冀州	赵州	深州	定州
丙子科	**汪鸿玙**大兴人。**邵之玫**大兴人。**徐缵功**大兴人。**杨国维**大兴人。**高辉**大兴人。**张振嗣**大兴人。**沈祝**大兴人。**卢轩**大兴人。**张登杰**大兴人。**蒋玑**大兴	《进士表》。**陈于生**定兴人。**韩法祖**博野人。**宋瑛**博野人。**刘浚**蠡县人。**齐亮工**蠡县人。**王严**雄县人。**张鹏万**祁州人。**刘璠**祁州人，肥乡县教谕。		**邸培**昌黎人。**陆廷宣**山海卫人。	《进士表》。**张宿耀**肃宁人。**田衷孚**肃宁人，见《进士表》。**裴辉**肃宁人。**王嗣桢**任丘人，安肃县教谕。县志作王嗣正。**宋廷相**任丘人。**张错**景州人。有传。**苏亮礼**故城	县教谕。**赵尔诜**盐山人。	**翟铎**正定人。府志作崔铎。**徐瑛**正定人。**王荣赐**正定人，山东莱州府知府。**张三捷**灵寿人。**吕琇**晋州人。**贾不狂**晋州人。	**韩谦吉**内丘人。**张廉**内丘人。	**李大经**曲周人。**王庭兰**曲周人，甘肃崇信县知县。有传。**张其昌**鸡泽人。**谢廷瑶**磁州人，浙江富阳县知县。	南修武县知县。**栗国桢**清丰人。**侯子讷**清丰人。**杜愈**清丰人。**尚汝救**东明人。**李方熙**长垣人，见《进士表》。**夏名秀**长垣人，江西贵溪县知县。**阎鈵**长垣人，湖	**张泌**怀安人，浙江嵊县知县。			**齐汝振**新河人。**吴瑛**枣强人。**王宪恺**枣强人。	北通城县知县。**魏世泰**柏乡人，河南沈丘县知县。**王尧**宁晋人。**李茂**宁晋人。	**刘汝楫**饶阳人。据县志补。	丰县知县。

	顺天府	保定府	承德府	永平府	河间府	天津府	正定府	顺德府	广平府	大名府	宣化府	遵化州	易州	冀州	赵州	深州	定州
	人。**邵琮** 大兴人。**丁珍** 宛平人。**袁运昌** 固安人。**萧凝基** 固安人。**韩瑛** 通州人，见《进士表》。**李廷秀** 武清人。**张英俊** 宝坻人。**王元蘅** 昌平人。**杨士魁** 顺义	**耿方达** 束鹿人。**韩基崇** 高阳人。**刘德修** 高阳人，长垣县教谕。**辛禹奕** 新安人，见《进士表》。**李之果** 保定卫人，浙江嵊县知县。**高成龄** 保定卫人，山西布政使。以上二人《任丘县志》			人。**姜朝宾** 东光人。					北汉阳县知县。**余庆锡** 长垣人，见《进士表》。**许浚** 长垣人。**李凤翔** 长垣人，见《进士表》。**赵璜** 长垣人，宣化县教谕。							

	顺天府	保定府	承德府	永平府	河间府	天津府	正定府	顺德府	广平府	大名府	宣化府	遵化州	易州	冀州	赵州	深州	定州
	人，户部员外郎。**陈依**文安人。**邢伟**文安人。	作任丘人。															
康熙三十八年己卯科	**徐用锡**大兴人。**王命铨**大兴人。**金元宽**大兴人。**陈遵谦**大兴人。**蒋仁锡**大兴人。**陶彝**大兴人。	**樊洛**清苑人。**汪干英**清苑人。**孙诜**定兴人。**王亨裔**新城人。**耿址**庆都人。**王日跻**雄县人。		**朱廷遴**卢龙人，见《进士表》。**崔灿**迁安人，见《进士表》。**张肇吉**山海卫人。	**吴瑾**献县人。**杜文焕**阜城人，见《进士表》。**刘文思**任丘人，贵州安南县知县。**刘念慈**任丘人。**王撰**任丘	**朱同色**天津人。有传。**姚纪龙**青县人，阜城县教谕。**励廷仪**静海人。**戴宽**沧州人。**刘墀**沧州人。	**吴元时**正定人，满城县教谕。**聂多闻**乐城人，元城县教谕。**秘奏**晋州人。**辛执中**晋州人。	**张纯**邢台人，武清县教谕。**李堉**内丘人，抚宁县教谕。**刘翔**内丘人。	**冀椝**永年人，见《进士表》。**宁健**永年人，保安州学正。**韩保赤**永年人。**李鹏云**曲周人，获鹿县教谕。	**张适**南乐人。**王居建**开州人。**谷凤仪**开州人。**尹树德**长垣人，通州学正。**胡际盛**长垣人，吴桥县教谕。	**赵继忭**延庆人。**吕济远**延庆人。**吕成法**延庆人。**朱鹭**保安人。**李蓁**蔚州人。	**李柏年**丰润人，永年县教谕。		**司直**冀州人，天津府教授。**李良辅**冀州人，新城县教谕。有传。**张炳**南宫人，安州学正。**王勔**枣强人。	**王鹿瑞**赵州人。**孟寅生**赵州人。**魏沅**柏乡人，见《进士表》。**连枚**柏乡人，河南密县知县，改祁州学正。	**贾廷梅**武强人。	

	顺天府	保定府	承德府	永平府	河间府	天津府	正定府	顺德府	广平府	大名府	宣化府	遵化州	易州	冀州	赵州	深州	定州
	胡文灿大兴人。**吴文炳**大兴人。**徐肇鉴** **黄叔璥**俱大兴人。**徐流谦**大兴人。**刘王新**大兴人。**唐执玉**大兴人。**陈汇苏**大兴人。**田易**大兴人。**王前**大兴人。	**刁承祖**祁州人，见《进士表》。**李继勃**祁州人。有传。**冯枢**束鹿人。**周鏻**束鹿人，深州学正。**马骏**安州人。**李世馨**高阳人，山西文水县知县。**李居广**高阳人，见			人，江苏上元县知县。**赵玫**交河人。**车朱毂**景州人。**苏雯**故城人。**苏三礼**故城人。	**赵董**盐山人。**杨宗奇**盐山人。			**安珣**曲周人。**谢鹏程**邯郸人，见《进士表》。**宋之杰**邯郸人，蓟州学正。**李旼**鸡泽人，怀安县教谕。有传。**张建文**威县人，河南罗山县知县。	**王梃**长垣人。**李振文**长垣人，宝坻县教谕。**王鎜**长垣人，延庆卫教谕。					**靳述远**宁晋人。		

	顺天府	保定府	承德府	永平府	河间府	天津府	正定府	顺德府	广平府	大名府	宣化府	遵化州	易州	冀州	赵州	深州	定州
	王景曾宛平人。**王朝柱**宛平人。**王介祐**宛平人。**王昌**宛平人。**曹淮**固安人。**张衍泗**永清人。**李果实**东安人。**阴俨**香河人。**王兆凤**通州人，解元，见《进士	《进士表》。**李居临**高阳人，湖广房县知县。**韩天矗**高阳人，见《进士表》。**于任可**保定卫人。《任丘志》作任丘人。															

	顺天府	保定府	承德府	永平府	河间府	天津府	正定府	顺德府	广平府	大名府	宣化府	遵化州	易州	冀州	赵州	深州	定州
	表》。**贺秉源**通州人。**李辉**武清人。**王澂**房山人。**陈僧**文安人。**李灼**文安人，见《进士表》。**黄宏深**文安人。**黄宏湛**文安人。																

	顺天府	保定府	承德府	永平府	河间府	天津府	正定府	顺德府	广平府	大名府	宣化府	遵化州	易州	冀州	赵州	深州	定州
康熙四十一年壬午科	**李堂**大兴人，解元。**穆元肇**大兴人。**赵予信**大兴人。**沈裕**大兴人。**戴允恭**大兴人。**甄之璜**大兴人。**黄叔琬**大兴人。**孙文煜**大兴人。**颜光晖**宛平人。	**王洛**清苑人。**王允晋**清苑人。**张堂**清苑人。**张晓**清苑人。**张昉**清苑人。**康云**满城人。**师承煤**安肃人，内阁中书。**鹿圣启**定兴人，任县教谕。		**张宣**滦州人。州志作张瑄。**高汝翼**山海卫人，博野县教谕。	**高时龄**任丘人。**边溪**任丘人，见《进士表》。**张丙智**东光人，教谕。	**张思廉**青县人，南乐县教谕。**高缉颢**静海人。**赵仲**盐山人，见《进士表》。	**房裔兰**栾城人，山西阳高县知县。**张麟桢**栾城人。有传。**商相**平山人，宁津县教谕。**曹不器**赞皇人，柏乡县教谕。**底维岑**藁城人。**李培栽**藁城人。	**于遂**邢台人，教谕。**蔡乙元**邢台人，知县。**杨体乾**邢台人，云南富民县知县。有传。**鹿锜**南和人。**段琪**巨鹿人。**崔象南**内丘人，云南广通县知县。	**胡御枚**永年人。**杨彤**曲周人，冀州学正。**秦拔**曲周人。**王徵兰**曲周人，四川潼川州州同。**丁又登**邯郸人，刑部员外郎。**田炜**鸡泽人，西宁县教谕。	**黄锦**元城人，完县教谕。**王丕诚**魏县人，内阁中书。**郭寿辅**魏县人。**胡琇**南乐人。**魏嵊**南乐人，见《进士表》。**程珩**清丰人，云南大理府知府。**杜嶒**清丰	**宗应招**保安人。**黑天池**赤城人，见《进士表》。**胡以济**龙门人。		**李维新**易州人。**王运新**涞水人。	**袁玑**枣强人，云南临安府知府。有传。**刘汉鼎**衡水人。	**檀常葆**赵州人。**高维新**宁晋人。	**王曾续**武强人。**辛炜**武强人，见《进士表》。**刘自溥**武强人。**刘自洁**武强人，见《进士表》。**娄起经**武强人。据县志补。	**柴伯龄**定州人，蔚县教谕。**王肃雍**深泽人。

	顺天府	保定府	承德府	永平府	河间府	天津府	正定府	顺德府	广平府	大名府	宣化府	遵化州	易州	冀州	赵州	深州	定州
	王嘉猷宛平人。**刘璲**宛平人。**秦泽远**宛平人。**辛惟一**固安人。**韩黄**香河人。**诸葛铭**武清人。**赵方观**武清人，候选主事。**刘嵋**宝坻人。**芮复传**宝坻人，见	**鹿常吉**定兴人，固安县教谕。**鹿斑**定兴人。**李菖**新城人。**马世猷**唐县人。**马芝秀**博野人。**郄琛**庆都人。**王世济**容城人，遵化州学正。**李介福**完县人，见《进士								人，中书。**程琛**清丰人。**黄杰**东明人，宁晋县教谕。**孙念祖**开州人。**魏文碧**长垣人，见《进士表》。**许溥**长垣人。**于念源**长垣人，河南济源县知县。**李震举**长垣							

	顺天府	保定府	承德府	永平府	河间府	天津府	正定府	顺德府	广平府	大名府	宣化府	遵化州	易州	冀州	赵州	深州	定州
	《进士表》。 **邢倓** 文安人。 **冯瀚** 保定县人。	表》。 **齐秉源** 蠡县人。 **王大昌** 蠡县人。 **陈出震** 蠡县人。 **马任** 雄县人。 **郭楦** 雄县人。 **胡涛** 雄县人。 **李文魁** 祁州人，肥乡县教谕。 **刘淑** 祁州人，中书。								人。 **靳之砺** 长垣人，蓟州学正。 **王允授** 长垣人。 **郜黄远** 长垣人。							

	顺天府	保定府	承德府	永平府	河间府	天津府	正定府	顺德府	广平府	大名府	宣化府	遵化州	易州	冀州	赵州	深州	定州
		张念诚束鹿人，深州学正。**李毓樾**束鹿人，顺天府学训导。**张宪龄**束鹿人，见《进士表》。**李伸**束鹿人。**董绍基**安州人。**韩瑛**高阳人，通州学正。**韩三善**高阳人,见															

	顺天府	保定府	承德府	永平府	河间府	天津府	正定府	顺德府	广平府	大名府	宣化府	遵化州	易州	冀州	赵州	深州	定州
		《进士表》。**王镆**高阳人。**魏其藻**新安人，安徽潜山县知县。**韩暎**新安人，见《进士表》。**石曰瑾**保定卫人。															
康熙四十四年乙酉科	**张敦睦**大兴人。**陈璇**大兴人。**张钰**大兴人。	**陶国奇**清苑人。**张椎**清苑人。**李棠**清苑人。		**王珍**卢龙人，见《进士表》。**金尉昌**抚宁人。	**张翼极**河间人，文安县教谕。《青县志》作青县人。	**黄之瀚**青县人。**李绣林**青县人，井陉县教谕。	**王荣命**正定人，四川邛州直隶州知州。**魏壮**获鹿人，见	**李蕃**邢台人，阜城县教谕。**王素文**广宗人，内阁中	**王应辰**永年人。**刘时恪**永年人。**申颙**永年人。	**范智**大名人。**段大伦**大名人。**张梦铨**元城人。	**魏之枢**宣化人。**李厚望**蔚州人，见《进士表》。	**杜悫**丰润人。**郝萌舒**丰润人，奉天复州学正。县志作	**刘兴谔**易州人。旧志作刘兴。**刘瑄**易州人，浙江松阳	**韩效儒**冀州人。**郝珍**南宫人，满城县教谕。	**韩德昌**柏乡人，河间县教谕。**刘起宗**隆平人。	**张世瑞**深州人，大城县教谕。**张楫**武强人。	**郝诚燮**定州人，浙江山阴县知县。**李率先**深泽人。

	顺天府	保定府	承德府	永平府	河间府	天津府	正定府	顺德府	广平府	大名府	宣化府	遵化州	易州	冀州	赵州	深州	定州
	田贞宷 大兴人。 **应综文** 大兴人。 **单国宝** 大兴人。 **伍勋** 大兴人。 **黄叔琪** 宛平人。 **李玘尊** 宛平人。 **刘兴聘** 宛平人。 **辛克一** 固安人，见《进士表》。 **杨正** 赵州人，见	**石曰玫** 清苑人。 **郭文元** 定兴人。 **王漪** 新城人。 **陈诗** 唐县人，见《进士表》。 **田尔易** 完县人，陕西两当县知县。 **张南龄** 蠡县人，解元。 **刘兴灏** 蠡县人。 **王镠** 雄县		**马云霨** 昌黎人。 **赵文颖** 昌黎人，山东博兴县知县。 **张蔚** 昌黎人，山东沂水县知县。 **韩珣** 昌黎人，江西吉水县知县。县志作韩洵。 **万瑄** 昌黎人，见《进士表》。 **卫锦** 滦州	**李珣** 任丘人，中书。 **李皇图** 任丘人，阜平县教谕。 **王坦** 交河人，见《进士表》。 **王所依** 交河人。 **及绛** 交河人。 **王极** 交河人。 **白璇** 交河人，见《进士表》。	**宫鸿历** 静海人。 **高荀侨** 静海人。 **高泽弘** 静海人。 **孙说** 沧州人。 **许彬** 南皮人。	《进士表》。 **魏述祖** 获鹿人，见《进士表》。 **刘溥** 获鹿人，见《进士表》。 **魏观** 获鹿人，见《进士表》。 **张绩** 晋州人。 **史懋业** 新乐人。	书。 **鹿耿** 南和人，见《进士表》。 **郑一麟** 任县人。	**王明辉** 曲周人。 **韩朱** 邯郸人。 **王登庸** 邯郸人。 **赵瓒** 鸡泽人，见《进士表》。 **李汝霖** 威县人，中书。	**杜稳** 清丰人，河南孟县知县。 **董虞建** 东明人。 **王明秀** 开州人，山西灵丘县知县。 **王僧慧** 开州人。 **郭从善** 开州人。有传。 **孙亦** 开州人。 **王僧湛** 开州人。 **宋大壮** 长垣	**张荣祖** 怀安人。	壬午科。 **江普** 玉田人。	县知县。	**李琦** 衡水人，赤城县教谕。 **杜适** 衡水人。	**王枢** 宁晋人。 **冯洵** 宁晋人。 **张星耀** 宁晋人。	**张忠** 安平人。	

	顺天府	保定府	承德府	永平府	河间府	天津府	正定府	顺德府	广平府	大名府	宣化府	遵化州	易州	冀州	赵州	深州	定州
	《进士表》。**李洵** 通州人，大名县训导。**杜棫** 宝坻人，中书。**芮复俶** 宝坻人，知县。**董俊** 涿州人，见《进士表》。**周京洛** 涿州人。**郝雯** 霸州人。**崔莅** 霸州人。	人。**王企堂** 雄县人。**王植** 祁州人。**张翰扬** 束鹿人，见《进士表》。**王鉽** 高阳人，候选知县。**韩三公** 高阳人，见《进士表》。**王钧** 高阳人，见《进士表》。**刘芬** 新安		人，昌平州学正。	**刘承辇** 景州人。**张漼** 景州人，霸州学正。**魏廷珍** 景州人。**贾允升** 景州人，广西融县知县。**沈寅清** 故城人，见《进士表》。**王燮** 吴桥人。**赵圣教** 东光人，教谕。					人。**王道成** 长垣人，景州学正。**李廷俊** 长垣人。**吕瑛** 长垣人，江南青浦县知县。**张尔桂** 长垣人。							

	顺天府	保定府	承德府	永平府	河间府	天津府	正定府	顺德府	广平府	大名府	宣化府	遵化州	易州	冀州	赵州	深州	定州
	崔藻 霸州人。**纪暹宜** 文安人。**韩铨** 文安人，见《进士表》。**徐伟** 文安人，河南光山县知县。据县志补。	人，陕西通渭县知县。**李基** 新安人。**张昊** 保定卫人。															
康熙四十七年戊子科	**邵锦江** 大兴人。**何国宗** 大兴人。**秦乐淑** 大兴人。	**王豫嘉** 安肃人，宁远州学正。**崔因时** 定兴人，湖南桂阳		**朱寿** 永平人。**董準** 卢龙人。**田永乾** 昌黎人。	**于廷臯** 河间人。**陈天美** 河间人。**周士俊** 河间人，隆	**栾宏** 天津人。**周人龙** 天津人，见《进士表》。	**刘本** 正定人。**张淑祺** 正定人，湖北巴东县知县。	**张熊** 南和人，隆平县教谕。**段照** 唐山人，知县。县	**胡煦** 永年人，见《进士表》。**王溥** 永年人。府志作王	**郭殿桢** 大名人。**贾应扬** 大名人。**阎九畴** 南乐人，见	**朱先正** 宣化人。**郜维新** 宣化人。**张元怀** 宣化人，见	**刘维圻** 丰润人。		**鲍梓** 冀州人，见《进士表》。**杨瑞** 冀州人。	**郭信林** 柏乡人。县志作纯祥。**张洪翔** 柏乡人。县志作鹏翔。	**王惇** 深州人。**李出凡** 深州人。**翟登云** 饶阳人。	**王嵩** 深泽人。**王植** 深泽人，见《进士表》。**王嶋** 深泽人，山东宁

	顺天府	保定府	承德府	永平府	河间府	天津府	正定府	顺德府	广平府	大名府	宣化府	遵化州	易州	冀州	赵州	深州	定州
	张奎光大兴人。**朱齐名**大兴人。**徐俊民**大兴人。**赵继鼎**大兴人。**冯祖思**大兴人。**邵之旭**大兴人。**姜育麟**大兴人。**薄海**大兴人。**高泽**宛平人。**李滨**宛平	州知州。有传。**鹿圣敬**定兴人，江西分宜县知县。**王之慈**唐县人。**赵瑞麟**博野人。**赵之枢**博野人。**苏廷**庆都人。**刘乾元**完县人。**王之臣**蠡县人。**吴天彝**蠡县		**郭伦**滦州人，云南楚雄县知县。**吕养浩**山海卫人，内阁中书。	平县教谕。**王洪**河间人。**关佶**河间人。**王悦**河间人，遵化州学正。	**牛天曜**静海人。**宫懋谅**静海人。**金登瀛**沧州人。**戴暻**沧州人。**沈钟涧**沧州人。**王延年**沧州人。**孙北**沧州人。**戴寅**沧州人，江西南丰县知县。**黄钜**南皮	**张淑郿**正定，见《进士表》。**司汝弼**正定人。**李统**井陉人。**高诞登**无极人。**李可柱**新乐人，福建龙溪县知县。	志作段绍庡。**田五桂**内丘人，见《进士表》。	溥仁。**李允藩**曲周人。**张如衮**邯郸人。**张养奎**邯郸人。**邢径**邯郸人。**范玉宣**成安人。**樊正域**成安人，见《进士表》。**李之基**广平人。**张坦**磁州人，见《进士表》。	《进士表》。**李元昇**清丰人，陕西蓝田县知县。有传。**朱宏仁**清丰人，见《进士表》。**王珍**开州人。**李允一**长垣人。**汤逍梓**长垣人。**夏开基**长垣人。	《进士表》。			**胡振声**南宫人。**高文灿**南宫人。**周易**南宫人。**刘旭**枣强人。**郑知芳**枣强人，赵州学正。			阳县知县。

	顺天府	保定府	承德府	永平府	河间府	天津府	正定府	顺德府	广平府	大名府	宣化府	遵化州	易州	冀州	赵州	深州	定州
	人。 **祈锦** 宛平人。 **郑羽逵** 宛平人。 **傅应龙** 固安人，中书。 **朱纶** 通州人，解元，见《进士表》。 **刘甫生** **刘敬** 俱武清人。 **赵方谦** 武清人，广东翁源县知县。 **芮而育** 宝坻	人。 **徐径** 蠡县人。 **徐僭** 雄县人。 **胡世果** 雄县人。 **常珩** 雄县人。 **李友绛** 祁州人，见《进士表》。 **田祖训** 新安人，河南西平县知县。 **罗宽** 新安人。 **辛禹籍** 新安				人。 **刘梦楫** 庆云人，安徽颍州直隶州知州。											

	顺天府	保定府	承德府	永平府	河间府	天津府	正定府	顺德府	广平府	大名府	宣化府	遵化州	易州	冀州	赵州	深州	定州
	人。**杨桐**昌平人，新城县教谕。**朱一凤**涿州人，见《进士表》。**徐兆麟**房山人。**王澄**房山人。**崔宣**霸州人。**樊贞顺**文安人，刑部员外郎。县志作樊贞。**陈偲**文安	人，见《进士表》。**崔铣**新安人，西宁县教谕。**朱大节**保定卫人。**高嗣美**保定卫人。															

	顺天府	保定府	承德府	永平府	河间府	天津府	正定府	顺德府	广平府	大名府	宣化府	遵化州	易州	冀州	赵州	深州	定州
	人。县志作陈佐。山东孟津县知县。**徐任**文安人，四川遂宁县知县。**刘丕谟**文安人，见《进士表》。**雷标**大城人。**刘正谋**大城人。																

	顺天府	保定府	承德府	永平府	河间府	天津府	正定府	顺德府	广平府	大名府	宣化府	遵化州	易州	冀州	赵州	深州	定州
康熙五十年辛卯科	**查为仁** 大兴人，解元。有传。**舒大成** 大兴人。**钮国亮** 大兴人。**祝临** 大兴人。**杨尚璘** 大兴人。**于本宏** 大兴人。**邵泰** 大兴人。**杜维澄** 大兴人。**黄虞俊** 大兴人。	**王敬** 清苑人。**张嵩龄** 清苑人。**夏士锦** 满城人，见《进士表》。**张渤** 满城人。**师承圣** 安肃人，河南渑池县知县。**王岸** 新城人。**苏元龙** 博野人。**刘克一** 博野人，广		**龚严** 卢龙人，深泽县教谕。**程可法** 抚宁人，大城县教谕。**马淳** 昌黎人。**高宏栽** 昌黎人，安徽南陵县知县。**董携** 滦州人。**卢元济** 滦州人。	**陈惟煜** 河间人，教谕。**左方焘** 河间人，山东同知。**阎奉化** 河间人。**刘铭** 献县人，内阁中书。**张名正** 献县人，通州学正。**王思敬** 任丘人，固安县教谕。**章光袮** 任丘	**李廷杰** 天津人。**张志华** 静海人。**冯渊** 沧州人。**陆宗夔** 沧州人，清河县教谕。**高济楫** 沧州人。**刘七善** 沧州人，湖广祁阳县知县。**胡清** 庆元人，见《进士表》。	**曹灿** 正定人。**王埭** 正定人。**石光玺** 获鹿人，见《进士表》。**王方** 井陉人。**李润** 元氏人。县志作李润。**张士会** 赞皇人。**范占魁** 晋州人。	**徐溥** 南和人。**李传人** 南和人。**谷凤翥** 内丘人，肥乡县教谕。	**武允美** 永年人。**郑昱** 永年人。**龙德升** 永年人。**秦鸣谦愉** 曲周人。**秦益谦** 曲周人。有传。**张岑** 曲周人，见《进士表》。**薛可珠** 邯郸人。**赵昌杰** 威县人。	**黄之绶** 元城人。**王宏绩** 南乐人。**冯叔熑** 南乐人，见《进士表》。**李子靖** 清丰人，见《进士表》。**关健** 清丰人，见《进士表》。**朱允元** 东明人，见《进士表》。**谷怀芳** 开州人。	**李廷元** 宣化人，四川彭水县知县。**李予望** 蔚县人。**朱勉** 怀来人。	**郑兆昆** 丰润人，江西南昌县知县。**郑兆业** 丰润人，江南嘉定县知县。**郑□** 丰润人，冀州学正。		**周世培** 冀州人，见《进士表》。**张颙** 南宫人。**郑宏庆** 南宫人，河间县教谕。**郑灏** 南宫人。**张铣** 枣强人。**龙霈** 枣强人，甘肃静宁州知州。有传。**张元明** 枣强人。县	**李中秀** 隆平人。**樊泽** 宁晋人。	**赵克毅** 深州人。**乔廷贞** 深州人。**贾惟教** 深州人。**赵廷兰** 深州人。**郭芝** 武强人。**刘宗尧** 饶阳人，甘肃渭源县知县。**李显明** 饶阳人。有传。	

	顺天府	保定府	承德府	永平府	河间府	天津府	正定府	顺德府	广平府	大名府	宣化府	遵化州	易州	冀州	赵州	深州	定州
	陆述宣 大兴人。**王师曾** 大兴人。**姚述虞** 大兴人。**米慷** 宛平人。**褚泰** 宛平人。**王克宏** 宛平人。**谢麒** 宛平人。**张四维** 永清人，山东武城县知县。**李适** 永清	西西隆州知州。**葛常卿** 完县人。**吴廷昭** 蠡县人。**田玉芝** 蠡县人。**彭如龙** 蠡县人。**常琮** 雄县人。**王镔** 雄县人。**陈德荣** 安州人。**崔岐嶷** 高阳人，教谕。			人，四川西充县知县。**赵锐** 任丘人。**苏曙** 交河人。有传。**王履吉** 吴桥人，中书。有传。**赵箣** 宁津人。	**刘梦柱** 庆云人，江西新安县知县。**陈于陛** 庆云人，河南巩县知县。			**段铜** 清河人。**申程章** 磁州人，江南淮安府知府。有传。**张恺** 磁州人，刑部员外郎。	**任接武** 开州人。**刘章昱** 开州人。**宋暲** 开州人。**崔汝诚** 长垣人，云南永北府知府。**王佐登** 长垣人，见《进士表》。**靳丙炎** 长垣人，湖北保康县知县。**王一冲** 长垣人。				志作元朗。**戴端** 衡水人。			

	顺天府	保定府	承德府	永平府	河间府	天津府	正定府	顺德府	广平府	大名府	宣化府	遵化州	易州	冀州	赵州	深州	定州
	人。 **程可式** 香河人。有传。 **钱瀫** 通州人。 **耿世儁** 通州人。 **赵栻** 武清人。 **皮明诚** 宝坻人。 **孙士启** 昌平人，任县教谕。州志作孙志启。 **崔灿** 霸州人。 **刘俊明** 霸州	**高湆** 新安人。 **李圻** 新安人，河间县教谕。 **张鳞甲** 新安人，见《进士表》。 **李如璐** 新安人，见《进士表》。 **石清** 保定卫人。 **徐宏一** 保定卫人。 **叶蓁** 保定卫人。 **胡尔默** 保定卫人。								**陈烈** 长垣人，山西平鲁县知县。有传。							

	顺天府	保定府	承德府	永平府	河间府	天津府	正定府	顺德府	广平府	大名府	宣化府	遵化州	易州	冀州	赵州	深州	定州
	人。**崔楙**霸州人。**江琬**霸州人。**郝霆**霸州人。**郝震**霸州人。**樊宗文**霸州人。**邱何源**霸州人。																
康熙五十二年癸巳科	**李麟源**大兴人。**毛济川**大兴人。**钱孝**大兴人。	**房璋**清苑人。**张林**满城人，浙江太平县知县。		**邢文明**卢龙人，福建永安县知县。**李本洁**卢龙人，广	**王廷相**河间人，涿州学正。**张焜**河间人。	**张曅**天津人，见《进士表》。**张章**沧州人。	**黄衮**正定人，湖北随州知州。**王璋**正定人，见《进士	**李挺**邢台人，湖北兴山县知县。**李可**广宗人。	**赵炜**永年人，开州学正。**梁国标**曲周人。	**金彝**元城人。**齐连**元城人。**张濯**魏县人。	**陈功朝**宣化人，四川永宁县知县。**魏学让**蔚州人，奉	**郑兆龙**丰润人，江西新淦县知县。**郑兆鲸**丰润人，庆		**张元方**南宫人，甘肃甘州府推官。**李秩**南宫人，见		**石其灏**武强人。**刘自洽**武强人。**杨修敬**饶阳人，江	**甄体道**定州人。

	顺天府	保定府	承德府	永平府	河间府	天津府	正定府	顺德府	广平府	大名府	宣化府	遵化州	易州	冀州	赵州	深州	定州
	方宏度大兴人。 **陈谟**大兴人。 **孟泰岩**大兴人。 **苏本洁**大兴人。 **王贻荃**大兴人。 **吴士进**大兴人。 **冯淇**大兴人。 **何国栋**大兴人。 **丁铨**大兴人。 **黄叔瑄**大兴	**李握璘**安肃人，四川铜梁县知县。县志作李掘璘。 **石生晖**定兴人，见《进士表》。 **蔡吐蕊**博野人。 **郄瑛**庆都人。 **蔡元堂**雄县人。 **常璐**雄县人。 **徐孚璟**祁州人，奉天辽阳		东广宁县知县。有传。 **项道兴**卢龙人。 **龚师胜**卢龙人，陕西武功县知县。 **张致一**迁安人，武邑县教谕。 **田既嶷**昌黎人。 **赵健**滦州人。 **李泽**乐亭人。 **张可宗**山海卫人。	**左勋**河间人。 **左方煌**河间人。 **王作宾**河间人，江南盐大使。 **高尔诏**献县人。 **纪容舒**献县人，云南姚安府知府。 **戈淳伦**献县人，蓟州学正。有传。 **戈锦**献县人，见	**张麟趾**天津人。 **朱锜**天津人。 **萧启栋**青县人。 **萧辅宸**青县人。 **张展成**静海人。 **宫䨶**静海人。 **边焕彩**静海人。 **车坦**沧州人。 **时中**沧州人。 **张集**沧州	表》。 **王猷焕**获鹿人。 **李缵**井陉人。 **张矿**元氏人。 **杨元会**赞皇人。 **赵昆**赞皇人。 **李耀庚**晋州人，见《进士表》。 **尹懿德**晋州人。 **陶发祖**新乐人，吴桥县教谕。		**秦铸**曲周人，见《进士表》。 **邱作宾**清河人。	**胡绍贤**南乐人，湖南江华县知县。 **武联馨**南乐人，见《进士表》。 **赵尚文**南乐人，见《进士表》。 **李至临**清丰人。 **张鼐**东明人。 **曹芳**长垣人。 **魏文禄**长垣人，四川遵义	天宁远州学正。 **霍宪文**万全人，知县。 **赵尔楷**西宁人，见《进士表》。	元县教谕。 **李利元**丰润人。 **桑汝琰**玉田人。		《进士表》。 **李启绪**枣强人，沙河县教谕。 **董肃**枣强人。 **龙元楼**枣强人。 **张劼**枣强人。 **王士陵**武邑人，知县。 **王仁溥**衡水人。 **邢文烺**衡水人。		苏通州州同。 **李用含**安平人。 **王磊**安平人。	

	顺天府	保定府	承德府	永平府	河间府	天津府	正定府	顺德府	广平府	大名府	宣化府	遵化州	易州	冀州	赵州	深州	定州
	人。**邵锦书**大兴人。**颜绍怡**宛平人。**张才曜**宛平人。**杨之嵩**固安人。**解典**东安人，赵州学正。**陈洪范**通州人。有传。**杨廷銮**通州人。**王夔龙**武清人。河南临	州学正。**张万铨**祁州人，广西上思州知州。**刘璜**束鹿人。**张允文**安州人。**韩慧基**高阳人，见《进士表》。**张光华**高阳人，见《进士表》。**朱孔阳**新安人，涿州学正。			《进士表》。**朱阔**南宁人，见《进士表》。**崔琳**任丘人，见《进士表》。**叶柷**任丘人，见《进士表》。**张符**任丘人。**苏晊**交河人。**苏暄**交河人。**曹永祺**景州人。	人。**戴铉**沧州人。**宋京**沧州人。				县知县。**崔镛**长垣人，山西阳高县知县。**宋汝梅**长垣人，见《进士表》。**张名器**长垣人。							

	顺天府	保定府	承德府	永平府	河间府	天津府	正定府	顺德府	广平府	大名府	宣化府	遵化州	易州	冀州	赵州	深州	定州
	颍县知县。**赵晟**武清人。**邵秉元**涿州人。**纪逵宜**文安人。**陈俨**文安人。**李最**大城人。	**崔镐**新安人，江南五河县知县。**王言绂**新安人。**徐宏誉**保定卫人。			**申诩**景州人，新乐县教谕。**苏瑁**故城人。**刁嘉会**故城人。**曹炯**故城人。**沈鼎勋**故城人。**霍九锡**东光人，解元。												
康熙五十三年甲午科	**龚声振**大兴人。**徐觉民**大兴人。**吕延泰**大兴人。	**张秉晟**清苑人。**张晧**清苑人。**王浩**清苑人。		**刘甡**昌黎人。**刘清**滦州人。**郭如柏**山海卫人。	**刘绍**河间人。**戈镇**献县人。**何天培**阜城人，浙	**张光第**天津人。**牛思任**静海人。**高泽深**静海人。	**王者佐**正定人。**刘端极**正定人。**李元英**获鹿人。	**齐正**平乡人，四川梓潼县知县。有传。**杨镛**巨鹿	**申居郇**永年人。**宁振铎**永年人。**李汝楫**曲周人。	**王瓖**魏县人。**武联鼙**南乐人，见《进士表》。	**朱之赤**宣化人，广东信宜县知县。**林丕基**宣化人。	**董怡**丰润人。**李泰**丰润人，浙江下沙场大使。	**赵永澍**易州人。有传。**崔珏**易州人。	**孔兴政**南宫人。**董馨宜**南宫人。**徐璋**枣强人，定	**尹联璧**赵州人。**路慧**赵州人。**陈福成**赵州人。	**杜诗**武强人。**刘俨**武强人。**王作梅**武强人。	**杨汝桢**曲阳人。

	顺天府	保定府	承德府	永平府	河间府	天津府	正定府	顺德府	广平府	大名府	宣化府	遵化州	易州	冀州	赵州	深州	定州
	单应麟大兴人。 **耿国祚**大兴人。 **邵临**大兴人。 **邵锦堂**大兴人。 **邵锦涛**大兴人。 **陈笃祜**大兴人。 **张眉寿**大兴人。 **陶起潜**大兴人。 **蒋宗涑**大兴人。 **林世泰**大兴	**刘文彦**唐县人。 **徐曰模**博野人。有传。 **杜汝砺**博野人。有传。 **王甲**雄县人。 **常廷对**雄县人。 **常廷弼**雄县人。 **王哲**雄县人。 **李继浩**祁州人，四川威远县知县。		**赵纪**山海卫人。	江曹娥场大使。 **边汝言**任丘人，陕西同官县知县。有传。 **边果**任丘人，见《进士表》。 **闵逵**任丘人。 **边铭琴**任丘人。 **李汉**任丘人。 **王际清**景州人，奉天永吉州学	**胡梦熊**沧州人。 **邹廷献**沧州人。 **刘炯**沧州人。 **王汝言**沧州人。	**曹不争**赞皇人，枣强县教谕。 **安代**赞皇人。 **纪桂林**晋州人。	人。 **胡生恭**任县人。	**阎峋**曲周人。 **栗可继**肥乡人。 **张加禄**邯郸人。 **齐淑伦**鸡泽人，见《进士表》。	**朱玑**清丰人。 **顾吉士**东明人。 **王森**长垣人，四川南江县知县。	**宋之录**蔚州人。	**曹潜**丰润人。		兴县教谕。	**魏作霖**柏乡人，福建永福县知县。 **赵嗣舜**柏乡人。 **李淮**高邑人，见《进士表》。	**赵德宏**安平人。	

	顺天府	保定府	承德府	永平府	河间府	天津府	正定府	顺德府	广平府	大名府	宣化府	遵化州	易州	冀州	赵州	深州	定州
	人。**任光祉**大兴人。**程鹏**大兴人。**胡钧**大兴人。**陆文焕**宛平人，解元。**王克承**宛平人，户部郎中。《正定府志》作正定县人。**何天泽**宛平人。**李竑儒**宛平人。	**王三汲**祁州人，山东夏津县知县。**胡其实**祁州人。**王勖敬**束鹿人。**贾西**束鹿人，山西浮山县知县。**魏士瑛**安州人。**王倬**高阳人，教谕。**张祚昌**新安人，见《进士表》。			正。**李基塙**景州人。有传。**胡君昌**景州人，浙江龙泉县知县。**饶赈**故城人。**李如桐**东光人，知县。**殷之英**宁津人。												

	顺天府	保定府	承德府	永平府	河间府	天津府	正定府	顺德府	广平府	大名府	宣化府	遵化州	易州	冀州	赵州	深州	定州
	胡忠匡宛平人。**冯祖宽**宛平人。**陈璠**良乡人。**曹运**固安人。**朱元仲**通州人，山西知县。**胡廷瑾**通州人。**赵云桂**武清人。**王石柱**宝坻人。**郎大乾**昌平人。	**杨汝懋**新安人。**李文炯**新安人，广西西隆州知州。**辛翰**新安人。**李杜**新安人，浙江义乌县知县。**邸璠**保定卫人。**石曰琪**保定卫人。**李清**保定卫人。**李法颜**保定卫															

	顺天府	保定府	承德府	永平府	河间府	天津府	正定府	顺德府	广平府	大名府	宣化府	遵化州	易州	冀州	赵州	深州	定州
	杜贞生怀柔人。**孙公乔**霸州人。**李如瑶**霸州人。**孟琇**霸州人。**张涵**霸州人。**郝士铉**霸州人。**纪迈宜**文安人。有传。**纪宜猷**文安人。**缴捷**文安人。**陈良玿**文安人。	人，献县教谕。															

	顺天府	保定府	承德府	永平府	河间府	天津府	正定府	顺德府	广平府	大名府	宣化府	遵化州	易州	冀州	赵州	深州	定州
	纪逯宜文安人。**薛扬**文安人。**刘颢祚**大城人。**冯鉝**保定卫人。**赵作霖**蓟州人，河南偃城县知县。																
康熙五十六年丁酉科	**陈德麟**大兴人。**应锜文**大兴人。**沈震世**大兴人。	**靳可大**清苑人。**张于耕**清苑人。**张绍祖**满城人。		**汪淪**卢龙人。**邢开**卢龙人。**李征**迁安人。	**贾永祺**河间人。**刘通**献县人。**戈钟**献县人。	**梁濩**天津人。**王谊**天津人。**尹士奇**天津人，东安县教	**酒养泽**正定人，甘肃合水县知县。**王郁文**正定人，广东灵山	**郭秉仁**任县人。	**胡在角**永年人，见《进士表》。**刘云峦**曲周人。**李元奇**曲周	**高廷献** **许廷燕**魏县人。**张愈大**魏县人。	**董钟**蔚州人。**祁时新**蔚州人，东明县知县。**涂延年**延庆	**李祥麟**遵化人，见《进士表》。		**陈维和**冀州人，浙江余姚县知县。**李贵品**冀州人。	**李渭**高邑人，见《进士表》。**张格**宁晋人。	**张令誉**武强人。**贾士俊**武强人。**石硕**武强人。	**王之栻**定州人。**韩文**定州人，知县。**郝诚杰**定州人，见《进士表》。

	顺天府	保定府	承德府	永平府	河间府	天津府	正定府	顺德府	广平府	大名府	宣化府	遵化州	易州	冀州	赵州	深州	定州
	张锜大兴人。**许绍熙**大兴人。**吴鉴**大兴人。**邵之楷**大兴人。**胡永贞**大兴人。**王鼐**大兴人。**王者英**大兴人。**杨以宁**大兴人。**黄讷**大兴人。**张大德**宛平	**张澍**满城人，蔚县教谕。县志作张澎。**丁堂**安肃人。**李柏龄**安肃人。**崔均**唐县人。**王九畴**蠡县人。**杨观光**雄县人。**赵耀甲**祁州人，见《进士表》。**谢开光**束鹿		**李兰**乐亭人，解元，见《进士表》。**张元复**昌黎人，江南靖江县知县。	**戈全伦**献县人。有传。**葛时贞**阜城人，甘肃阶州知州。**李澥**肃宁人。**赵九叙**肃宁人，知县。**边梃**任丘人，见《进士表》。**杜惺**任丘人。**徐琦**景州人。**曹梦龙**景州	谕。**于凝祺**静海人。**萧九鼎**静海人。**宫耀亮**静海人。**周德**沧州人。**冯淳**沧州人。**解遴**沧州人。**刘宏烈**沧州人。**李之华**沧州人，见《进士表》。**赵履亨**盐山	县知县。**傅树森**获鹿人。**焦志舒**平山人，广东平远县知县。**王溥**元氏人，见《进士表》。**冯翕**赞皇人。**杜元麟**赞皇人。**安祐**赞皇人。**张元亮**无极人。		人，雄县教谕。**王宏球**鸡泽人。**齐超伦**鸡泽人。	**李人麟**清丰人。**王玘**开州人。**郭永祺**长垣人。	人，湖广攸县知县。			**魏世兴**南宫人。**郑颧**南宫人，两淮运判。**白治**南宫人，湖南宁远县知县。**孟瑨**南宫人。**杨光世**新河人。**单培锡**枣强人。**郑知宠**枣强人。**李谦**武邑人，学		**赵垂勋**安平人。**刘辉祚**安平人。	**郝诚炳**定州人，见《进士表》。**杨昌言**曲阳人。

	顺天府	保定府	承德府	永平府	河间府	天津府	正定府	顺德府	广平府	大名府	宣化府	遵化州	易州	冀州	赵州	深州	定州
	人。 **胡书源** 宛平人。 **于铭** 宛平人。 **米士铭** 宛平人。 **张潆** 宛平人。 **任懿** 宛平人。 **蓝畹** 宛平人。 **陈焕** 宛平人。 **李文** 东安人。 **姬媛** 通州人。	人，山西平顺县知县。 **梁浤** 安州人。 **赵致远** 安州人。 **王凤翔** 高阳人，教谕。 **辛曰可** 高阳人。 **王侃** 高阳人，教谕。 **田松龄** 新安人，四川夹江县知县。 **张凤翼** 新安			人，见《进士表》。 **秘王正** 故城人。 **张维人** 故城人。 **柴玙** 宁津人。	人。 **杨怿** 盐山人。	**孟时迈** 藁城人。							正。 **杜遂** 衡水人，见《进士表》。 **石鉴** 衡水人，山西榆次县知县。有传。			

	顺天府	保定府	承德府	永平府	河间府	天津府	正定府	顺德府	广平府	大名府	宣化府	遵化州	易州	冀州	赵州	深州	定州
	陈诚通州人，见《进士表》。**李熟**武清人。**刘煦**宝坻人。**赵文煜**涿州人，教谕。**孟瑛**霸州人。**陈缄**文安人。**段迪吉**文安人。**井錤**文安人。**井淳**文安	人。**姜顺龙**保定卫人，四川按察使。《大名府志》作大名人。**张肇新**保定卫人。**边汝充**保定卫人，山东肥城县知县。**边源芳**保定卫人。**姜渭烈**保定卫人。**薛观**保定卫人。															

	顺天府	保定府	承德府	永平府	河间府	天津府	正定府	顺德府	广平府	大名府	宣化府	遵化州	易州	冀州	赵州	深州	定州
	人。**刘溥**文安人，见《进士表》。县志作刘博。**刘珏**大城人。**张杰**保定县人。																
康熙五十九年庚子科	**范卜年**大兴人。**张有观**大兴人。**于振翀**大兴人。**王兆符**大兴人。**沈廷珍**大兴	**贾国华**清苑人。**胡坦**清苑人。**师元宏**安肃人。**李贤杜**定兴人。**鹿贞吉**定兴		**李针**卢龙人，见《进士表》。**陈坦**卢龙人。**阮文标**卢龙人。**汪澹予**滦州人，藁	**高应遴**任丘人。**王桢**任丘人。县志作王正。**张敏**景州人，河南考城县知县。	**王又朴**天津人，见《进士表》。**邢琰**天津人。有传。**翟渊**天津人，福建崇安县知	**韩炘**正定人，东明县教谕。**王纪**正定人。**任枢南**平山人。**姚乃文**晋州人。	**梁爕**广宗人。	**林璁**永年人，见《进士表》。**冀方焻**永年人，湖南零陵县知县。**陈慰祖**磁州人，见	**李志洁**魏县人。**路旌**魏县人。**宋俊**清丰人。**魏文路**长垣人。**顿克昌**长垣	**董敬**宣化人。**黄大本**宣化人。**李鼎望**蔚州人，云南临安府知府。**李隽望**蔚州	**徐元凯**遵化人。**杨晏**遵化人。**刘所说**丰润人。		**郝琴**南宫人，祁州学正。**阎煊**南宫人，甘肃狄道县知县。**魏世隆**南宫人，见	**刘成德**赵州人。**武文郁**柏乡人，福建永定县知县，改大名县教谕。**岳生夔**隆平人，见	**张国桢**深州人，山西五寨县知县。**张国宝**深州人。**李坦**深州人。**乔廷瑄**深州	**王桢**深泽人，见《进士表》。县志作王械。

	顺天府	保定府	承德府	永平府	河间府	天津府	正定府	顺德府	广平府	大名府	宣化府	遵化州	易州	冀州	赵州	深州	定州
	人。**邵大生**大兴人。**刘国裕**大兴人。**马大纪**大兴人。**郭璠**大兴人。**叶新**大兴人。**魏文**大兴人。**龚道揆**大兴人。**唐孝本**大兴人。**杨青**大兴人。	人。**赵相如**博野人，拣选知县。有传。**尹会一**博野人。**胡具庆**容城人，陕西石泉县知县。有传。**魏兰标**完县人。**吴廷召**蠡县人。**马有声**束鹿人，延庆州学正。		城县教谕。**张端**滦州人。	**杨璇**景州人。**戈鸣岐**景州人，山西朔平府知府。**申继昌**景州人。**王犹**故城人。**高岱**故城人，学正。**秘象震**故城人。**王硕人**宁津人。	县。有传。**靳连**天津人，陕西山阳县知县。**张天奏**天津人。县志作张朝奏。**励宗万**静海人。**朱之津**沧州人。**张纶**沧州人。**王纯**沧州人。**陆宗洵**沧州人。	**秦劢**藁城人。		《进士表》。**张爕元**磁州人。	人。**李禹壹**长垣人。	人。有传。**张俊杰**蔚州人。**魏绎**蔚州人，通政使左参议。			《进士表》。**赵瑛**新河人。**武珩**枣强人，见《进士表》。**李梓**枣强人。**袁永宁**武邑人。	《进士表》。**王元昌**隆平人。**刘洙生**隆平人。**李景琦**隆平人。**杨大发**隆平人。**张士洽**宁晋人。	人。**王之纲**武强人。**李用弢**安平人，雄县教谕。	

	顺天府	保定府	承德府	永平府	河间府	天津府	正定府	顺德府	广平府	大名府	宣化府	遵化州	易州	冀州	赵州	深州	定州
	袁光炜 大兴人。 **王璲** 宛平人。 **胡松** 宛平人。 **殷廷瓒** 宛平人。 **金世樾** 宛平人。 **金启文** 宛平人。 **钟畹** 宛平人。 **刘维新** 宛平人。 **王瑄** 宛平人。 **徐伉** 宛平	**高光璐** 束鹿人。县志作光禄。 **王崇蹊** 束鹿人。 **陆德华** 安州人，见《进士表》。 **韩三才** 高阳人，教谕。 **冉瑾** 高阳人，见《进士表》。 **李天相** 高阳人，教谕。 **辛禹系** 新安人。				**姜任修** 沧州人。 **吴大成** 沧州人。 **解枚** 沧州人。 **宋应元** 沧州人。 **杨佩** 盐山人。 **李坦** 庆云人。											

	顺天府	保定府	承德府	永平府	河间府	天津府	正定府	顺德府	广平府	大名府	宣化府	遵化州	易州	冀州	赵州	深州	定州
	人。**王培元**东安人，奉天复州学正。**曹涵**武清人。**王嘉宾**宝坻人，解元，陕西岐山县知县。**彭俊**涿州人。**孙用桢**房山人。**崔寅**霸州人。**崔蘖**霸州人。	**周家相**新安人，见《进士表》。**陶德泰**保定卫人。															

	顺天府	保定府	承德府	永平府	河间府	天津府	正定府	顺德府	广平府	大名府	宣化府	遵化州	易州	冀州	赵州	深州	定州
	高尔德霸州人。**李可大**文安人，山东郯城县知县。**李文华**大城人。																

卷四十三

表二十八

选举十一举人　国朝二

	顺天府	保定府	承德府	永平府	河间府	天津府	正定府	顺德府	广平府	大名府	宣化府	遵化州	易州	冀州	赵州	深州	定州
雍正元年癸卯恩科	**李芳华**大兴人。 **张继昌**大兴人。 **黄元铎**大兴人。 **沈梁**大兴人。 **周然**大兴人。 **沈青崖**大兴人。	**王叔琳**清苑人。 **高宏均**清苑人。 **王奎**清苑人。 **赵鸿业**满城人，盐大使。 **张永淑**满城人，见《进士表》。		**杨鲁**卢龙人。 **何泓**卢龙人。 **冯龙会**抚宁人。 **宋继祖**昌黎人。 **王瑞**昌黎人。 **刘澓**乐亭人。	**左复亨**河间人。 **赵复亨**河间人。 **刘德馥**阜城人。 **李元祺**阜城人。 **杜之菁**阜城人。 **边元厚**任丘人，江西弋阳	**孙嘉倅**天津人。 **朱其纪**青县人，安徽和州州同。 **黄道坪**青县人。 **苏凤朝**青县人。 **陈端**青县人。 **高昶**沧州	**王发善**正定人，四川华阳县知县。 **刘培之**正定人。 **张丕亨**获鹿人，山东鱼台县知县。府志作丕享。 **张延年**栾城	**张谟**邢台人。 **张文聪**邢台人，见《进士表》。 **李尔珠**广宗人。	**冀方然**永年人。 **冀方燕**永年人。 **朱鸣**永年人。	**姜天湘**大名人。 **李泰**南乐人，庆都县教谕。 **王士突**东明人。 **梁廷枢**东明人。 **宋元士**东明人，山东郓城县知	**张秉懿**宣化人。 **郭衢**宣化人，国子监学正。 **董汝翼**蔚州人。 **霍泰**蔚州人，山东德州州判。 **孙升龙**怀来人，见	**郑德玢**丰润人，陕西同官县知县。 **魏元枢**丰润人。	**魏克让**易州人，见《进士表》。	**崔鉴**冀州人。 **耿方楷**冀州人，遵化州学正。 **耿元柱**冀州人。 **刘熺**冀州人，见《进士表》。 **方敦厚**冀州人。	**杨宾**赵州人。 **孟照**赵州人。 **刘光缙**赵州人。 **魏壮徵**柏乡人，开州学正。 **魏济**柏乡人。 **刘瑱**隆平	**韩德修**深州人，贵州思州知州。 **张日灿**武强人。 **路祚远**武强人。 **刘尔莲**饶阳人，平山县教谕。 **翟天翱**饶阳人，见	**郝诚照**定州人。 **张曰运**曲阳人。 **何昌**深泽人。 **王模**深泽人。有传。 **王莹中**深泽人，见《进士表》。 **宋锋**深泽人，见《进士表》。

	顺天府	保定府	承德府	永平府	河间府	天津府	正定府	顺德府	广平府	大名府	宣化府	遵化州	易州	冀州	赵州	深州	定州
	阮懋业大兴人。 **张掞**大兴人。 **张登倬**大兴人。 **于暲**大兴人。 **邢士伟**大兴人。 **陈祖望**大兴人。 **邵锦潮**大兴人。 **赵立身**大兴人。 **袁登陛**大兴人。 **茹林**宛平	**王樊**安肃人，湖南桂阳县知县。 **鹿谦吉**定兴人，见《进士表》。 **萧蕙**博野人。 **柏增**蠡县人。 **郝士敏**雄县人。 **王暹**雄县人。 **蔡焞**雄县人。 **李元舟**祁州人，武		**李葳**乐亭人，浙江山阴县知县。 **白受采**山海卫人，高阳县教谕。	县知县。 **孙式廓**任丘人，四川璧山县知县。 **高应逯**任丘人，枣强县教谕。 **贺潜**交河人。 **王峻**宁津人，解元。 **侯纮**宁津人。 **张枱**景州人，福建惠安县知县。	人。 **于沂**沧州人。 **宋祐**沧州人。 **张棠**南皮人，通州学正。 **许龄**南皮人。 **赵温**盐山人，见《进士表》。 **傅精一**盐山人，蔚县教谕。 **曾裕**盐山人。	人，山西汾阳县知县。有传。 **李溥**栾城人。 **张乔**栾城人，甘肃金县知县。 **傅聚**灵寿人。 **贾多勇**平山人，湖北黄冈县知县。有传。 **安偲**赞皇人。 **吴廷正**新乐人，祁			县。 **谷凤毛**开州人。 **安秉钺**开州人。 **黄世魁**长垣人，遵化州知州。 **宋登嶓**长垣人，奉天辽阳州学正。 **王烈**长垣人，奉天铁岭县知县。 **赵纯仁**长垣人，见《进士表》。	《进士表》。 **王之宾**西宁人。			**邹子蕃**南宫人。 **张鋐**枣强人。 **孟履中**武邑人，见《进士表》。	人，见《进士表》。 **王振世**高邑人，见《进士表》。 **张好礼**高邑人，开州学正。 **单天才**临城人，山西平顺县知县。 **冯如柏**宁晋人。 **陈世润**宁晋人。 **高自位**宁晋人。	《进士表》。 **刘志仁**饶阳人，山西盐场大使。	

	顺天府	保定府	承德府	永平府	河间府	天津府	正定府	顺德府	广平府	大名府	宣化府	遵化州	易州	冀州	赵州	深州	定州
	人。 **许福宗**宛平人。 **袁儒宗**宛平人。 **刘庶**宛平人。 **王念曾**宛平人。 **曹洵**固安人。 **石瑞麟**通州人。 **王之正**通州人。有传。 **诸葛永龄**武清人。 **赵晃**武清	邑县教谕。 **戴三聘**祁州人，南宫县教谕。 **裴澜**束鹿人。 **张光大**高阳人。 **冉常**高阳人，候选知县。 **李镛**新安人。 **韩夔元**新安人。 **阎镐**保定卫人。 **梁泽溥**保定卫			**孙维哲**景州人。 **季崇楷**吴桥人，同知。 **李亚**故城人。		州学正。 **陶显祖**新乐人，邢台县教谕。			**刘乙甲**长垣人，福建瓯宁县知县。							

	顺天府	保定府	承德府	永平府	河间府	天津府	正定府	顺德府	广平府	大名府	宣化府	遵化州	易州	冀州	赵州	深州	定州
	人。 **刘□** 宝坻人，江苏泰兴县知县。 **陈鹤鸣** 宝坻人，湖南醴陵县知陵。 **陈浩** 昌平人，见《进士表》。 **杜柔** 怀柔人。 **刘荩** 霸州人。 **崔光弼** 霸州人。 **井其颖** 文安	人。 **边元润** 保定卫人。 **史秉德** 保定卫人。															

	顺天府	保定府	承德府	永平府	河间府	天津府	正定府	顺德府	广平府	大名府	宣化府	遵化州	易州	冀州	赵州	深州	定州
	人，山东兖州府同知。**陈有年**文安人，内阁中书。**王声銮**文安人，四川合州知州。**纪咸**文安人，江南旌德县知县。**高令树**文安人，山东济宁州知州。**陈偲**文安人。																

	顺天府	保定府	承德府	永平府	河间府	天津府	正定府	顺德府	广平府	大名府	宣化府	遵化州	易州	冀州	赵州	深州	定州
	张恕 文安人，广东石城县知县。 **刘暭** 文安人。 **陈夔友** 文安人。 **刘灏** 文安人，广西修仁县知县。 **邓凤耀** 大城人。																

谨案：康熙戊子科陈偲，文安人。此科又载陈偲，亦文安人，疑系一人，俟考。

	顺天府	保定府	承德府	永平府	河间府	天津府	正定府	顺德府	广平府	大名府	宣化府	遵化州	易州	冀州	赵州	深州	定州
雍正二年甲辰补行癸卯正科	**谢宜相**大兴人，解元。**莫予同**大兴人。**王之墀**大兴人。**方宏礼**大兴人。**朱闲圣**大兴人。**张廷选**大兴人。**张淳**大兴人。**高宏缉**大兴人。**徐坦**大兴人。	**王绂**清苑人。**张钺**清苑人。**赵懿栋**满城人。**姚肇基**新城人。**刘沆**蠡县人。**刘训**雄县人。**王德光**雄县人。**裴民瞻**束鹿人。**陈德正**安州人，见《进士表》。		**赵襄**卢龙人。**王启文**卢龙人，河南商城县知县。**裴绯**滦州人。**吕见龙**滦州人，长垣县教谕。	**戈鉴**献县人。**边汝乾**任丘人。**高应述**任丘人，湖南衡山县知县。**张万全**交河人。**王士魁**景州人。**曹企曾**景州人。**刘云翱**景州人。**贾元正**故城人。**贾如玺**故城	**于模**天津人。**曾淳**天津人。**乔岩**天津人。**朱培庆**天津人。**陈竑**青县人。**张銮**静海人。**高荀铭**静海人。**高泽叙**静海人。**李之峥**沧州人。**蒋敦淳**沧州	**刘崇极**正定人。**王发枝**正定人，广东乐昌县知县。有传。**聂琛**栾城人。**傅埰**灵寿人。**杜天滋**元氏人，滦州学正。**赵明栋**晋州人，见《进士表》。	**刘肇业**邢台人，知县。	**郭洺滨**永年人。**杨希尧**永年人。**李籍**磁州人。**李文炜**磁州人。	**崔铸**魏县人。**曹宪周**魏县人。**邹泗**清丰人。**卢炳懿**东明人，见《进士表》。**王瑞**东明人，见《进士表》。**顿权**长垣人，见《进士表》。**王允持**长垣人，新城县教谕。	**张允煦**宣化人。**赵之璧**万全人。**郝显荣**万全人，四川隆昌县知县。**杨锦**怀来人。**刘士凤**怀来人。	**王果**玉田人。**吴伟**玉田人。	**单钰**易州人，见《进士表》。	**阴瑢**冀州人。**刘素**冀州人。**刘瓒**南宫人。**冯湛**南宫人，湖北利川县知县。**魏孝先**南宫人。**傅棐**新河人。**刘文诰**枣强人，见《进士表》。**宋绣**枣强人。	**张开甲**赵州人。**武玉**赵州人。**张思永**隆平人，江南靖安县知县。**程仲生**隆平人。**成寓书**隆平人。**郭大鲲**隆平人。**郭应元**隆平人。**李浤**高邑人，山东历城县知	**赵瑞鸿**安平人。	**王省二**深泽人，宣化县教谕。**宋鋿**深泽人。

	顺天府	保定府	承德府	永平府	河间府	天津府	正定府	顺德府	广平府	大名府	宣化府	遵化州	易州	冀州	赵州	深州	定州
	万钟大兴人。**蒋宗泌**大兴人。**阮汝�**大兴人。**陈王庭**大兴人。**邵锦旗**大兴人。**方斌**大兴人。**黄登贤**大兴人。**黄咏**大兴人。**严调律**大兴人。**钱绍祖**大兴	**王泰亨**安州人。**石丽春**高阳人，候选教谕。**李世錡**高阳人，候选知县。**刘永汉**新安人。**朱大业**保定卫人。**王士源**保定卫人。**张凤池**保定卫人。**王朝源**保定卫人。			人，见《进士表》。**陈天枢**故城人。**霍备**东光人，奉天府尹。**马留良**东光人。**王重光**宁津人。	人。**陈嘉颖**沧州人。**李长兴**沧州人。**李昌基**沧州人。**张乃曾**南皮人。				**黄方璲**长垣人。**扈润**长垣人。**关琰**长垣人。**王辉**长垣人。					县。**李湛**高邑人。**路宗程**临城人。**王申**宁晋人。		

	顺天府	保定府	承德府	永平府	河间府	天津府	正定府	顺德府	广平府	大名府	宣化府	遵化州	易州	冀州	赵州	深州	定州
	人。 **赵献猷**宛平人。 **黄楷**宛平人。 **张忠震**宛平人。 **夏廷儒** **何琇** **陈兆熊**俱宛平人。 **朱楷**宛平人。 **孟文炜**宛平人。 **陈思俨**宛平人。 **刘振**固安人。 **陈洵**香河																

	顺天府	保定府	承德府	永平府	河间府	天津府	正定府	顺德府	广平府	大名府	宣化府	遵化州	易州	冀州	赵州	深州	定州
	人。 **王绾** 通州人，新城县教谕。 **叶时汭** 宝坻人，陕西洵阳县知县。 **陈实颖** 宁河人，江西鄱阳县知县。 **崔栥** 霸州人。 **李勋** 文安人。 **陈玉友** 文安人。 **井瀚** 文安																

	顺天府	保定府	承德府	永平府	河间府	天津府	正定府	顺德府	广平府	大名府	宣化府	遵化州	易州	冀州	赵州	深州	定州
	人，刑部郎中。 **王鸿勋**文安人，四川知县。 **陈龙友**文安人，湖北宜城县知县。 **陈凤友**文安人。 **纪过宜**文安人，湖南岳常澧道。 **樊培**大城人。																

	顺天府	保定府	承德府	永平府	河间府	天津府	正定府	顺德府	广平府	大名府	宣化府	遵化州	易州	冀州	赵州	深州	定州
雍正四年丙午科	**马尹奇**大兴人。**徐安民**大兴人。**江素**大兴人。**张昱**大兴人。**吴琰**大兴人。**甄汝舟**大兴人。**史锦**大兴人。**余谱**大兴人。**何国柄**大兴人。**蒋炳**大兴	**高汝霖**清苑人。**尹大宾**清苑人。**魏郁**满城人。**王应**定兴人，获鹿县教谕。**章楹**新城人。**李泰来**蠡县人。**张时中**雄县人。**谢自泌**雄县人。**胡绍轼**雄县人。		**傅齐贤**卢龙人。**翟彬**卢龙人，怀来县教谕。**马璐**昌黎人，福建清流县知县。有传。**李果**滦州人。**方浩**滦州人，见《进士表》。**石袭曾**滦州人，见《进士表》。	**张重振**任丘人，见《进士表》。**张纶曾**景州人，盐大使。**刘毓直**景州人。**师文魁**故城人。	**金相**天津人，解元，见《进士表》。**沈宏模**天津人，见《进士表》。**王廷瑶**天津人。**周人骥**天津人。**李如龙**青县人。**陈士隽**沧州人。**宋玮**沧州人。**陈人集**沧州人。	**刘延**正定人，两淮盐大使。**陈廷兰**获鹿人。**牛起祥**元氏人。		**郭良佐**永年人。**张秀**鸡泽人。**杜竹**磁州人。	**王珣**魏县人。**康绥远**魏县人。有传。**苗守身**魏县人。**段绂**魏县人。**冯仲存**南乐人，见《进士表》。**马壬午**清丰人。**李乾元**东明人。**赵瀚**开州人。**史重巽**开州	**姚廷祐**宣化人。**郭家英**宣化人，见《进士表》。**吴尚义**保安人。**李钜望**蔚州人。**阎象年**蔚州人，山东博平县知县。			**宋懋行**南宫人，天津县教谕。**苏天柱**新河人。《冀州志》作苏元柱。**张琡璋**枣强人，甘肃灵台县知县。	**翟鍘**赵州人。有传。**郭数仞**隆平人，霸州学正。**李青岩**隆平人，江南铜陵县知县。**岳文选**隆平人。	**张世翰**深州人。**刘栻**武强人。**刘曾明**饶阳人，易州学正。	**郝诚煌**定州人。

	顺天府	保定府	承德府	永平府	河间府	天津府	正定府	顺德府	广平府	大名府	宣化府	遵化州	易州	冀州	赵州	深州	定州
	人。**陈文先**大兴人。**沈绳祖**大兴人。**徐熊**大兴人。**徐寅**大兴人。**罗圻**大兴人。**田志勤**大兴人。**王康**大兴人。**李晓**大兴人。**阮汝昭**大兴人。	**胡绍辙**雄县人。**李锦辉**祁州人，见《进士表》。**王仪升**束鹿人。**魏元善**束鹿人。**张廷彦**束鹿人。**陈策**安州人，见《进士表》。**李九如**高阳人。**高代**新安人，江南来安		**王鸿**沧州人。**盛瑾**沧州人。**刘绍芳**沧州人。**李之巍**沧州人。**董利见**沧州人。**贾继曾**沧州人。**张乃史**南皮人。**张受长**南皮人。**解忻**庆云人，河南正阳县知县。						人。**吕益昌**长垣人，见《进士表》。**王焕**长垣人。**李霖举**长垣人。**王行冲**长垣人。							

	顺天府	保定府	承德府	永平府	河间府	天津府	正定府	顺德府	广平府	大名府	宣化府	遵化州	易州	冀州	赵州	深州	定州
	张廷抡大兴人。**周朗**大兴人。**胡梦杜**大兴人。**胡世绎**大兴人。**魏其琮**大兴人。**余佑城**大兴人。**徐浤**大兴人。**赵凯图**大兴人。**董天予**大兴人。**陶学潜**大兴人。	县知县。**魏临**新安人。															

	顺天府	保定府	承德府	永平府	河间府	天津府	正定府	顺德府	广平府	大名府	宣化府	遵化州	易州	冀州	赵州	深州	定州
	方宏廉大兴人。**刘东宁**大兴人。**黄元崻**大兴人。**裘树荣**宛平人。**璩秉恭**宛平人。**王克立**宛平人。**张灏**宛平人。**缪灿**宛平人。**韩文士**宛平人。**袁儒行**宛平																

	顺天府	保定府	承德府	永平府	河间府	天津府	正定府	顺德府	广平府	大名府	宣化府	遵化州	易州	冀州	赵州	深州	定州
	人。 **丁翊寿** 宛平人。 **李作楫** 宛平人。 **张如鉽** 宛平人。 **杜伯钜** 良乡人。 **杨烛** 固安人，见《进士表》。 **杨熯** 固安人，见《进士表》。 **叶铭** 通州人，见《进士表》。																

顺天府	**宗一鹏** 通州人。**耿世杰** 通州人。**曹云昇** 通州人，见《进士表》。**蔡钰** 通州人，见《进士表》。**陈璪** 通州人，见《进士表》。**赵晶** 武清人，拣选知县。**朱霖亿** 宝坻人，见	
保定府		
承德府		
永平府		
河间府		
天津府		
正定府		
顺德府		
广平府		
大名府		
宣化府		
遵化州		
易州		
冀州		
赵州		
深州		
定州		

	顺天府	保定府	承德府	永平府	河间府	天津府	正定府	顺德府	广平府	大名府	宣化府	遵化州	易州	冀州	赵州	深州	定州
	《进士表》。**朱寅** 宝坻人。**王清标** 密云人。**崔云骏** 霸州人。**李之琳** 霸州人。**陈闻友** 文安人。**李文藻** 大城人。**刘模** 大城人。																

	顺天府	保定府	承德府	永平府	河间府	天津府	正定府	顺德府	广平府	大名府	宣化府	遵化州	易州	冀州	赵州	深州	定州
雍正七年己酉科	**谢锽**大兴人。 **宋长城**大兴人。 **马熼**大兴人。 **张之浚**大兴人。 **薄岱**大兴人。 **段修仁**大兴人。 **程永庚**大兴人。 **王鉴**大兴人。 **金溶**大兴人。 **冯秉彝**大兴	**胡纯**清苑人。 **王以荷**清苑人。 **孟泽新**安肃人，见《进士表》。 **苗锐**定兴人。 **鹿迈祖**定兴人，见《进士表》。 **姚尧牧**新城人。 **马曰瑀**博野人，陕西汉阴县知县。		**马拱辰**昌黎人，高阳县教谕。 **牛天贵**山海卫人，见《进士表》。 **郭熟**山海卫人，蔚州学正。	**刘嘉颖**河间人。 **边元邃**任丘人。 **边茂林**任丘人，宁古塔学正。 **王维悫**交河人，见《进士表》。 **常璠**交河人，知县。 **李基垲**景州人，知县。 **戈景曾**景州人。 **方鸣球**吴桥	**朱嘉善**天津人，见《进士表》。 **黄祐**天津人。 **高荀鉴**静海人。 **元克宽**静海人。 **元克浚**静海人。 **励宗兆**静海人。 **刘连芳**沧州人。 **董琰**沧州人。 **梁栋**沧州人。	**王良翰**正定人。	**梁尔珣**任县人，见《进士表》。	**胡溱**永年人。 **李趋庭**肥乡人。 **牛毓崧**清河人，见《进士表》。	**王瓒**魏县人。 **张九畴**魏县人。 **武继**南乐人。 **尚式文**东明人。 **高胆**长垣人，见《进士表》。 **崔钥**长垣人，见《进士表》。 **陈恂**长垣人，见《进士表》。 **魏大英**长垣	**阎介年**蔚州人，见《进士表》。 **杨文灏**万全人。 **李盛**万全人。 **余玙**怀来人。	**鲁克宽**丰润人。 **鲁克恭**丰润人，浙江秀水县知县。 **郑兆球**丰润人。	**郑章武**易州人。 **赵允涵**易州人，见《进士表》。	**王士禄**枣强人，广东博茂场大使。 **赵国祥**武邑人。	**张吉相**隆平人，元城县教谕。 **王思敬**宁晋人。 **李师广**宁晋人。		**郝诚煝**定州人。

	顺天府	保定府	承德府	永平府	河间府	天津府	正定府	顺德府	广平府	大名府	宣化府	遵化州	易州	冀州	赵州	深州	定州
	人。 **马大绅** 大兴人。 **王治国** 大兴人。 **邵自励** 大兴人。 **许式玉** 大兴人。 **赵毅业** 大兴人。 **何璘** 宛平人。 **庞元凯** 宛平人。 **陈策** 宛平人。 **陆鉴** 宛平人。	**石维宗** 完县人。 **扈羽清** 蠡县人，大邑县知县。 **吴士伸** 蠡县人。 **梁敬斋** 雄县人。 **刁显祖** 祁州人。有传。 **刘景曾** 祁州人。 **王柄** 束鹿人。 **赵承谟** 安州人。 **梁卿云** 安州			人，见《进士表》。 **侯国正** 吴桥人，见《进士表》。 **张赐绶** 宁津人。	**左基** 沧州人，广西苍梧县知县。 **张逢尧** 沧州人。 **李淮** 沧州人。 **孙抡元** 沧州人。 **王言** 沧州人。 **胡淦** 沧州人。 **张维寅** 南皮人。 **张乃魁** 南皮人。 **侯如桐** 南皮				人。 **于念泗** 长垣人。 **李云绣** 长垣人，见《进士表》。							

	顺天府	保定府	承德府	永平府	河间府	天津府	正定府	顺德府	广平府	大名府	宣化府	遵化州	易州	冀州	赵州	深州	定州
	张芳传宛平人。 **郑尚桂**宛平人。 **丁灿**宛平人。 **陈邦勋**宛平人。 **张琳**宛平人。 **赵璟**苑平人。 **杨秀**固安人，解元，见《进士表》。 **杨熠**固安人。 **杨熥**固安	人。 **侯屏翰**高阳人。 **韩述祖**高阳人。 **刘履乾**高阳人。 **李瞻岣**高阳人。 **张凤翻**新安人。 **金鸿**保定卫人。 **叶品**保定卫人。 **卞殿元**保定卫人。				人。 **胡中蛟**庆云人。 **李大昌**庆云人，清丰县教谕。											

	顺天府	保定府	承德府	永平府	河间府	天津府	正定府	顺德府	广平府	大名府	宣化府	遵化州	易州	冀州	赵州	深州	定州
	人，见《进士表》。**邵纲**东安人，昌黎县教谕。**韩珠**通州人，安肃县教谕。**李珩**通州人。**韩琮**通州人，湖北归州知州。**沈尔棠**通州人，见《进士表》。**马文耀**通州人，盐																

	顺天府	保定府	承德府	永平府	河间府	天津府	正定府	顺德府	广平府	大名府	宣化府	遵化州	易州	冀州	赵州	深州	定州
	山县教谕。**王璋**通州人，贵州瓮安县知县。有传。**赵昆**武清人。**谈嘉修**宁河人，盩县教谕。**张菊**昌平人。**蔡瑄**霸州人。**井其洵**文安人。**牛硕景**文安人，奉																

	顺天府	保定府	承德府	永平府	河间府	天津府	正定府	顺德府	广平府	大名府	宣化府	遵化州	易州	冀州	赵州	深州	定州
	天辽阳州学正。 **刘璨** 文安人，安州学正。 **李勤王** 文安人，甘肃同知。县志作李遵王。 **马维新** 文安人，冀州学正。 **李起复** 大城人。 **刘简** 大城人。																

	顺天府	保定府	承德府	永平府	河间府	天津府	正定府	顺德府	广平府	大名府	宣化府	遵化州	易州	冀州	赵州	深州	定州
雍正十年壬子科	**邵大业** 大兴人，解元。 **沙宗义** 大兴人。 **顾铨** 大兴人。 **伍锦** 大兴人。 **刘毓珍** 大兴人，进士。《宁河志》作宁河人。 **刘中** 大兴人。 **罗龄** 大兴人。 **王锦** 大兴人。	**马湘** **胡鹏年** **陈良士** 俱保定人。 **张伟** 安肃人，河间县教谕。旧志作安州人。 **鹿遵祖** 定兴人，见《进士表》。 **鹿师祖** 同前。 **靳兢** 博野人，湖南安化县知县。 **胡学浚** 庆都人。		**张励** 迁安人。 **郭天性** 昌黎人，见《进士表》。 **张宗美** 昌黎人，平谷县教谕。 **李承恩** 滦州人。	**杨谟** 河间人，永年县教谕。 **李法孟** 任丘人，广西西林县知县。有传。 **张应麟** 任丘人。 **苏燕** 交河人。 **张笃信** 交河人，宁古塔学正。 **范廷钧** 景州人，武清县教谕。	**刘振家** 天津人。 **王三命** 天津人。 **李伯兴** 青县人。 **朱曾仲** 青县人。 **边源溥** 静海人。 **毛时敏** 静海人。 **牛天垣** 静海人。 **胡淳** 沧州人，见《进士表》。《盐山志》作盐山人。	**何允绅** 正定人。 **梁丕光** 正定人。 **李又牧** 行唐人。 **刘顺昌** 行唐人，曲阳县教谕。 **傅坚** 灵寿人。 **郭宗禹** 元氏人。 **张简** 元氏人，内阁中书。 **张征** 赞皇人。	**刘玠** 沙河人。	**王燻** 曲周人。 **王今远** 曲周人，见《进士表》。	**辛竟可** 元城人，福建诸罗县知县。 **王曰唯** 魏县人。 **段凤仪** 南乐人。 **魏子峦** 南乐人，湖北谷城县知县。 **卢尧英** 东明人。 **王承燧** 长垣人。 **郭挺** 长垣人。	**韩继愈** 蔚州人。 **刘作式** 蔚州人。据府志增。 **李文焕** 万全人。 **郭清** 怀来人。	**孙矿** 丰润人。 **陈舜裔** 丰润人。 **董贞元** 丰润人。 **孙兆麟** 丰润人。 **孙穆** 丰润人。 **张应楸** 玉田人，四川筠连县知县。 **雷丽** 玉田人。	**赵士杲** 易州人。	**郭琮** 冀州人，见《进士表》。 **耿峨** 冀州人。 **王兆祥** 南宫人，山西知县。 **魏国珖** 南宫人，见《进士表》。 **李廷俊** 南宫人。 **卢量** 枣强人。县志作龙翚。武清县教谕。 **刘文述** 枣强	**魏曰椿** 柏乡人，晋州学正。 **冯澎** 隆平人，见《进士表》。	**李林桂** 深州人。 **郭维** 武强人，陕西西乡县知县。 **靳兢** 安平人，湖南安化县知县。	

	顺天府	保定府	承德府	永平府	河间府	天津府	正定府	顺德府	广平府	大名府	宣化府	遵化州	易州	冀州	赵州	深州	定州
	马绣章 大兴人。 **温葆经** 大兴人。 **徐淳** 大兴人。 **李纪** 大兴人。 **石之琳** 大兴人。 **谢位藩** 大兴人。 **赵德基** 大兴人。 **黄鼐** 大兴人。 **李文灿** 大兴人。 **黄守谦** 大兴	**李其松** 完县人。 **柏镕** 蠡县人。 **梅楷** 雄县人。 **谢龙跃** 雄县人。 **杜三德** 祁州人，见《进士表》。 **李世沂** 束鹿人，昌平州学正。 **赵汝骥** 束鹿人，赤城县教谕。 **顾钧** 安州			**刘墩若** 景州人，霸州学正。 **张国钧** 景州人。 **孙煦奉** 景州人。 **曹孟鼐** 景州人。 **贾延泰** 故城人，中书。有传。 **陈玉谟** 故城人。 **于玮** 宁津人。	**张毓善** 沧州人，进士。 **王应典** 沧州人。 **张廷让** 沧州人，见《进士表》。 **孙俨** 盐山人。	**郑其仁** 赞皇人。 **张百朋** 晋州人。							人，任丘县教谕。			

	顺天府	保定府	承德府	永平府	河间府	天津府	正定府	顺德府	广平府	大名府	宣化府	遵化州	易州	冀州	赵州	深州	定州
	人。 **张廷扬**大兴人。 **葛卜元**宛平人。 **梁志格**宛平人。 **张秉仁**宛平人，正定府教授。《宁河志》作宁河人。 **孙坦**宛平人。 **陈文灿**宛平人。 **卜大川**固安人。 **解禧**东安	人。 **单尔蕤**安州人。 **李时**安州人。 **解尔连**高阳人。 **李曰𨩱**高阳人。 **张熥**新安人。 **桑天保**新安人。 **邸钊**新安人。 **张焜**新安人。 **朱士开**新安人。															

	顺天府	保定府	承德府	永平府	河间府	天津府	正定府	顺德府	广平府	大名府	宣化府	遵化州	易州	冀州	赵州	深州	定州
	人。**李光澜**东安人。**单硕肤**宝坻人。**刘毓道**宝坻人。**芮永祺**宝坻人，见《进士表》。**杨鈖**宁河人，怀安县教谕。**田尧封**昌平人。**包大鹏**涿州人，知县。**张炜**霸州																

	顺天府	保定府	承德府	永平府	河间府	天津府	正定府	顺德府	广平府	大名府	宣化府	遵化州	易州	冀州	赵州	深州	定州
	人。 **崔云驹**霸州人。 **刘鹏搏**霸州人。 **吴国振**大城人。 **刘标**大城人。 **崔元宗**蓟州人。 **刁镕**蓟州人。																
雍正十三年乙卯科	**许秉智**大兴人，解元。 **杨烳**固安人，两淮草偃场大	**魏然**满城人。 **鹿缉祖**定兴人，西宁县教谕。		**张玥**卢龙人。 **邢希先**卢龙人，奉天宁远州学正。	**李春林**河间人。 **冯浩**河间人，山西保德州知州。	**姜森**天津人。 **李玘**天津人。 **杨淋**天津人。	**王荣勷**正定人，浙江处州府知府。 **王简**正定人。	**王锬**南和人。 **刘翔**内丘人。	**段三元**永年人。 **王养元**曲周人。 **牛吉士**曲周人。	**孙儒**清丰人。 **郭元会**东明人。 **李东莲**东明人。	**贾慎行**蔚州人。 **王乾**蔚州人。 **田广**怀来人。	**冯兆吉**遵化州人，见《进士表》。 **吴钥**丰润人，博野县教谕。		**张思谦**冀州人。 **张鹏路**枣强人，开州学正。	**魏需牧**柏乡人。	**张敦行**武强人。 **周密**饶阳人。	**刘元琳**定州人。 **管余庆**定州人，见《进士表》。

	顺天府	保定府	承德府	永平府	河间府	天津府	正定府	顺德府	广平府	大名府	宣化府	遵化州	易州	冀州	赵州	深州	定州
	使。**杨熯**固安人，武邑县教谕。**戴之适**永清人。**顾文鼎**通州人，拣选知县。**李廷玉**通州人。**曹隽**武清人。**刘毓珣**宁河人。**孙述**宁河人。**丁恕**文安人，万	**于佩璧**唐县人，东明县教谕。**尹嘉铨**博野人，济东泰武道。**刁钥**祁州人。**刁世昌**祁州人，陕西靖边县知县。**杜子麟**束鹿人。**陈筠**安州人，见《进士表》。**韩宪祖**高阳		**阎公铣**昌黎人，见《进士表》。**陈永清**乐亭人，获鹿县教谕。**穆开聪**山海卫人。	**鹿纯嘏**献县人，云南元谋县知县。**刘炳**任丘人，见《进士表》。**李中理**任丘人，国子监丞。**李学礼**任丘人，阳春县知县。有传。**张见龙**任丘人。**及访**交河人。	**顾弼**天津人。**陆维藩**天津人。**吕泰**天津人。**周思鸿**天津人。商籍。**凌景泰**天津人。**范之齐**静海人。**高荀迈**静海人。**佟大任**静海人。**冯禾**沧州人，教谕，商	**崔昇**获鹿人。**刘烈**井陉人。**孟习孔**灵寿人。**曹发**元氏人。			**成一麟**长垣人。**郜景会**长垣人。	**孙耀德**怀来人。**傅九锡**怀来人。**赵天钫**西宁人。			**王起裕**枣强人，河间县教谕。**冀汝栋**枣强人。			

	顺天府	保定府	承德府	永平府	河间府	天津府	正定府	顺德府	广平府	大名府	宣化府	遵化州	易州	冀州	赵州	深州	定州
	全县教谕。**王声镳**文安人，河南永城县知县。**李堃**文安人。**黄复坚**文安人，元城县教谕。**黄绎**文安人，见《进士表》。**刘琛**大城人。**刘灿**大城人。	人，贵州印江县知县。有传。**李瞻玙**高阳人。**张可立**新安人。			**吴祺**故城人。**曲俊**故城人，教谕。**马兆鳌**东光人。**孙呈瑞**东光人，知县。**李若龙**东光人，知县。**潘中正**宁津人。	籍。**刘石麟**沧州人。**樊世珂**沧州人。**孙际震**沧州人。商籍。**王人骥**沧州人。**张庆辰**南皮人。**张绳祖**南皮人。**王问政**盐山人，恩赐检讨。**霍纯熙**盐山人，南宫县教											

	顺天府	保定府	承德府	永平府	河间府	天津府	正定府	顺德府	广平府	大名府	宣化府	遵化州	易州	冀州	赵州	深州	定州
						谕。**张文达**庆云人。											
谨案：《科场条例》是科议定宣化府旦字号加中一名，共额中四名。又是科应中一百八名，另中旦字号四名，共一百一十二名。兹依各志及采访，仅得九十八名。																	
乾隆元年丙辰恩科	**古之琮**宛平人，解元。**秦其昭**东安人。**田元枢**通州人，丰润县教谕。**丁坡**通州人。**任枚**通州人，山西临汾县知县。	**王允中**安肃人。**孔继倓**新城人。**王邦敩**博野人。**王廷翰**博野人。**刘应符**蠡县人。**李基生**祁州人，见《进士表》。		**侯伸东**抚宁人，河间县教谕。**王辅**滦州人。**潘克昌**滦州人。**郭起凤**滦州人。**李柱**乐亭人。**白龙光**山海卫人。	**金世仁**河间人，饶阳县教谕。**戈涛**献县人，见《进士表》。**鲍自清**献县人。**刘克柔**阜城人。**赵丹枢**阜城人，见《进士表》。	**崔柏龄**天津人。**王纬**天津人，见《进士表》。**江鲲**天津人。**牛琳**天津人，见《进士表》。**赵成**天津人。**张凤翥**天津	**崔国栋**获鹿人。有传。**贾待贾**平山人。**商龄**平山人，昌平州学正。**吴典**平山人，奉天锦县教谕。**赵绳献**元氏人。	**梁勖**广宗人，宁国县知县。	**金振声**永年人，见《进士表》。**崔兆鳌**曲周人。**张问达**曲周人。**王元纯**曲周人。**杨尔坊**曲周人。**贺彭年**鸡泽人。	**崔元圭**大名人，良乡县教谕。**周礼**大名人，见《进士表》。**毛得馨**长垣人，见《进士表》。**崔岩**长垣人，浙江缙云县知县。	**张元栋**宣化人，福建漳平县知县。**胡述城**宣化人，襄阳县知县。**李菁**保安州人。**阎晓**蔚州人。**李源**蔚州人。有传。	**褚文逢**遵化人，江苏海州州同。**谭国柱**丰润人，南宫县教谕。	**赵士楣**易州人。**赵士正**易州人。**陈曾省**易州人。**赵士机**易州人。	**张双翼**冀州人。**王晨**南宫人。**王发祥**枣强人。**马见龙**枣强人。**郑佺**枣强人。	**张仲相**高邑人。	**侯恺**武强人。	

	顺天府	保定府	承德府	永平府	河间府	天津府	正定府	顺德府	广平府	大名府	宣化府	遵化州	易州	冀州	赵州	深州	定州
	罗凤仪通州人，见《进士表》。 **韩健**通州人。 **蒋坡**通州人。 **张辉斗**武清人。 **曹振熹**武清人。 **刘守成**宁河人，见《进士表》。 **崔云騵**霸州人。有传。 **郝霞**霸州人。	**李实生**祁州人。 **谢礼**祁州人。 **刁铠**祁州人。 **李珍**束鹿人。 **韩德峻**高阳人。 **刘芳**新安人。		**张嵩年**山海卫人。 **常克从**山海卫人。	**刘琴**任丘人。 **刘亦冲**任丘人。 **王作楫**任丘人。 **王应鲸**任丘人，福鼎县知县。有传。 **常瓒**交河人。 **戈云严**景州人，固安县教谕。 **赵杉**景州人。 **李基埈**景州人。	人，商籍。 **王进**天津人。商籍。 **牛思凝**静海人。 **牛亢靖**静海人。 **边源深**静海人。 **杨永朝**沧州人。 **孟三承**沧州人。 **李光基**沧州人。 **张掖**沧州人，蓟州学正。	**杜生洙**赞皇人，两淮东台场大使。 **李天培**晋州人。 **尹仲达**晋州人。				**李继庭**蔚州人。 **李炳文**蔚州人，永昌县知县。 **李希沆**蔚州人。 **陈煜**万全人，晋州学正。						

	顺天府	保定府	承德府	永平府	河间府	天津府	正定府	顺德府	广平府	大名府	宣化府	遵化州	易州	冀州	赵州	深州	定州
	常廷楷文安人。**纪虚中**文安人，见《进士表》。				**泌世达**故城人。**刘松岳**东光人。**韩辉**东光人。**宋兰新**宁津人。**赵中忱**宁津人。	**胡辉烈**沧州人。商籍。**董廷铎**沧州人。**赵兴业**盐山人。**朱光曾**盐山人，见《进士表》。**杨永朝**庆云人，宁海县教谕。											
乾隆三年戊午科	**芮基**良乡人。**杨焯**固安人，见《进士表》。	**蔡润**定兴人。**鹿泰吉**定兴人。文安县教谕。有		**蒋兴仁**卢龙人。**张作霖**昌黎人，见《进士表》。	**李棠**河间人，见《进士表》。**曹来吉**肃宁人。	**于豹文**天津人。**黄复琬**天津人。**周人麒**天津	**魏嗣蕃**获鹿人。**安学曾**赞皇人，清苑县教谕。	**程名程**南和人。	**张照藜**磁州人，柏乡县教谕。**俎一元**磁州人。	**崔亮**南乐人。**魏大名**南乐人。**杜宏绪**清丰	**张楚俊**宣化人，内阁中书。**朱益晖**保安人。	**刘景章**遵化人，成县教谕。**李宏文**遵化人，万	**万镒**易州人。**陈曾鲁**易州人。**张居广**易州	**李调年**冀州人。**周慕文**冀州人。**尚连辉**南宫	**曹禹勋**隆平人。**李源**高邑人。**郭大德**高邑人。	**翟翙**饶阳人。**许徽**饶阳人。	**陈天章**深泽人。

	顺天府	保定府	承德府	永平府	河间府	天津府	正定府	顺德府	广平府	大名府	宣化府	遵化州	易州	冀州	赵州	深州	定州
	李天锡东安人。 **刘均**通州人。 **潘炯**通州人，见《进士表》。 **谢锡佐**通州人，福建福州府知府。 **刘垌**武清人。 **马式端**宝坻人。 **陈翰**宝坻人。 **卢秉彝**涿州人。	传。 **彭克仁**蠡县人，长兴县知县。 **李种仁**祁州人。 **戴缙**祁州人，成安县教谕。 **刁锦**祁州人。 **刁铨**祁州人。 **赵树坊**祁州人，卢龙县教谕。 **穆鲁**束鹿人。		**赵远猷**滦州人，进士。	**李锦囊**肃宁人。 **边继祖**任丘人。 **边中宝**任丘人。 **胡文豹**任丘人。 **戈岱**景州人。 **庞元澄**景州人。 **秘世通**故城人，知县。 **霍廷罗**东光人。 **阎璇**东光人。	人，见《进士表》。 **靳世青**天津人。 **张文运**天津人，见《进士表》。 **金尚炳**天津人。商籍。 **张综珥**静海人。 **元克庄**静海人，工部员外郎。 **张远**静海人。 **边培运**静海人。	**安学圣**赞皇人，吴桥县教谕。 **安学元**赞皇人，宁古塔学正。 **安学醇**赞皇人，河间府教授。 **李焯**晋州人。 **纪宗周**晋州人，定安县知县。			人。县志作辛酉科。 **孔继宗**长垣人。 **戴衡年**长垣人。 **顿怀谨**长垣人，宜春县知县。	**王怀智**蔚州人。 **张济英**蔚州人。 **孙毓秀**万全人。 **王无瑕**万全人。 **孙文龙**怀来人。 **李光业**西宁人。	全县教谕。 **董谨度**丰润人，南和县教谕。	人。 **卢秉彝**涞水人。	人。 **白如嵩**南宫人，沙河县教谕。 **郑元晫**枣强人。 **郑仔**枣强人，陕西葭州知州。			

	顺天府	保定府	承德府	永平府	河间府	天津府	正定府	顺德府	广平府	大名府	宣化府	遵化州	易州	冀州	赵州	深州	定州
	郝本茂 霸州人。 **何壮成** 文安人。 **邵维模** 文安人。 **王述曾** 文安人。 **刘淳** 文安人。 **董淑英** 文安人，甘肃宁翔县知县。 **卢廷桂** 文安人，怀安县教谕。					**张寅凯** 静海人。 **韩克宽** 沧州人。 **任湖** 沧州人。 **胡宗洙** 沧州人。 **张遴豸** 南皮人。 **张洄** 盐山人，昌平州学正。 **赵东秀** 盐山人，见《进士表》。											

	顺天府	保定府	承德府	永平府	河间府	天津府	正定府	顺德府	广平府	大名府	宣化府	遵化州	易州	冀州	赵州	深州	定州
乾隆六年辛酉科	**毛师灏** 大兴人。 **杨国华** 固安人，江西分宜县知县。 **杨国善** 固安人。 **吴承周** 固安人，清河县教谕。 **刘维基** 永清人。 **李天锡** 东安人。 **黄钺** 东安人。 **梁国治** 通州人，见	**李中孚** 安肃人。 **王太岳** 定兴人，见《进士表》。 **鹿承祖** 定兴人，陕西蓝田县知县。有传。 **高仰** 安州人。		**李其溥** 卢龙人。 **阮谓** 卢龙人。 **张作霖** 昌黎人，见《进士表》。 **石湖** 滦州人，广东盐大使。 **刁尚信** 临榆人。	**贾见龙** 河间人，宁海县教谕。 **陈之珍** 献县人。 **多泽厚** 阜城人。 **许廷标** 肃宁人。 **王清远** 交河人。 **秘世达** 故城人。 **李泮** 吴桥人。 **霍伦** 东光人。 **霍正吉** 东光人。	**任璋** 天津人，广西布库大使。 **邢云龙** 天津人，山西岳阳县知县。 **周人鹏** 天津人。 **萧湘** 天津人，明通，香河县教谕。 **章永清** 天津人。 **李成位** 天津人。 **徐国松** 天津人。	**刘鳌** 行唐人。 **傅基赐** 灵寿人。	**王嗣昌** 南和人。 **张士纯** 唐山人。	**段三才** 永年人。 **聂敦昇** 曲周人。	**李宗孔** 南乐人。 **赵文喜** 东明人。 **张兰** 长垣人，湖北蕲州知州。有传。 **崔景先** 长垣人，知县。	**陈秉乾** 宣化人。 **王景** 蔚州人。 **李为桂** 蔚州人。 **李谷** 蔚州人。	**孙郁文** 丰润人。 **王尚义** 丰润人。 **周际虞** 丰润人，四川德阳县知县。	**李文雅** 易州人。	**耿嶓** 冀州人。 **安玶** 枣强人，四川彭水县知县。 **郑元桂** 枣强人。	**张令儒** 隆平人。	**赵智** 深州人。 **翟翚** 饶阳人。 **许曰宪** 饶阳人。 **翟长庚** 饶阳人。	**李又白** 定州人，平武县知县。

	顺天府	保定府	承德府	永平府	河间府	天津府	正定府	顺德府	广平府	大名府	宣化府	遵化州	易州	冀州	赵州	深州	定州
	《进士表》。**陆象云**通州人，见《进士表》。**丁虬**通州人，见《进士表》。**刘圻**通州人，见《进士表》。**杨玉麟**三河人，湖北武昌县知县。**单鉴**宝坻人，见《进士表》。				**霍枚吉**东光人。**霍梦兆**东光人。**张伸**东光人。**周玮**东光人。**施国畿**东光人。	**萧连芳**天津人。**元克中**静海人，延建邵道。有传。**张寅捷**静海人，**张树恭**静海人。**刘兰德**沧州人。**杨弘猷**沧州人。**韩瑾**盐山人，见《进士表》。**赵元福**盐山人，见											

	顺天府	保定府	承德府	永平府	河间府	天津府	正定府	顺德府	广平府	大名府	宣化府	遵化州	易州	冀州	赵州	深州	定州
	王永芳 宝坻人。 **方澄** 宝坻人。 **沈观** 文安人。 **张毓材** 文安人。 **纪履中** 文安人，广东茂辉场盐大使。 **沈文** 文安人，见《进士表》。 **李书** 文安人。 **陈霆** 文安人，广					《进士表》。											

	顺天府	保定府	承德府	永平府	河间府	天津府	正定府	顺德府	广平府	大名府	宣化府	遵化州	易州	冀州	赵州	深州	定州
	西武宣县知县。**刘璘**大城人。**王纯**蓟州人，山东观城县知县。																
谨案：《科场条例》是科议准直省中额，除零数不计外，于十分中酌减一分。内除旦字号额中四名，卤字号额中一名，俱毋庸议减外。贝字号酌减九名。是年御史范咸奏准贝字号一百零八名，连五经额五名，共一百十三名，酌减十一名，定为一百二名。																	
乾隆九年甲子科	**杨国翰**固安人，山东博平县知县。**顾人骥**东安人。**杨栋**通州人，见《进士	**张德馨**满城人。**尹廷宾**满城人。**刘之彬**博野人，南乐县教谕。**杜琳**博野		**温如玉**抚宁人，见《进士表》。**刘敬授**昌黎人。**边继悠**滦州人。**石兆熊**滦州	**吴维世**河间人，山东宁阳县知县。**王屏**肃宁人，见《进士表》。**张三甲**肃宁	**丁时显**天津人，见《进士表》。**周鉴**天津人，广东镇平县知县。**马世杰**天津		**田联科**内丘人，湖南永明县知县。**葛清**任县人。	**张淑**曲周人。**张毓藻**肥乡人，见《进士表》。**王建业**肥乡人。	**郭其沛**大名人。	**刘之成**宣化人。**贾宪**宣化人。**常维翰**宣化人。**李纳璧**宣化人。	**周藻**丰润人。**宋梅**丰润人。		**麻栋**冀州人。	**杨宏声**柏乡人，见《进士表》。	**李贯一**饶阳人。**孙铎**饶阳人，见《进士表》。**李允常**安平人，户部员外郎。	

	顺天府	保定府	承德府	永平府	河间府	天津府	正定府	顺德府	广平府	大名府	宣化府	遵化州	易州	冀州	赵州	深州	定州
	表》。**周垌**通州人，原籍浙江会稽。**徐灿**通州人。**杨炎昌**通州人。**田斌**武清人。**单铎**宝坻人，见《进士表》。**崔鹤庚**宁河人。**廉得薰**宁河人，陕西定边县知县。	人。**李鉍其**蠡县人。**李存其**蠡县人，延庆州学正。**刘锡绶**祁州人。**陈筌**安州人。**李惟肃**高阳人。		人。**李士通**滦州人，见《进士表》。**高士英**乐亭人。	人。**祝景灏**肃宁人，江西高安县知县。**李中简**任丘人，见《进士表》。**边方泰**任丘人，长沙府知府。**闵矩**任丘人。**刘理**交河人。**曹如金**景州人。**冯晋锡**景州人。	人，柏乡县教谕。**李汝霖**天津人。**姚文坤**天津人，广西临桂县知县。**吕维相**天津人。**赵成祖**天津人。商籍。**娄杰**天津人。**戴绂**青县人，陆丰县知县。**励守谦**静海					**史秉识**宣化人，良乡县教谕。**陈鸿儒**宣化人。						

	顺天府	保定府	承德府	永平府	河间府	天津府	正定府	顺德府	广平府	大名府	宣化府	遵化州	易州	冀州	赵州	深州	定州
	刘毓祺 宁河人，奉天义州学正。 **纪复** 文安人。 **王漪** 文安人。 **刘琡** 大城人。 **王焯** 大城人。				**戈昣** 景州人。 **何荣祖** 故城人。 **李经修** 宁津人。	人。 **萧育璋** 静海人。 **李曰瑞** 静海人。 **高泽泗** 静海人，龙门县教谕。 **张琠** 沧州人。 **鲁有恒** 沧州人。 **刘焕** 沧州人，蠡县训导。 **刘吉** 南皮人，见《进士表》。											

	顺天府	保定府	承德府	永平府	河间府	天津府	正定府	顺德府	广平府	大名府	宣化府	遵化州	易州	冀州	赵州	深州	定州
						张连城 南皮人，见《进士表》。 **孙檠** 盐山人。 **孙俊** 盐山人。 **胡惺** 庆云人，宁古塔学正。 **刘焕** 庆云人，盩县训导。 **王发祥** 庆云人，保安州学正。											

	顺天府	保定府	承德府	永平府	河间府	天津府	正定府	顺德府	广平府	大名府	宣化府	遵化州	易州	冀州	赵州	深州	定州
乾隆十二年丁卯科	**唐文运**东安人。**杜鸿渐**通州人，浙江开化县知县。**陈启宗**通州人，见《进士表》。**金祖昌**通州人，见《进士表》。**魏椿年**通州人，甘肃甘凉道。**王兆燕**通州人，见《进士表》。	**胡鹤年**清苑人。**陈建中**唐县人。**陈其昌**博野人。**李新其**蠡县人，南康县知县。**李种芳**祁州人。**戴绾**祁州人。**王岐鸣**束鹿人。**赵宏德**束鹿人。		**李文沛**卢龙人。**岳琰**卢龙人，铁岭县训导。**何之杞**卢龙人。**贺让德**迁安人，见《进士表》。**范德昭**迁安人，奉天复州学正。**王璠**昌黎人。**赵鸣球**滦州人，饶阳县教谕。	**马蕴锦**河间人。**郭永盛**河间人。**纪昀**献县人，解元，见《进士表》。**纪昭**献县人，见《进士表》。**郭撰**阜城人。**边汉**任丘人，祁州学正。**刘伯埙**任丘人，见《进士	**刘愉**天津人，河南淮宁县知县。**田懋**天津人。**张彨**天津人，永川县知县。**张玉阶**天津人，见《进士表》。**顾元浩**天津人。**解秉智**天津人，见《进士表》。**陈仰曾**天津	**何允绍**正定人。**刘德梾**获鹿人。**周行**井陉人。**李晖**元氏人，四川广元县知县。**张青选**无极人。	**傅景文**邢台人。		**胡其松**南乐人。	**白璧**宣化人。**李森**宣化人，望都县训导。**张克类**蔚州人，知县。**陈栋**蔚州人。**李锡嘏**西宁人。	**王来宣**丰润人。**李逊**丰润人。		**袁起颖**枣强人，见《进士表》。**李德举**武邑人。有传。			

	顺天府	保定府	承德府	永平府	河间府	天津府	正定府	顺德府	广平府	大名府	宣化府	遵化州	易州	冀州	赵州	深州	定州
	戴纯 通州人，改归江苏丹徒原籍。 **李应春** 通州人。 **陈淞** 通州人。 **王超** 通州人，复姓官，改名景超，改归江南扬州原籍。 **李斌** 通州人。 **崔正音** 宁河人，见《进士表》。			**李松龄** 滦州人，宁津县训导，顺德府教授。 **李灿** 滦州人。	表》。 **戈文泰** 景州人。 **曹大观** 景州人，易州学正。 **苏墧** 景州人。 **常炳** 故城人，知县。 **王兆麟** 吴桥人。 **赵中礼** 宁津人。	人。商籍。 **王僧凯** 静海人。 **张宗榜** 静海人，文安县教谕。 **毕怀图** 沧州人，景州学正。 **郝湛** 南皮人。 **侯云汉** 南皮人。											

	顺天府	保定府	承德府	永平府	河间府	天津府	正定府	顺德府	广平府	大名府	宣化府	遵化州	易州	冀州	赵州	深州	定州
	谈谧 宁河人，见《进士表》。**刘湘** 涿州人，见《进士表》。**刘洵** 涿州人，知县。**冯玲** 涿州人，知县。**王界** 大城人。																
乾隆十五年庚午科	**陈景新** 宝坻人。**倪祥麟** 通州人。**黄斌** 通州	**鹿祖荫** 定兴人。广平府教授。**郭纮** 博野人。		**李秉佶** 卢龙人。**岂非伟** 卢龙人，永年县教谕。	**刘廷兰** 河间人，内阁中书。**崔方韩** 献县人，江	**徐应煦** 天津人。商籍。**朱绶** 天津人。	**贾云锦** 藁城人，任丘县教谕。	**史怀仁** 平乡人。	**张士俊** 肥乡人。	**曹衍姬** 大名人。**徐元祐** 长垣人。	**姚天赐** 宣化人，福建知县。**袁秉义** 宣化人，见	**陈鈖** 丰润人。	**张圣学** 广昌人。	**高世纶** 衡水人，见《进士表》。	**李经芳** 高邑人，湖北施南府知府。	**张英发** 深州人，山西榆次县知县。	**王翘** 定州人。**王焜** 深泽人，浙江布库大使。

	顺天府	保定府	承德府	永平府	河间府	天津府	正定府	顺德府	广平府	大名府	宣化府	遵化州	易州	冀州	赵州	深州	定州
	人。**顾圻**通州人，复姓江，改归苏州原籍。**何尔昌**通州人，改归江苏长洲原籍。**刘灏**通州人。**邹灏**通州人，改归江南吴县原籍。**陈麟友**文安人，容城县教谕。	**张世祥**祁州人。**韩宣和**高阳人。		**王可拔**迁安人，湖北知县。**张澍**抚宁人，江苏横蒲场大使。**瞿绪祖**抚宁人，太常寺博士。**李邦彦**滦州人。**孟元善**滦州人，任丘县教谕。**张玉柱**滦州人。	南赣县知县。**孔传晊**献县人。**高质礼**任丘人，慈利县知县。**刘溥**任丘人，内丘县教谕。**陈王前**故城人，博士。**王时**东光人。**刘学诗**宁津人。	**汪舟**天津人，陕西安塞县知县。**黄元燮**天津人，江苏常熟县知县。**金世熊**天津人，河南襄城县知县。**高纯**天津人，甘肃会宁县知县。**周隆谦**天津人，见《进士表》。					《进士表》。**王敬业**保安州人。**任国宝**保安州人。						

	顺天府	保定府	承德府	永平府	河间府	天津府	正定府	顺德府	广平府	大名府	宣化府	遵化州	易州	冀州	赵州	深州	定州
						朱基 天津人，山东博兴县教谕。**徐坦** 天津人。**于惠允** 天津人。商籍。**张光启** 天津人。**袁浩** 静海人，《沧州志》作沧州人。**李树荫** 静海人，柏乡县教谕。**王镇** 沧州											

	顺天府	保定府	承德府	永平府	河间府	天津府	正定府	顺德府	广平府	大名府	宣化府	遵化州	易州	冀州	赵州	深州	定州
						人，见《进士表》。**王国光**沧州人。**赵克柔**盐山人，知县。											
乾隆十七年壬申恩科	**杨维诰**固安人，福建福安县知县。**徐焕**通州人，见《进士表》。**侯锡**通州人，改归江南金匮原籍。	**王鸿典**雄县人，湖北黄梅县知县。有传。**谷暎**蠡县人，山西万全县知县。**张钟秀**束鹿人，山西太原		**杨椒**迁安人。**刘希贤**迁安人，清丰县训导。**杨大钠**抚宁人，交河县教谕。**单槐**抚宁人。	**左元铨**河间人，临榆县教谕。**戈济**献县人。**孔广谱**献县人。**高见龙**肃宁人。**高质敬**任丘人，广	**李滉**天津人，河南阌乡县知县。**吕维勋**天津人，获鹿县训导。**徐汝澜**天津人，山西潞城县知县。	**贾又新**获鹿人。**王学易**获鹿人。**段琪**行唐人，四川长寿县知县，有传。**蒋芬**晋州人。		**秦克让**永年人。**杨增基**清河人。		**梁大业**保安州人。**苏云龙**蔚州人。**贾企曾**蔚州人，定州训导。**贾掞**蔚州人，新城县教谕。	**孙常德**遵化人，永平府教授。**戴国英**遵化人，奉天宁海县教谕。**王来赉**丰润人。**吴文著**丰润人。		**袁起莘**枣强人，磁州学正。**刘嘉训**枣强人。	**吕绍端**柏乡人。	**侯业熺**深州人。**霍光祖**深州人。	

	顺天府	保定府	承德府	永平府	河间府	天津府	正定府	顺德府	广平府	大名府	宣化府	遵化州	易州	冀州	赵州	深州	定州
	王泰 通州人，复姓江，名廷泰，改归江南江都原籍。 **王志仁** 通州人，改归江南长洲原籍。 **刘同敬** 宝坻人。 **谈清** 宁河人，宁津县教谕。 **刘灼** 宁河人，安徽宿州知州。	府同知。		**刘浦** 昌黎人，宁远州学正。 **王士升** 昌黎人。 **杨贺麟** 滦州人，昌平州学正。 **郑首瀛** 滦州人，安徽石埭县知县。 **李秉佶** 滦州人，广平府教授。	东番禺县知县。 **边廷抡** 任丘人。有传。 **马欣** 交河人。 **莫廷梅** 景州人，贵州贵定县知县。 **刁应龙** 故城人，评事。 **李钟麟** 吴桥人。 **徐闰章** 吴桥人。 **季炬** 吴桥人。	**于汝照** 天津人，浙江黄岩县知县。 **孟永祐** 天津人，永平府教授。 **王埏** 天津人，福建崇安县知县。 **孙颜** 天津人，威县教谕。 **高绪** 天津人。 **李畹** 天津人。	**刘骞青** 晋州人，见《进士表》。					**陈祥麟** 丰润人。					

	顺天府	保定府	承德府	永平府	河间府	天津府	正定府	顺德府	广平府	大名府	宣化府	遵化州	易州	冀州	赵州	深州	定州
	刘潜 宁河人，江南扬州府同知。 **高坤** 昌平人，广东顺德州知州。 **朱华** 涿州人。 **王铉** 大城人。 **金肇文** 蓟州人。					**萧克明** 静海人，河间府教授。 **王人麟** 沧州人，广东临阜县知县。 **王果** 沧州人，南宫县教谕。 **左元铨** 沧州人。											
乾隆十八年癸酉科	**杨廷楷** 良乡人，云南河阳县知县。 **田芳** 永清	**贾廷梁** 清苑人。 **姚天相** 满城人。 **任牧** 定兴		**冯立功** 卢龙人。 **刘效上** 迁安人。 **陈四箴** 抚宁	**曹昌宇** 河间人，顺天府教授。 **曹宅安** 河间人，山	**冯璋** 天津人，东光县教谕。 **孟永光** 天津人，行	**王发端** 正定人。 **杜斯立** 赞皇人。	**霍琚** 沙河人。	**申成章** 永年人，通山县知县。 **杜鸿勋** 永年人。	**姜贻纶** 大名人，四川石泉县知县。 **黄锡命** 元城	**李克明** 蔚州人。 **刘枢** 蔚州人。 **乔伯龙** 蔚州	**董瓒** 丰润人。 **孙潢** 丰润人。		**刘士毅** 枣强人。 **王论升** 武邑人。	**韩瑶** 柏乡人。	**徐至** 武强人。	**王敦** 深泽人。

	顺天府	保定府	承德府	永平府	河间府	天津府	正定府	顺德府	广平府	大名府	宣化府	遵化州	易州	冀州	赵州	深州	定州
	人。 **田营** 通州人，丰润县教谕。 **王大鹤** 通州人，见《进士表》。 **谷瀚** 通州人。 **王懋执** 通州人。 **柳城** 通州人，复姓宫，名柳晟，改归江南泰州籍。 **王超** 宝坻人。	人。 **赵吉芝** 定兴人，河南灵宝县知县。 **张崇礼** 定兴人。		人。 **王璐** 昌黎人，万全县教谕。	东青州府同知。 **左讱** 河间人，曲周县教谕。 **戈源** 献县人，见《进士表》。 **李春源** 任丘人。 **张玑** 景州人。 **莫溥** 景州人，湖北随州知州。 **李焕** 吴桥人。	唐县教谕。 **韩裔** 天津人，高阳县教谕。 **张湘** 天津人，见《进士表》。 **查善长** 天津人，见《进士表》。 **王云书** 天津人。 **杨鸣铎** 天津人。 **王开伯** 天津人，商籍，见《进士表》。			**王桂** 肥乡人。 **杜学诗** 鸡泽人。 **宋永铭** 清河人。 **武郅隆** 清河人。	人。 **李梦蕾** 南乐人。	人。 **李廷蕡** 蔚州人，三河县训导。 **王均** 万全人，湖北武昌盐驿道。						

	顺天府	保定府	承德府	永平府	河间府	天津府	正定府	顺德府	广平府	大名府	宣化府	遵化州	易州	冀州	赵州	深州	定州
	芮复健 宝坻人。**王庶** 涿州人。**何玉龙** 霸州人。**王均** 文安人。**王钧** 文安人。**王鋆** 大城人。**张曦** 蓟州人。**王宪** 蓟州人。**王廷相** 蓟州人。**白之纶** 蓟州					**张永祥** 静海人。**萧育峻** 静海人，广东潮州府同知。**祝其玉** 沧州人，原名纯琇，商籍，山东冠县知县。**左认** 沧州人，曲周县教谕。											

	顺天府	保定府	承德府	永平府	河间府	天津府	正定府	顺德府	广平府	大名府	宣化府	遵化州	易州	冀州	赵州	深州	定州
	人，安州学正。																
乾隆二十一年丙子科	**贾敬** 大兴人。**龙承祖** 永清人。**祝瑱** 通州人，改归江南金匮原籍。**汪还壬** 通州人，改名还仁，改归江南歙县原籍。**叶钰** 通州人，复姓张，改归江	**李孔阳** 清苑人。**王勋** 定兴人。**张逵** 定兴人。**刘模** 蠡县人。**王棶** 束鹿人。**韩克鋐** 高阳人，山西神池县知县。		**薛佩兰** 卢龙人，知县。**李其沛** 卢龙人。**李殿英** 迁安人。**才汇征** 抚宁人，湖南新化县知县。**孙豫吉** 昌黎人，丰润县教谕。**卫全** 滦州人。	**王淑蕙** 河间人。**常绳愆** 献县人。**纪学钠** 献县人。**李珠林** 任丘人，见《进士表》。**李学颖** 任丘人，江南扬州府同知。**何清** 交河人。**莫廷榕** 景州	**郭世玉** 天津人，广西梧州府知府。**黄印** 天津人，山西保德州知州。**李玉藻** 天津人，福建武平县知县。**郑熊佳** 天津人，见《进士表》。**赵仲英** 天津	**魏琇** 获鹿人。	**郑芹** 广宗人。	**高师圣** 曲周人。**罗建枢** 威县人。**张照宇** 磁州人。	**杨炳** 南乐人，贵州龙里县知县。**李骏** 长垣人，解元，翰林起居注。有传。	**郝权** 宣化人，香河县教谕。**张敷** 保安州人。**王尧** 万全人，山东章丘县知县。**李沛漫** 西宁人，候选盐大使。	**董柯** 遵化人。		**尹之昌** 枣强人，南乐县教谕。**国君辅** 武邑人，山西蒲城县知县。	**江万清** 宁晋人。	**门玑** 安平人，湖北孝感县知县。	

	顺天府	保定府	承德府	永平府	河间府	天津府	正定府	顺德府	广平府	大名府	宣化府	遵化州	易州	冀州	赵州	深州	定州
	南元和原籍。**梁启明**通州人，改归江南怀宁原籍。**王焕章**宝坻人。**芮其相**宝坻人。**胡家栗**涿州人。**纪大成**大城人。			**刘景泰**临榆人，见《进士表》。县志作征泰。	人，东安县教谕。**曹方至**景州人，昌平州学正。**邵进**吴桥人。	人，遵化州学正。**杨伯埙**天津人，榜名秉铎，良乡县训导。**沈朝清**天津人，保定县训导。**朱申庆**天津人，山东堂邑县知县。**路作**天津人，云南姚州知州。**沈灏**天津人。											

	顺天府	保定府	承德府	永平府	河间府	天津府	正定府	顺德府	广平府	大名府	宣化府	遵化州	易州	冀州	赵州	深州	定州
						魏泰 天津人，锦州府教授。 **路昌** 天津人。 **郑士勋** 天津人。 **沈鹤来** 天津人。 **袁治** 天津人。 **顾心鉴** 天津人。商籍。 **萧绳美** 静海人。 **刘凤翔** 沧州人。 **石维新** 沧州											

	顺天府	保定府	承德府	永平府	河间府	天津府	正定府	顺德府	广平府	大名府	宣化府	遵化州	易州	冀州	赵州	深州	定州
						人，新河县教谕。**张德城**南皮人。**杨一鹏**盐山人。											
乾隆二十四年己卯科	**刘格**永清人。**刘人睿**宁河人，见《进士表》。**张玉绂**涿州人，山西岚县知县。**赵凤城**涿州人。**薛觐上**大城人。	**李成美**安肃人，东明县教谕。**耿徵文**定兴人。**李惟敷**高阳人，宁津县教谕。		**薛国琮**卢龙人，遵化州训导。**张兆鹏**昌黎人，江南县丞。**李丕承**昌黎人，天津县训导。**焦天渊**昌黎人。	**常鉴**河间人。**刘喆**阜城人。**李柼**肃宁人。**边方晋**任丘人，解元，遵化州学正。**边向禧**任丘人。	**王禄朋**天津人，见《进士表》。**金思诚**天津人，井陉县训导。**孟起**天津人，涿州学正。**黄复坚**天津人，元城县教		**刘云锦**广宗人。	**张琚**磁州人。		**司凤泗**保安州人。**张训**蔚州人，知县。**景士秀**赤城人。			**魏秉钧**武邑人，汾西县知县。		**载伯龙**深州人。**贺仁声**武强人。**韩世良**武强人。	

	顺天府	保定府	承德府	永平府	河间府	天津府	正定府	顺德府	广平府	大名府	宣化府	遵化州	易州	冀州	赵州	深州	定州
	薛士藩大城人。**王家宾**昌平州人，见《进士表》。			**常坦**滦州人。**刘之佐**乐亭人。**姚云倬**乐亭人，湖北江陵县知县。**赵有善**乐亭人，山西沁水县知县。**张大猷**乐亭人。**穆开聘**临榆人。**贲领**临榆人，四川试用知县。	**边学海**任丘人，吉南赣宁兵备道。**边云从**任丘人，邯郸县教谕。**边世英**任丘人。**李文熙**任丘人，云南盐大使。**庞淑慜**任丘人，鸡泽县教谕。**边乂禧**任丘人。桂阳县知	谕。**赵季春**天津人，任县教谕。**董岱**天津人，湖北远安县知县。**姜廷炳**天津人，江西宜黄县知县。**李遂**天津人，祁州学正。**刘琯**天津人，见《进士表》。											

	顺天府	保定府	承德府	永平府	河间府	天津府	正定府	顺德府	广平府	大名府	宣化府	遵化州	易州	冀州	赵州	深州	定州
				李廷琰 临榆人，山西试用知县。	县。有传。**白肇祥** 任丘人。**高质义** 任丘人，湖北孝感县知县。**王犹龙** 交河人。**王大经** 交河人。**李景钧** 景州人，云南安宁州知州。**张震** 景州人，山东日照县知县。	**冯高琇** 天津人，商籍，见《进士表》。**朱恒庆** 天津人。商籍。**黄国铨** 青县人，济源县知县。**萧世彦** 静海人。**袁正己** 静海人。**李廷扬** 沧州人，见《进士表》。**刘玉笈** 沧州人。											

	顺天府	保定府	承德府	永平府	河间府	天津府	正定府	顺德府	广平府	大名府	宣化府	遵化州	易州	冀州	赵州	深州	定州
					曹鸣谦景州人，福建霞浦县知县。 **王士奇**故城人。 **秘象山**故城人。 **韩夔典**故城人。 **李贞**故城人。 **李早荣**东光人。 **战效曾**宁津人。	**刘志**南皮人，见《进士表》。											

	顺天府	保定府	承德府	永平府	河间府	天津府	正定府	顺德府	广平府	大名府	宣化府	遵化州	易州	冀州	赵州	深州	定州
乾隆二十五年庚辰恩科	**金铨**通州人，临榆县教谕。 **侯执应**宝坻人。 **王嵩桂**宝坻人。 **冯堉**涿州人。 **张存性**涿州人，见《进士表》。 **陈霨**文安人，广东西宁县知县。 **陈熙**文安人，栾城县训	**王练**清苑人。 **钱晃焜**清苑人。 **程瑚**清苑人。 **王梦麟**安肃人。 **张松龄**定兴人。 **鹿璧**定兴人。 **李受书**博野人。 **魏士**容城人。 **黄祖绶**蠡县人，滦州学正。		**王焯**卢龙人。 **赵桐**卢龙人，见《进士表》。 **高官玺**昌黎人，南河兵备道。 **陈维新**昌黎人。 **魏廷抡**昌黎人，安徽阜阳县知县。 **吴士瑛**滦州人。 **吴桓**滦州人。	**高应通**任丘人。 **高质仁**任丘人，云南安丰井盐大使。 **高质瑛**任丘人。 **王长城**任丘人，山东曹州府同知。 **边方井**任丘人，奉天锦州府教授。 **高质慎**任丘人，南平县知县。	**邵瀚**天津人，山西浮山县知县。 **陈风**天津人，高阳县教谕。 **陈礼**天津人，定兴县教谕。 **高喆**天津人，见《进士表》。 **王希曾**天津人，湖北蕲州知州。有传。 **于峨文**天津	**梁济生**正定人。 **马崇信**正定人。 **赵相**行唐人。		**程希圣**肥乡人，深州学正。		**杨怀琦**保安州人。 **张善良**蔚州人，知县。 **张梦弼**蔚州人，知县。 **赵琦**怀来人。 **李冠瀛**怀安人，山东安丘县。	**曹毓凤**遵化人，赤城县教谕。 **陈瑞麟**丰润人，广平府教授。			**魏廷皋**柏乡人，见《进士表》。	**贾鸣凤**武强人。	**王沛**深泽人，河南内黄县知县。

	顺天府	保定府	承德府	永平府	河间府	天津府	正定府	顺德府	广平府	大名府	宣化府	遵化州	易州	冀州	赵州	深州	定州
	导。 **刘清鼐**文安人，扶沟县知县。 **王声吕**文安人。 **王晰**大城人。 **王家幹**昌平州人，进士。	**李绶书**蠡县人。 **冯士禄**束鹿人。		**何其通**滦州人。 **孟廷铨**滦州人。 **常辉**滦州人，江南奉贤州知州。 **李维垣**乐亭人，山东章丘县知县。 **阴瑰**乐亭人，河南安阳县知县。 **张存柱**乐亭人，安州学正。	**李保极**任丘人，河南武安县知县。 **边思讷**任丘人，夏县知县。有传。 **刘懿大**任丘人。 **李奇琯**任丘人，灵寿县训导。 **张璜**景州人，山西万泉县知县。 **吕聘渭**景州人。	人，山东鱼台县知县。 **牛文山**天津人，安徽当涂县知县。 **张增**青县人，通州学正。 **李思焘**静海人，曲周县教谕。 **杜耕云**静海人，甘肃平罗县知县。 **吴沂**沧州人。有											

	顺天府	保定府	承德府	永平府	河间府	天津府	正定府	顺德府	广平府	大名府	宣化府	遵化州	易州	冀州	赵州	深州	定州
				王寿三临榆人。	**李泮**吴桥人。	传。**张元垍**沧州人。**刘人龙**南皮人。											
乾隆二十七年壬午科	**徐纯**东安人，复州学正。**胡大菜**通州人，候选教谕。**雷镈**通州人，江西莲花厅同知。有传。**张维基**通州人。	**王元龙**清苑人。**刘班**蠡县人。**徐友贤**蠡县人。**穆凌烟**束鹿人，见《进士表》。		**辛大成**卢龙人，见《进士表》。有传。**李源**卢龙人。**齐恭**抚宁人，广东试用知县。**杨大钠**抚宁人。**李玉柱**抚宁人。	**马葆善**献县人。**李步青**任丘人，解元。**刘观澜**任丘人。**李芬**任丘人。**高麟祥**任丘人。**边廷献**任丘人。**李景熙**任丘	**殷希文**天津人，山西长治县知县。**齐嘉子**天津人，巨鹿县训导。**王学海**天津人。**路孚**天津人，宁河县教谕。**邵玉清**天津	**崔广域**获鹿人。		**宋鹤鸣**永年人，天津县教谕。	**周启运**大名人，安州教谕。**崔述**大名人。有传。**崔迈**大名人。有传。**郭天秩**开州人，容城教谕。**张士瑞**长垣人。	**朱启**保安州人。**郝士恭**万全人。**孙恩庭**怀来人，福建盐法道。**田绪文**怀来人。	**董棪**遵化人。		**李钟英**南宫人，涿州学正。	**邢文恒**柏乡人，获鹿县教谕。	**王廷拔**武强人。	

	顺天府	保定府	承德府	永平府	河间府	天津府	正定府	顺德府	广平府	大名府	宣化府	遵化州	易州	冀州	赵州	深州	定州
	萧士锐 通州人，抚宁县教谕。**刘锡嘏** 通州人，见《进士表》。**孙祥凤** 通州人，改归浙江归安原籍。**谢肇汾** 通州人。**赵增** 宝坻人。**王世勋** 宝坻人。**王旭普** 宝坻人。			**刘恂** 昌黎人，安州学正。**李正醰** 昌黎人。**曹应龙** 昌黎人，州同。**吴汝楫** 滦州人。**李来宣** 滦州人。**李廷仪** 滦州人，知县。有传。**黄淦** 乐亭人。**吴希灏** 临榆人，四	人。**薛天麟** 任丘人。**边廷升** 任丘人。**马德润** 景州人，山东宁阳县知县。**解元爔** 景州人。	人，见《进士表》。**邵维贤** 天津人，甘肃岷州知州。**叶烜** 青县人。**陈维寅** 青县人，藁城县教谕。**李树萱** 静海人，广东潮阳县知县。**宋见龙** 沧州人。**刘鹤鸣** 沧州人。有传。											

	顺天府	保定府	承德府	永平府	河间府	天津府	正定府	顺德府	广平府	大名府	宣化府	遵化州	易州	冀州	赵州	深州	定州
	董觐光宝坻人。**刘立铨**宁河人，安徽凤台县知县。**谈嘉勋**宁河人，奉天宁海县教谕。**岳履泰**宁河人，四川太平县知县。**包鼎泰**涿州人。**崔象豫**霸州人。**何兆鲸**文安			川试用知县。**何士麟**临榆人。**刘文英**临榆人。**董高龄**临榆人。**牛汇征**临榆人。		**李梦弼**沧州人。**李元蕙**沧州人。**汤毓倬**南皮人。**尹天爵**南皮人。											

	顺天府	保定府	承德府	永平府	河间府	天津府	正定府	顺德府	广平府	大名府	宣化府	遵化州	易州	冀州	赵州	深州	定州
	人，唐山县教谕。																
乾隆三十年乙酉科	**祝堃** 大兴人，解元，见《进士表》。**廉永年** 宁河人。**冯维** 通州人，候选教谕。**顾沂** 通州人，广西知县。**谢肇洄** 通州人，山东巨野县知县。	**杨卓** 安肃人，昌平州学正。**胡耀甲** 定兴人。**杨铭** 容城人，任丘县教谕。**徐友生** 蠡县人。**袁世煌** 雄县人，山东福山县知县。**耿大年** 束鹿人，河		**伦璠甲** 滦州人，河南卢氏县知县。**李德嘉** 滦州人，沧州学正。**陈调** 滦州人，望都县教谕。**魏行方** 临榆人。**刘元吉** 临榆人。	**纪汝佶** 献县人。**王浚** 任丘人。**于崇礼** 任丘人。**贾瀚** 任丘人。**齐楷庭** 任丘人。**郭垒** 交河人。**贾锬** 故城人，中书。**柴梅** 故城人，学	**丁开基** 天津人。**张步瀛** 天津人。**吴人骥** 天津人，见《进士表》。**牛稔文** 天津人，湖南督粮道。**姚大谦** 青县人，丽水县知县。**元曰鼎** 静海人。	**梁用梅** 正定人，山东濮州知州。**何云藻** 正定人。**高吉士** 获鹿人。		**李国彦** 永年人。**秦骕** 曲周人。**牛体仁** 成安人。	**姜贻经** 大名人，四川知县。**李复性** 大名人，通州学正。**魏博** 南乐人。**牛世显** 南乐人，福建邵武县知县。**牛在田** 南乐人。	**孙鹏图** 保安州人。**龚景运** 蔚州人，获鹿县训导。**袁锡衡** 万全人，江西大庾县知县。**孙缙** 怀安人。	**董楼** 遵化人。**周钟泰** 玉田人，邢台县训导。		**王汝为** 南宫人。**姚许** 枣强人。**章廷鼒** 武邑人，玉屏县知县。		**侯自强** 深州人，正定县教谕。**谢煦** 深州人，文安县教谕。	**颜文楷** 定州人，见《进士表》。**郝涵** 定州人，肥乡县教谕。

	顺天府	保定府	承德府	永平府	河间府	天津府	正定府	顺德府	广平府	大名府	宣化府	遵化州	易州	冀州	赵州	深州	定州
	刘锡信通州人，榜名锡侯，知县。有传。**谢锡位**通州人，改归浙江会稽原籍。**胡纪谟**通州人，甘肃知县。**贾肇新**通州人，知县。**赵瓖**通州人，见《进士表》。**谢肇渚**通州	南试用知县。**高连**束鹿人，大城县教谕。			正。**张瑞**宁津人。	**边梦珠**静海人。**随大用**沧州人，景州训导。**于大中**沧州人。**张发辰**南皮人。**刘体临**盐山人，江西永宁知县。											

	顺天府	保定府	承德府	永平府	河间府	天津府	正定府	顺德府	广平府	大名府	宣化府	遵化州	易州	冀州	赵州	深州	定州
	人，改名肇洙，见《进士表》。**冯立中**涿州人。**纪崇岳**文安人，景州学正。**纪启曾**文安人，知县。																
乾隆三十三年戊子科	**辛开一**宛平人，见《进士表》。**张中行**宁河人。**刘廷献**宝坻人。	**赵吉兰**定兴人。**彭景宣**蠡县人，怀来县教谕。**赵之枢**蠡县人。		**朱维钟**卢龙人。**宋赫**迁安人。有传。**李士杰**滦州人。	**纪汝伦**献县人，广西同知。有传。**边开禧**任丘人。**边纶禧**任丘	**杨辉祖**天津人，隆平县教谕。**金思义**天津人，见《进士表》。	**王发传**正定人。**康铎**灵寿人。**商连**平山人，见《进士表》。		**路逢吉**永平人。**杜景湘**清河人，故城县教谕。**张珣**磁州人，陕	**魏纯**大名人。**李泗**长垣人，甘肃崇信县知县。	**黄廷璋**宣化人。**李咸一**西宁人，永丰县知县。**马衍宗**西宁人，雹			**张汝绪**南宫人，见《进士表》。**王汝翼**南宫人。**王之屏**新河人。		**董瑞麟**深州人，高邑县教谕。	**吴来仪**定州人。**吴际泰**定州人，易州学正。**张钦**定州人。**焦长发**曲阳人。

	顺天府	保定府	承德府	永平府	河间府	天津府	正定府	顺德府	广平府	大名府	宣化府	遵化州	易州	冀州	赵州	深州	定州
	王士锦霸州人。**纪曾符**文安人，山西阳曲县知县。**纪承曾**文安人，江西候补知县。**纪锦曾**文安人，山东候补知县。	**王鸿谟**雄县人，山西太原县知县。**刘瞻云**祁州人。**李天挺**高阳人，宁津县教谕。**李天培**高阳人。**李敏仁**高阳人，河间县教谕。**李开图**高阳人，陕西安塞县知县。		**杨开基**滦州人，见《进士表》。**阴璇**乐亭人。**张亮**临榆人。**傅溶**临榆人。**郭陛宗**临榆人。**冯迈**临榆人。	人。**李阳林**任丘人。**高虞祥**任丘人。**高为济**任丘人。**边时举**任丘人。**边玉琛**任丘人。**边士堪**任丘人。**郭仪唐**任丘人。**李畏天**任丘人。**王颖蕙**交河人。	**张虎拜**天津人，见《进士表》。**项珠**天津人。**冯际盛**天津人，霸州学正。**邵利达**天津人。**张奇毓**天津人，广东乐昌县知县。**卜维吉**天津人。有传。**陈德言**天津人，河			西蓝田县知县。		化县知县。			**石渠**衡水人。			**杨克学**曲阳人，河间县训导。

	顺天府	保定府	承德府	永平府	河间府	天津府	正定府	顺德府	广平府	大名府	宣化府	遵化州	易州	冀州	赵州	深州	定州
					苏应龙 交河人。	南延津县知县。**沈以显** 天津人，山东蓬莱县知县。**洪道济** 天津人，江西建昌县知县。**陈咏** 天津人。**查俊** 天津人。商籍。**张俊民** 静海人。**姜恂** 沧州人，阜城县教											

	顺天府	保定府	承德府	永平府	河间府	天津府	正定府	顺德府	广平府	大名府	宣化府	遵化州	易州	冀州	赵州	深州	定州
						谕。 **赵廷炎** 盐山人，国子监学正。											
乾隆三十五年庚寅恩科	**刘浚** 良乡人。 **许耀廷** 良乡人，浙川县知县。 **刘钦** 固安人。 **辛韫价** 固安人。 **刘铎** 固安人，枣强县教谕。 **张曰哲** 永清人。	**王宗彝** 清苑人。 **李又泌** 定兴人。 **孔昭熏** 新城人，四川大足县知县。 **王庭训** 容城人，大名府教授。 **李会观** 蠡县人，山西冀宁道。		**蒋棣** 卢龙人。 **王坊** 卢龙人，广西试用知县。 **王露** 抚宁人。 **张于宣** 昌黎人。 **赵槐符** 滦州人，解元，见《进士表》。	**闵克理** 任丘人。 **边廷禧** 任丘人。 **边梦璘** 任丘人。 **郭椿** 任丘人。 **刘秉耕** 任丘人。 **刘廷遴** 任丘人。 **李吉人** 任丘人。	**周光裕** 天津人，山西布政使。 **徐澜** 天津人，见《进士表》。 **章锦** 天津人，刑部员外郎。 **张清涟** 天津人，山西襄宁县知县。	**刘焕** 平山人，永清县教谕。	**史赞礼** 邢台人。	**王如锡** 永年人。 **钟应栒** 磁州人。	**马于荃** 元城人，山东金乡县知县。 **董政** 开州人。 **李伯龙** 开州人，见《进士表》。	**张曜** 宣化人。 **郭钦仪** 宣化人，山西静乐县知县。 **王福敏** 保安州人。 **解元章** 延庆州人。 **孟人文** 延庆州人。 **徐文基** 延庆州人，邢台县教谕。				**魏肇高** 柏乡人，见《进士表》。		

	顺天府	保定府	承德府	永平府	河间府	天津府	正定府	顺德府	广平府	大名府	宣化府	遵化州	易州	冀州	赵州	深州	定州
	石德麟通州人，甘肃试用知县。**林德纯**通州人，拣选知县。**郑文英**通州人，候选教谕。**王觐宸**通州人，见《进士表》。**毛登瀛**通州人。**马廷俊**通州人，山西试用知县。	**任友兰**蠡县人。**耿世忠**束鹿人，磁州学正。**陈鼎钧**安州人。			**郭元章**任丘人。**秘象贤**故城人。**秘延年**故城人。**王其慎**吴桥人。	**王嵩龄**天津人，见《进士表》。**郭振华**天津人。**查世倓**天津人。商籍。**牛曾庆**静海人，三河县训导。**牛曾受**静海人，东明县训导。**边梦璘**静海人，滦州学正。**李树葆**静海											

	顺天府	保定府	承德府	永平府	河间府	天津府	正定府	顺德府	广平府	大名府	宣化府	遵化州	易州	冀州	赵州	深州	定州
	陈河图通州人，拣选知县。 **赵天佑**通州人，复姓吴，改归江苏吴县原籍。 **廉洙**宁河人。 **郑国栋**宁河人。有传。 **杜安诗**宁河人，山东试用知县。 **张近光**宁河人。 **王元白**霸州					人。 **宋成化**沧州人。 **祝纯瑞**沧州人，保定县教谕。 **潘德隽**沧州人，商籍，永清县训导。 **于本敬**沧州人。 **查世倓**沧州人。商籍。 **汤毓岱**南皮人。 **侯曰跻**南皮人。											

	顺天府	保定府	承德府	永平府	河间府	天津府	正定府	顺德府	广平府	大名府	宣化府	遵化州	易州	冀州	赵州	深州	定州
	人。**纪曾藻**文安人，广西思恩府同知。有传。**马照藜**大城人。					**刘煦**庆云人，见《进士表》。											
乾隆三十六年辛卯科	**杨希炯**良乡人，福建福州府同知。**王永昭**固安人，乐亭县教谕。**杨辉灿**固安人，陕西咸阳县知县。	**王宗诚**清苑人。**石肇镶**安肃人。**李撷芳**定兴人。**赵渤**唐县人。**刘际泰**祁州人。**周璲**束鹿		**项郁文**卢龙人。**王曾贻**卢龙人。**严用**抚宁人。**王霁**抚宁人，顺天府治中。**谭文彬**昌黎人，博	**戈淑**献县人。**陈鸿举**献县人。**谢荧**任丘人。**杨九思**交河人。**戈瞰**景州人。**秘钟璠**故城	**孙有章**天津人，涞水县训导。**王翚**天津人。**佟大有**天津人，江苏铜山县知县。**韩宜调**天津人。	**王丕振**行唐人。	**贾賁**平乡人。	**冀玺**永年人。**潘检**威县人，山东济阳县知县。**段楷**清河人。**高选举**磁州人。**杨豹文**磁州人。	**马煜**元城人。**石震**东明人。	**刘振纪**宣化人。**李幹**蔚州人。**胡念祖**延庆州人，安徽宁国府同知。**穆观光**延庆州人，知县。	**魏礼焯**遵化人，山东济阳县知县。有传。**孙桓**玉田人，望都县训导。		**杜健**南宫人，顺德府训导。**安颖新**南宫人，江西浮梁县知县。**翟衡**新河人，安徽太平县知县。		**刘冈鸣**深州人。**马徽典**安平人。	**刘攀龙**定州人，大名县教谕。**王鸿**深泽人，山东临清州知州。**赵浚**深泽人。

	顺天府	保定府	承德府	永平府	河间府	天津府	正定府	顺德府	广平府	大名府	宣化府	遵化州	易州	冀州	赵州	深州	定州
	宋其炜 通州人，山东知县。**沈泰** 通州人，拣选知县。**刘坤** 通州人，户部郎中。**陈廷玑** 通州人，改归浙江上虞原籍。**谢肇澍** 通州人，改归浙江山阴原籍。**王旭畅** 宝坻	人，山西沁水县知县。**韩钟彦** 高阳人，山西大宁县知县。		野县教谕。**段蒙泉** 昌黎人，武强县教谕。**刘大儒** 昌黎人，万全县教谕。**汪曾贻** 滦州人。**石祖安** 滦州人，任丘县教谕。**王昌** 滦州人，山东黄县知县。**孙捷三** 滦州人，湖北麻城	人，教谕。	**靳登联** 天津人。**郭履元** 天津人，湖北石首县知县。**高克三** 天津人，河南伊阳县知县。**缪琪** 天津人。**牛曾若** 静海人，湖北零陵县知县。**程为钰** 静海人，井陉县训导。								**周凤仪** 新河人。**章光袮** 武邑人。			

	顺天府	保定府	承德府	永平府	河间府	天津府	正定府	顺德府	广平府	大名府	宣化府	遵化州	易州	冀州	赵州	深州	定州
	人。**陈光绍**宝坻人。**刘善经**宝坻人。**高思敬**顺义人，解元。**马俊**宁河人。**赵珬**文安人，浙江建德县知县。			县知县。**李德舆**滦州人，云南阿迷州知州。**赵集义**乐亭人，阜城县训导。**杨培幹**临榆人。		**张蚤誉**静海人。											

谨案：傅金铎见《蠡县志》，又见《灵寿县志》，同名同科，疑系一人，俟考。

	顺天府	保定府	承德府	永平府	河间府	天津府	正定府	顺德府	广平府	大名府	宣化府	遵化州	易州	冀州	赵州	深州	定州
乾隆三十九年甲午科	**杨步云**固安人。**马堂**通州人，拣选知县。**贾步会**通州人。**魏绍源**通州人。**冯振鹭**通州人，改归浙江山阴原籍。**沈培**通州人，改归江苏常州府原籍。**林长华**通州人,改	**张源**安肃人，见《进士表》。**李彬**束鹿人。**冯俊良**束鹿人。**穆湛**束鹿人，怀来县教谕。		**李若愚**乐亭人，长垣县教谕。**宁羲年**乐亭人，山西屯留县知县。	**左缵德**河间人。**刘薰**任丘人。**刘玉成**任丘人。**张淑举**景州人，知县。**方林**吴桥人，见《进士表》。**祝德全**吴桥人，见《进士表》。	**朱有庆**天津人，南宫县教谕。**赵崇掜**天津人，新安县教谕。**徐辉**天津人，榜名炎，江西庐陵县知县。**曹召南**天津人，山西布库大使。**裴振**天津人，见《进士表》。**孙芳龄**天津	**王志礼**栾城人。**左正伦**行唐人。**卢仁吉**藁城人。		**郭廷献**邯郸人。**段奇献**邯郸人。**王卜年**清河人，景州学正。	**成諟**大名人，陕西郃州知州。**马允刚**开州人，汉中府知府。	**黄懋载**宣化人。**孙厚德**宣化人，见《进士表》。**解佺**延庆人。**马新猷**怀安人，榜名绶猷，安徽池州府知府。**景际泰**赤城人，安平县教谕。	**褚为章**遵化人，湖南辰州府同知。			**魏翻**柏乡人，见《进士表》。**马重会**隆平人。**张谦**隆平人，青县训导。	**郭子瞻**武强人。	

	顺天府	保定府	承德府	永平府	河间府	天津府	正定府	顺德府	广平府	大名府	宣化府	遵化州	易州	冀州	赵州	深州	定州
	归江南上元原籍。**唐仲冕**通州人，改归湖南善化县原籍。**顾超**通州人，改归江苏长洲原籍。**王霁**通州人。**谢肇沄**通州人，拣选知县。**谢肇濂**通州人，拣选知县。					人。**郭进**天津人。**刘顼**静海人。**李廷敬**沧州人，见《进士表》。**贾培基**庆云人，内丘县教谕。**刘泰**庆云人。											

	顺天府	保定府	承德府	永平府	河间府	天津府	正定府	顺德府	广平府	大名府	宣化府	遵化州	易州	冀州	赵州	深州	定州
	芮永堂宝坻人。**赵俊**宝坻人。**谈其学**宁河人。**高元任**霸州人。																
乾隆四十二年丁酉科	**张绅**通州人，拣选知县。**陈荣**通州人。**黄永清**通州人。**徐彬**通州人，改归江南丹徒原	**张煦**安肃人，山东东阿县知县。**魏浩**蠡县人。**王九畴**蠡县人，武清县教授。**韩云龙**高阳人。	**薛联元**建昌人。	**刘之睿**迁安人。**李仑**昌黎人。**计肇龙**临榆人。**吴希洛**临榆人。**郭瑾**临榆人。	**王振翮**献县人。**杨琦**任丘人。**莫允宣**景州人。**戈榕**景州人，河南洧川县知县。	**王有年**天津人，解元，湖南清泉县知县。**马德骥**天津人，蔚州训导。**朱兆庆**天津人。	**王定柱**正定人，见《进士表》。**赵雯**栾城人，见《进士表》。**张叔瑄**行唐人。**王汉楷**平山人，南		**张鈖**磁州人。		**庞浚明**蔚州人。**王锡畴**万全人。			**韩学海**武邑人。		**李廷芳**深州人，平谷县训导。	

	顺天府	保定府	承德府	永平府	河间府	天津府	正定府	顺德府	广平府	大名府	宣化府	遵化州	易州	冀州	赵州	深州	定州
	籍。**周懋曾**通州人，改归浙江永嘉原籍。**沈璠**通州人，改归苏州原籍。**何光岳**通州人，改归苏州原籍。**王振荣**宝坻人。**马为国**宝坻人。**马仪卿**宁河人。**冯铎**宁河人。			**萧国章**临榆人。	**柴殿柱**故城人。	**孙凤**天津人。**张梓萌**天津人。**黄际泰**天津人，祁州学正。**汪静汇**天津人。**陈居敬**天津人，江苏奉贤县知县。**徐汝澜**天津人。**曹步青**天津人，湖南零陵县知县。	宫县教谕。**杜南棠**赞皇人，见《进士表》。										

	顺天府	保定府	承德府	永平府	河间府	天津府	正定府	顺德府	广平府	大名府	宣化府	遵化州	易州	冀州	赵州	深州	定州
	王之屏 昌平州人，浙江知县。 **徐九德** 昌平州人，奉天教谕。					**刘象卉** 天津人。 **杨廷瑛** 天津人，安徽凤阳府知府。 **查维城** 天津人。 **陈钜** 天津人。商籍。 **张槐** 沧州人，见《进士表》。 **李廷俨** 沧州人，湖北石首县知县。 **张丙震** 南皮											

	顺天府	保定府	承德府	永平府	河间府	天津府	正定府	顺德府	广平府	大名府	宣化府	遵化州	易州	冀州	赵州	深州	定州
						人。 **赵廷翰**盐山人，福建建阳县知县。											
乾隆四十四年己亥恩科	**丁堂**通州人。 **何源**通州人。 **丁炯**通州人。 **于复懋**宁河人。 **廉儒**宁河人。 **廉永坊**宁河人。 **赵芝云**顺义人。	**章程**清苑人。 **张德懋**清苑人。 **陆鉴**定兴人。 **孔昭熠**新城人。 **韩岐**高阳人。	**陈基高**滦平人。	**魏文兰**迁安人。 **朱永佩**滦州人。 **阴振彩**乐亭人。	**纪树淼**献县人。 **舒其绍**任丘人。 **王其宪**吴桥人。 **季垣**吴桥人。	**梁佐**天津人。 **叶际春**天津人。 **汤承功**天津人，内丘县教谕。 **王羽**天津人，永清县训导。 **翟梦麟**天津人，开州学正。	**何梦莲**正定人，陕西榆林府知府。有传。 **张世昌**栾城人，见《进士表》。 **康成禄**灵寿人。 **李纯儒**平山人。 **张梯**赞皇人。		**马廷堃**永平人。 **苗文斗**永年人。 **武发仁**肥乡人。	**王筮泰**大名人，山西怀仁县知县。 **范逢恩**东明人。 **张庄**长垣人，井陉县教谕。	**姚士鹏**宣化人，见《进士表》。 **张廷弼**宣化人，见《进士表》。 **袁锡卤**宣化人。 **李浚**保安州人。 **李学沆**西宁人，河南陈留县知	**董如冈**遵化州人，山东盐运司库大使。		**王尧恒**南宫人，御史。有传。	**魏延祚**柏乡人，见《进士表》。	**张名达**武强人。 **贺云鸿**武强人。有传。	**耿明德**定州人。

	顺天府	保定府	承德府	永平府	河间府	天津府	正定府	顺德府	广平府	大名府	宣化府	遵化州	易州	冀州	赵州	深州	定州
	张玉田 涿州人，浙江海宁州知州。**葛廷灿** 文安人，山西路安府同知。**王绍绪** 文安人，清丰县教谕。**王继曾** 文安人。					**姚永年** 天津人，见《进士表》。**杜申** 天津人，知县。**齐嘉绍** 天津人，见《进士表》。**牛曾承** 静海人，香河县训导。**刘起萱** 静海人，武邑县教谕。**高兆培** 静海人。**井大源** 沧州	**杨翼青** 晋州人，广东海康县知县。				县。有传。						

	顺天府	保定府	承德府	永平府	河间府	天津府	正定府	顺德府	广平府	大名府	宣化府	遵化州	易州	冀州	赵州	深州	定州
						人，解元，见《进士表》。**庞桂登**沧州人。**刘廷珊**沧州人。**张诠**盐山人，河南巩县知县。有传。**沈懋**盐山人。											
谨案：《承德府志》是年五月诏顺天乡试另编承字号，每科取中一名。承德中额自此科。																	
乾隆四十五年庚子科	**张宗炎**通州人。**翟廷霖**宁河人。**杨振纲**涿州人。	**张五伦**清苑人。有传。**荆垲**安肃人，见《进士表》。	**马瑢**承德府人。	**王燕**卢龙人，内丘县训导。**王增**卢龙人，国子监典	**卢彭**献县人。**戈涢**献县人。**刘廷楠**献县人。	**黄成彦**天津人，冀州学正。**朱光觐**天津人。有传。	**刘学博**正定人，赵州学正。**梁振华**正定人。		**谷士毅**肥乡人。**邱三祝**清河人。	**王相**大名人。	**王化昌**宣化人。**郭炜先**蔚州人。**赵希伟**怀安人，沧			**孟廷楫**南宫人，唐山县教谕。**吴廷奇**枣强人，陕西吴堡		**李浚哲**深州人。**贾骅**武强人。	**温泉醴**定州人，宁津县教谕。**王锡培**深泽人，山东桃源厅同

	顺天府	保定府	承德府	永平府	河间府	天津府	正定府	顺德府	广平府	大名府	宣化府	遵化州	易州	冀州	赵州	深州	定州
	纪诚廷 文安人，福建崇安县知县。	**张浩** 定兴人。**李蔚观** 蠡县人，知县。**段永华** 蠡县人。**刁世愉** 祁州人。有传。**陈耀昌** 安州人。		簿。**贺贤志** 迁安人。**徐绍薪** 抚宁人，山东临清州知州。有传。**常克容** 昌黎人，文安县教谕。**宋锡** 昌黎人，献县教谕。**张元升** 昌黎人，陕西三原县知县。**朱静涵** 滦州	**王振彩** 献县人。**纪树珊** 献县人，河南知县。**张月林** 献县人，涿州学正。**牛震** 献县人，定州学正。**李光谦** 任丘人。有传。**马维岳** 任丘人。**刘肇琦** 任丘人。	**冯智** 天津人。**华兰** 天津人，安徽全椒县知县。有传。**孙鉽** 天津人，吉林学正。**李玉溪** 天津人，云南马龙州知州。**李炎** 天津人，陕西绥德直隶州知州。**孙仅** 天津	**邓谐** 栾城人，海州分司运判。有传。**张世彦** 栾城人，见《进士表》。**康鉴** 行唐人。**崔文林** 平山人，抚宁县教谕。**任枢南** 平山人，陕西凤翔县知县。**时大昕** 赞皇人，南皮县教谕。				州学正。			县知县。**史秉智** 枣强人，武强县教谕。**袁云从** 武邑人，新城县训导。			知。有传。

	顺天府	保定府	承德府	永平府	河间府	天津府	正定府	顺德府	广平府	大名府	宣化府	遵化州	易州	冀州	赵州	深州	定州
				人，河间县教谕。 **杜起远** 滦州人。 **裴联璧** 乐亭人，开州训导。 **李茂** 临榆人，解元。 **毛大来** 临榆人。	**解元燸** 景州人，候选知县。 **解墀** 景州人，磁州学正。	人。 **王廷弼** 天津人。商籍。 **郭长龄** 静海人，山西汶水县知县。 **王璋** 沧州人。 **宋亦簪** 沧州人。 **叶治** 南皮人。 **傅式训** 盐山人，保安州学正。											

	顺天府	保定府	承德府	永平府	河间府	天津府	正定府	顺德府	广平府	大名府	宣化府	遵化州	易州	冀州	赵州	深州	定州
乾隆四十八年癸卯科	**金丕绩**固安人，西宁县教谕。**杨庚文**固安人，河南汜水县知县。**丁阶**通州人，见《进士表》。**王敏树**通州人。**王振绪**通州人。**徐国礽**涿州人，山西蒲县知县。**张兆凤**平谷	**裴显相**清苑人，解元，见《进士表》。**张宗海**清苑人。**何沛霖**安肃人。**王荣捷**安肃人。**张庭桂**定兴人，广西兴安县知县。**赵粹**定兴人。**李毓菖**新城人，东明县教谕。	**陈世龙**承德府人。	**魏滋莲**抚宁人。**冯士灏**抚宁人，安徽建平县知县。**石钧**滦州人。**张朋来**乐亭人。**艾中蕲**乐亭人。**魏行敏**临榆人。**刘士林**临榆人。	**左元镇**河间人，江南如皋县知县。**张廷楹**河间人，深州学正。有传。**戈廷模**献县人。**边龙骧**任丘人。**白鹤龄**任丘人。**边士埈**任丘人。**檀宗渭**任丘人。**王克昺**故城	**任栋**天津人。**朱书**天津人，邢台县训导。**王永龄**天津人。**解秉彝**天津人，邯郸县教谕。**栾立本**天津人。**房宝树**天津人。**查彬**天津人，榜名曾印，见《进士表》。	**卢象山**井陉人。**房永清**栾城人，福建厦门同知。**金汝瑛**行唐人。**贾植**平山人，万全县教谕。**纪兰**晋州人，见《进士表》。	**孙玉镕**任县人。	**王天申**鸡泽人，邢台县教谕。**史玉桂**清河人，沧州学正。	**晋尚易**大名人，任县训导。**成作乂**大名人。**何骏发**东明人。**崔杰**东明人，固安县教谕。**刘羹和**清丰人，江西万年县知县。有传。**李金华**清丰人，深泽县训导。	**孙建德**宣化人，兵部主事。**崔宏显**保安州人。**杨济**万全人，福建大田县知县，因请终养，改补元氏县训导。**吕达**万全人。	**陈鸣珂**玉田人。**王玉衡**玉田人。		**路国珍**南宫人，抚宁县教谕。**李简**武邑人，广平县训导。有传。		**高世清**深州人，临城县训导。**郭廷炳**武强人。**刘文翰**安平人。**刘纯典**安平人。	

	顺天府	保定府	承德府	永平府	河间府	天津府	正定府	顺德府	广平府	大名府	宣化府	遵化州	易州	冀州	赵州	深州	定州
	人，昌黎县教谕。	**谷太岳** 蠡县人，顺天府训导。**谷怀珍** 蠡县人，湖南安化县知县。**穆锡朋** 束鹿人。**尚冠军** 束鹿人，良乡县训导。**冉毓文** 高阳人，邢台县教谕。			人，国子监学正。**贾天申** 故城人，训导。**刁攀龙** 故城人，训导。	**杜刚** 静海人。**元同** 静海人。**李照书** 静海人。**戴介眉** 静海人。**张端诚** 南皮人，见《进士表》。**张开云** 南皮人。**刘广恕** 庆云人。**刘东里** 庆云人，山东知县。											

	顺天府	保定府	承德府	永平府	河间府	天津府	正定府	顺德府	广平府	大名府	宣化府	遵化州	易州	冀州	赵州	深州	定州
乾隆五十一年丙午科	**赵镇** 东安人，奉天复州学正。**倪鐩** 通州人，见《进士表》。**沈堂** 通州人。**罗德营** 通州人，浙江富阳县知县。**魏钧** 通州人，见《进士表》。**黄庚** 武清人，知县。	**李应侯** 安肃人，昌平州学正。**单鹤龄** 安肃人，见《进士表》。**陈守职** 唐县人。**崔以灿** 蠡县人，奉天开原县训导。**孟思恭** 祁州人。	**李圣赞** 赤峰人。	**李纶** 迁安人。有传。**高占奎** 迁安人。有传。**李沐** 抚宁人，任丘县训导。**郭城** 抚宁人，深泽县训导。**翟文炳** 抚宁人，束鹿县训导。**郭逢年** 抚宁人，满城县训导。	**马廷燮** 献县人，江西九江府同知。有传。**张昌麟** 献县人。**李屿** 献县人，玉田县教谕。**崔鸣玉** 献县人，河南光州知州。**常维宪** 献县人。**田永年** 任丘人。**边兆熊** 任丘人。	**张崇质** 天津人，正定府训导。**牛坤** 天津人，见《进士表》。**徐通复** 天津人，内阁中书。**陈和敬** 天津人，湖南临武县知县。**陈敬思** 天津人，福建永春直隶州州同。**张国辰** 天津	**赵绳献** 元氏人。**杜秉阳** 赞皇人，见《进士表》。**杨桂** 新乐人，江南靖江县知县。			**魏光旗** 南乐人，福建尤溪县知县。**李受曾** 长垣人，甘肃秦州直隶州知州。有传。**王全芳** 长垣人。	**阎孝升** 蔚州人，知县。**张学濂** 延庆州人，清苑县教谕。**马润兰** 万全人，四川广安州知州。	**张峼** 遵化人，新安县教谕。**孙鹏越** 丰润人，解元，见《进士表》。		**齐绍申** 南宫人，江苏丰县知县。**王书勋** 南宫人，内阁中书。**步毓严** 枣强人，见《进士表》。	**马志皋** 柏乡人。	**张瑢** 深州人，武清县教谕。	**田作贡** 曲阳人，开州训导。**袁筠** 深泽人。

	顺天府	保定府	承德府	永平府	河间府	天津府	正定府	顺德府	广平府	大名府	宣化府	遵化州	易州	冀州	赵州	深州	定州
	王旭朗宝坻人。 **杨颢**昌平州人，吉林学正。 **杨燕绪**涿州人，浙江桐庐县知县。有传。 **张琇**涿州人，玉田县训导。 **崔象山**霸州人。 **孟继杰**霸州人。 **陈云**文安人，丰			**董鹏翱**昌黎人，山东禹城县知县。 **曹良弼**昌黎人，枣强县教谕。 **魏元炽**昌黎人，天津府训导。 **魏元耀**昌黎人，西宁县教谕。 **冯醇**昌黎人。 **魏元煜**昌黎人，见《进士表》。	**李廷煜**任丘人。 **闵烺**任丘人。 **李景澄**景州人。有传。 **庞世骝**景州人。有传。 **时廷苾**故城人，候选训导。 **贾汝愚**故城人，知州。	人，云南富民县知县。 **贾鳌**天津人，高阳县训导。 **杨寿昌**天津人，山西交城县知县。 **王天爵**天津人。 **张楷**天津人。 **沈峄**天津人。 **刘槐森**静海人。 **李元枢**沧州											

	顺天府	保定府	承德府	永平府	河间府	天津府	正定府	顺德府	广平府	大名府	宣化府	遵化州	易州	冀州	赵州	深州	定州
	润县教谕。**纪昇平**文安人，河南阌乡县知县。**吕篮元**大城人。**贾明伸**平谷人。			**李惠**滦州人，满城县教谕。**李中淑**乐亭人，见《进士表》。**张绅**临榆人，延庆州学正。		人，见《进士表》。**隋掞**沧州人。**郝思谟**南皮人。**李谭**盐山人，四川仁寿县知县。											
乾隆五十三年戊申预行正科	**金和**通州人。**潘墉**通州人。**魏绍濂**通州人。**金檁**通州人，见《进士	**齐冠鼎**蠡县人，福建汀州府同知。**吴精一**蠡县人，奉天辽阳州学正。	**冯翙**平泉州人。	**乌兆翔**迁安人，完县教谕。**马学赐**迁安人。**密绍鲁**迁安人，容城县教谕。	**边廷英**任丘人。**边九鳌**任丘人，见《进士表》。**檀相木**任丘人。**李景陟**景州	**张树之**天津人，河南鲁山县知县。**王槐**天津人。**董启祥**天津人，陕西米脂	**王殿用**井陉人。**杨理**灵寿人。**杜清泰**元氏人，成安县教谕。**张宗岳**晋州		**刘汉锜**永年人，奉天盖平县训导。**游清彦**永年人，三河县教谕。**宋大中**磁州人。	**赵世纶**南乐人。**尚萃**东明人。**王自淑**清丰人，赤城县教谕。	**孙景**宣化人，沙河县教谕。**马文瑛**蔚州人。	**张凝休**丰润人。		**马鸿图**南宫人，寄籍山东临清州。		**赵令家**深州人，唐山县训导。**贺云锦**武强人。	

	顺天府	保定府	承德府	永平府	河间府	天津府	正定府	顺德府	广平府	大名府	宣化府	遵化州	易州	冀州	赵州	深州	定州
	表》。 **沙士熀**武清人。 **李光先**宝坻人。有传。 **芮继隆**宝坻人。 **吴端明**宝坻人。 **刘茂勋**宝坻人。 **王琮**宝坻人。 **高镇**宁河人，湖南同知。 **刘景麟**昌平人。	**徐永发**祁州人。		**张光炘**迁安人，宁津县教谕。 **方文显**迁安人，山东高密县知县。 **李廷珍**抚宁人，东安县教谕。 **徐馨**抚宁人，成安县训导。 **张作睿**抚宁人。 **郑廷梅**抚宁人。 **王鸿飞**抚宁	人，赤城县教谕。 **莫嵩屏**景州人。 **秘廷仪**故城人，训导。	县知县。 **郭锡**天津人。 **胡秉忠**天津人。 **焦景新**天津人，见《进士表》。 **孙绍廉**天津人。 **赵治平**天津人，抚宁县教谕。 **解道倬**天津人，江西定南厅同知。 **杨一昆**天津	人。 **彭青选**藁城人。										

	顺天府	保定府	承德府	永平府	河间府	天津府	正定府	顺德府	广平府	大名府	宣化府	遵化州	易州	冀州	赵州	深州	定州
	纪暄 文安人，武邑县教谕。**何嘉绍** 文安人。**王绍岐** 蓟州人，安肃县教谕。			人。**高人举** 昌黎人，江苏知县。**阚瑷** 滦州人。**李中灏** 乐亭人，河南知县。**李树谷** 临榆人。		人。**毛时丰** 天津人。**徐煊** 天津人。**张玉怀** 天津人。**于开泰** 沧州人，江西莲花县同知。**吕中吕** 沧州人，见《进士表》。											

	顺天府	保定府	承德府	永平府	河间府	天津府	正定府	顺德府	广平府	大名府	宣化府	遵化州	易州	冀州	赵州	深州	定州
乾隆五十四年己酉恩科	**曹斌** 宛平人，解元。 **阎廷柱** 良乡人，威县训导。 **唐庆余** 固安人，河南睢州州同。 **汪铮** 固安人。 **朱云锦** 永清人，南和县教谕。 **孙仁言** 东安人。 **谢奎** 通州人。	**朱琇** 清苑人。 **柴士珍** 唐县人，肥乡县教谕。 **刘士魁** 唐县人。 **刘泰来** 蠡县人。 **马仁** 束鹿人。 **陈霨** 安州人。有传。 **韩尧祝** 高阳人，中书。	**谢时懋** 丰宁人，安徽凤阳县知县。 **谢时和** 丰宁人，安徽桐城县知县。	**王洁** 抚宁人，祁州训导。 **张国钧** 抚宁人，山西大同县知县。 **王梦赍** 昌黎人，南乐县训导。 **贾步青** 昌黎人，固安县教谕。 **李洙** 滦州人，安肃县教谕。 **阴振宗** 乐亭人。	**杨曰枏** 献县人，奉天吉林教谕。 **张元会** 献县人。 **边世培** 任丘人。有传。 **高为澍** 任丘人。 **边志醇** 任丘人。有传。 **刘复元** 景州人，文安县训导。 **曹协辰** 景州人。 **解玷** 景州	**杨毓锦** 天津人，甘肃伏羌县知县。 **杜华琮** 天津人。 **韩理** 天津人。 **王钜** 天津人。 **刘焜** 天津人，榜名炎，安徽五河县知县。 **金瓯** 天津人，见《进士表》。 **阎大智** 天津	**何承德** 正定人。 **赵际晟** 行唐人。 **康锡纯** 灵寿人。 **杜朝阳** 赞皇人。		**连国琦** 永年人，静海县教谕。有传。 **常廷璋** 永年人，知县。 **路步青** 曲周人，灵寿县教谕。 **薛伯愚** 清河人，庆云县训导。	**沈志钦** 大名人。 **王玙炎** 清丰人。 **焦孟竹** 长垣人，山东知县。	**刘之立** 宣化人，枣强县教谕。 **郝云卿** 宣化人。 **罗长泰** 万全人，吴桥县教谕。 **孙缙** 怀来人。			**王秀** 枣强人。	**魏廷玠** 柏乡人，贵州黔西州知州。		**王铎** 定州人，滦州学正。

	顺天府	保定府	承德府	永平府	河间府	天津府	正定府	顺德府	广平府	大名府	宣化府	遵化州	易州	冀州	赵州	深州	定州
	崔成辅通州人。**李如琇**通州人，奉天锦州府教授。**雷学海**通州人，见《进士表》。**白镕**通州人，见《进士表》。**王铨秀**宝坻人。**刘建勋**容城人。**张松龄**宝坻人。			**邬廷梁**临榆人。	人，正定县教谕。**常见抡**故城人，教谕。**季墉**吴桥人。	人。**韩天鲸**天津人，安州训导。**宋文彬**天津人，山西长治县知县。**高泽润**静海人。**李大亨**沧州人。**孙开泰**沧州人。											

	顺天府	保定府	承德府	永平府	河间府	天津府	正定府	顺德府	广平府	大名府	宣化府	遵化州	易州	冀州	赵州	深州	定州
	李熉 涿州人，见《进士表》。 **张玉纶** 涿州人。 **茹涛** 涿州人，玉田县教谕。 **纪诚徵** 文安人，广西天河县知县。 **卢承祖** 文安人。 **张作砺** 文安人。 **葛方萼** 文安人。																

	顺天府	保定府	承德府	永平府	河间府	天津府	正定府	顺德府	广平府	大名府	宣化府	遵化州	易州	冀州	赵州	深州	定州
	刘青甸大城人。 **萧文湛**大城人。																
乾隆五十七年壬子科	**沈凤集**东安人，广宗县训导。 **刘坛**通州人，见《进士表》。 **丁文钰**通州人，山西屯留县知县。 **潘杰**通州人，见《进士表》。	**童洙**清苑人。 **贾治安**清苑人。 **鹿雍玉**定兴人，河间府训导。 **聂亮采**唐县人，解元，隆平县教谕。 **周风若**唐县人。 **李炳观**蠡县	**胡三多**承德府人。	**武俊**迁安人，山西阳曲县知县。 **张铭薪**迁安人，遵化州学正。 **徐越**抚宁人，清苑县教谕。 **赵振清**抚宁人。 **冯冠士**昌黎人，霸	**张永龄**河间人，易州学正。 **纪树荣**献县人。 **纪树宝**献县人，广西同知。 **房清华**献县人，安徽全椒县知县。 **王生文**任丘人。	**殷秉镛**天津人，四川龙茂道。 **徐炘**天津人，陕西巡抚。 **张兆龄**天津人，山东知县。 **沈乐善**天津人，见《进士表》。 **李果**天津	**崔安域**获鹿人。 **张锡绶**栾城人。		**苏映曙**曲周人，新乐县教谕。	**潘中矩**元城人，广东南雄州州判。 **陈连**开州人，元氏县教谕。 **刘锋**清丰人，沧州学正。	**宋去疾**蔚州人，任丘县教谕。 **任殿文**万全人，雄县教谕。 **魏楷**万全人。 **王锡田**万全人，湖北黄梅县知县。 **郭清**怀来人。	**高彦乾**玉田人，邯郸县教谕。		**宋儒纯**南宫人。 **李庭筠**枣强人。 **崔九州**衡水人。 **吴廷抡**衡水人。	**翟中伦**柏乡人，湖北东湖县知县。	**张芸台**武强人。	**甄逢原**曲阳人，山东新泰县知县。 **杨五绒**曲阳人，甘肃碾伯县知县。

	顺天府	保定府	承德府	永平府	河间府	天津府	正定府	顺德府	广平府	大名府	宣化府	遵化州	易州	冀州	赵州	深州	定州
	王墀 宝坻人。**芮汝登** 宝坻人。**陈司镕** 宝坻人。**陈震** 文安人，安州学正。**陈翕** 文安人，沙河县教谕。**王钟昌** 大城人。**赵其旸** 蓟州人。	人，玉田县教谕。**杨天叙** 束鹿人。**尹绍甫** 束鹿人。**王凤池** 高阳人。		州学正。**王质孚** 乐亭人，山西朔州知州。**倪翥** 乐亭人。	**王廷建** 有传。**边玉珂** 俱任丘人。**边其坊** 任丘人。**叶西苓** 任丘人。**解城** 景州人。**李炳文** 景州人，蓟州学正。**王运生** **王骥** 俱吴桥人。**吴名凤** 宁津人，江西九江府同知。有	人，山西永宁州知州。**叶梦元** 天津人，行唐县教谕。**沈士焜** 天津人，见《进士表》。**金绍骥** 天津人，文安县教谕。**岳升闻** 静海人。**元在功** 静海人。**朱潭** 盐山人，见《进士											

	顺天府	保定府	承德府	永平府	河间府	天津府	正定府	顺德府	广平府	大名府	宣化府	遵化州	易州	冀州	赵州	深州	定州
					传。**周星** 宁津人。	表》。**刘曾璇** 盐山人，甘肃秦安县知县。有传。											
乾隆五十九年甲寅恩科	**黄昆望** 大兴人，解元，见《进士表》。**杨希贤** 良乡人，山东东阿县知县。**雷学淦** 通州人，江西义宁州知州。有传。	**陈鍸** 清苑人。**杨昆** 清苑人。**李醇和** 清苑人。**李启培** 清苑人。**丁玉焘** 清苑人。**陆向荣** 清苑人。**陆时栋** 清苑	**蔡汝懋** 平泉州人，文安县训导。**张建中** 丰宁县人。	**张三省** 迁安人，冀州训导。**李芳春** 抚宁人。**张廷模** 抚宁人，山东临清州州同。**高晨登** 昌黎人。**刘佐兴** 昌黎人，天	**赵锦堂** 河间人，河南陈留县知县。**周玉梁** 献县人。**李济** 献县人。**边士圻** 任丘人。有传。**方蟾** 吴桥人。	**王用享** 天津人，山西河津县知县。**崔嘉桂** 天津人，贵州独山州知州。**解道峻** 天津人，冀州学正。**张懋修** 天津人，广	**王发桀** 正定人，山西文水县知县。**王治典** 行唐人。**赵德基** 行唐人。**刘清玺** 行唐人。**靳伯廉** 灵寿人。**杜藉** 元氏		**宋士美** 永年人。	**曹世俊** 清丰人，无极县教谕。有传。**龙门** 清丰人，沧州学正。	**刘智** 蔚州人。**杨鸣凤** 蔚州人。**武芹芳** 蔚州人。**蒋子定** 蔚州人，见《进士表》。	**张峻** 遵化人。			**赵玉清** 隆平人。		**李璧修** 定州人，清河县教谕。**李昌宗** 曲阳人，肥乡县教谕。

	顺天府	保定府	承德府	永平府	河间府	天津府	正定府	顺德府	广平府	大名府	宣化府	遵化州	易州	冀州	赵州	深州	定州
	杜衍濂宝坻人。**王继成**宝坻人。**王长龄**宝坻人。**王殊渥**宝坻人。**张汝询**涿州人，见《进士表》。**卢坤**涿州人，见《进士表》。**孙德熹**涿州人，藁城县教谕。**冯立卓**涿州	人。**王德教**安肃人，奉天开原县训导。**杨鸣凤**安肃人，赤城县教谕。**鹿裕曾**定兴人，见《进士表》。**刘如埙**唐县人，奉天海城县训导。**田中楷**唐县人，见《进士表》。		津府训导。**王煦**昌黎人，见《进士表》。**白克明**滦州人，见《进士表》。**汪鉴**滦州人，见《进士表》。**马效曾**滦州人。		东乐会县知县。**陶元第**天津人，望都县训导。**黄绶**天津人。**董调元**天津人，山西知县。**王万龄**天津人。**徐通泰**天津人，河南知县。**周大触**天津人，山东东阿县知	人，奉天海城县训导。										

	顺天府	保定府	承德府	永平府	河间府	天津府	正定府	顺德府	广平府	大名府	宣化府	遵化州	易州	冀州	赵州	深州	定州
	人，山东知县。**徐梦陈**房山人。**崔廷栋**霸州人。**王治成**霸州人。**徐伯常**平谷人，巨鹿县教谕。	**刘联芳**蠡县人。**韩文极**高阳人，顺德府教授。**韩翊宸**高阳人。				县。**朱燾**天津人，湖北荆门直隶州州同。**姜克宁**天津人。**邵棻**天津人，广西养利州知州。**高廷法**静海人，陕西商州直隶州知州。**施德宁**静海人。**姜静山**沧州人，文河县教											

	顺天府	保定府	承德府	永平府	河间府	天津府	正定府	顺德府	广平府	大名府	宣化府	遵化州	易州	冀州	赵州	深州	定州
						谕。**张廷弼**沧州人。**宋恩长**沧州人，广西恭城县知县。**刘曾璈**盐山人，高阳县教谕。											
乾隆六十年乙卯科	**王廷浚**大兴人，解元。**冯顺**固安人，顺德府教授。**陈倬**通州人，涞水县教	**童华**清苑人。**陈元实**清苑人。**周渭**清苑人。**胡秉铨**清苑人。	**金冈**平泉州人。	**张槐**迁安人，香河县训导。**李文焕**迁安人。**郑凤翔**迁安人。**田钟秀**昌黎	**牛霆**献县人，保定县训导。**卢中致**献县人，山东荣城县知县。**边时起**任丘	**刘楫**天津人。**郝延年**天津人，见《进士表》。**孔纯熙**天津人，浙江缙云县知	**商学山**平山人。**曹暄**元氏人。	**姬世显**邢台人。	**马廷相**永年人。**胡谷**永年人。**冀方焜**永年人。	**卫鹤鸣**大名人。	**孙进德**宣化人。**胡培祖**延庆州人，安徽繁昌县知县。**解侨**延庆州人，广西来宾	**梁葆之**遵化人。	**高建标**易州人，巨鹿县教谕。	**陈朋寿**冀州人。**陈作楫**南宫人，进士。**刘绪贤**枣强人。	**张学成**隆平人。	**孙伯升**深州人，元城县教谕。**赵家庆**深州人，南和县教谕。**石景宗**武强人，见	

	顺天府	保定府	承德府	永平府	河间府	天津府	正定府	顺德府	广平府	大名府	宣化府	遵化州	易州	冀州	赵州	深州	定州
	谕。**雷学淇**通州人，见《进士表》。**王殊泽**宝坻人。**李光庭**宝坻人。**齐廷芳**宝坻人。**吴邦庆**霸州人。**马凌云**霸州人。**徐桂裳**大城人。	**李藩**定兴人，见《进士表》。**李廷飏**新城人。**李永淇**容城人，永年县教谕。**阎作栋**蠡县人。**王维钰**雄县人，见《进士表》。**韩珠衡**高阳人，曲阳县教谕。		人，安徽太湖县知县。**张廷儒**昌黎人，满城县教谕。**张登第**昌黎人，河南雄山县知县。**刘介佑**昌黎人，井陉县训导。**邢良柱**滦州人。**吉静涵**滦州人，山西知县。	人。**边时壎**任丘人。**边凤翙**任丘人。**谢增祺**任丘人。**叶梅林**任丘人。**张衢**任丘人。**王泽厚**任丘人。**苏绍周**交河人。**王相举**交河人。**张理**宁津人。	县。**王瞰**天津人，武清县教谕。**徐通久**天津人，陕西商南县知县。**张兆第**天津人，湖南桂阳直隶州州同。**李棻**天津人。**陈梦卜**天津人。**王兰佩**天津人，山西汾州府知					县知县。**刘瑞麟**延庆州人，长垣县教谕。**耿怀珣**延庆州人，吴桥县教谕。**王振基**万全人。**田广**怀来人，赵州学正。**傅九锡**怀来人，湖南安仁县知县。**孙耀德**怀来人，江					《进士表》。**崔咏**安平人。	

	顺天府	保定府	承德府	永平府	河间府	天津府	正定府	顺德府	广平府	大名府	宣化府	遵化州	易州	冀州	赵州	深州	定州
				刘光国滦州人。**李鸣冈**滦州人。**李文彪**滦州人。**赵鹏翱**滦州人。**吴维翰**乐亭人，平乡县教谕。**张云腾**临榆人。		府。**任德裕**静海人。**李肄颂**沧州人。有传。**刘鹗翔**沧州人。**隋琦**沧州人。**隋琳**沧州人。**尹云龙**盐山人，见《进士表》。**赵文正**盐山人。**刘龙趾**盐山人，清河县教谕。					苏滁州知州。**马芝庭**西宁人，束鹿县训导。						

卷四十四

表二十九

选举十二举人 国朝三

	顺天府	保定府	承德府	永平府	河间府	天津府	正定府	顺德府	广平府	大名府	宣化府	遵化州	易州	冀州	赵州	深州	定州
嘉庆三年戊午科	**丁煦** 大兴人，解元。**牛堉** 大兴人，山西平鲁县知县。**王霁** 宛平人。**阎憙** 良乡人。**杨步蟾** 固安人。	**王文绶** 清苑人。**李观** 安肃人。**魏廷模** 新城人，宝坻县教谕。**郑溶** 容城人，蔚州学正。**彭鸣冈** 蠡县人。	**刘超** 平泉州人。	**王显烈** 卢龙人。**王域** 卢龙人。**杨伟学** 迁安人，拣选知县。**杨恩永** 迁安人，甘肃西宁县知县。**李作梅** 昌黎	**王廷模** 河间人，肥乡县训导。**纪树棻** 献县人，湖北远安县知县。**纪焕敞** 献县人，隆平县教谕。**郭玉镛** 任丘人。	**孟廷玢** 天津人。**刘元俊** 天津人，云南罗次县知县。**黄成章** 天津人，交河县教谕。**缪共球** 天津人，肃宁县教谕。	**何维盛** 正定人。**李璨** 井陉人。**傅渤** 灵寿人。	**田维翰** 内丘人，故城县教谕。**徐连** 任县人，见《进士表》。**李其植** 任县人。	**王思礼** 永年人，奉天锦州府教授。有传。**杨崇璧** 永年人，献县教谕。**宋鸾鸣** 永年人，教谕。**李汝霖** 永年人。有	**黄文蒨** 元城人，抚宁县教谕。**曹宅俊** 清丰人，广宗县教谕。**周之桢** 东明人。**王名芳** 开州人，武清县教谕。	**张鹤龄** 宣化人，雄县教谕。**孙继绅** 宣化人。**孟崇义** 宣化人，宁河县训导。**王埙** 保安州人。**魏锡肇** 蔚州人，唐			**陈柱** 南宫人。**齐继程** 南宫人，静海县训导。**冯正** 新河人。**刘元鼐** 枣强人。**柳元杰** 衡水人。	**苏长龄** 宁晋人，山东阳信县知县。	**王继祖** 深州人，清丰县教谕。**李应彪** 武强人。**魏兰皋** 武强人。**韩凤荐** 武强人。**贺云举** 武强人，见《进士表》。	**王佐清** 定州人，赵州学正。**郝立德** 定州人，获鹿县教谕。**王理培** 深泽人，孟津县知县。

	顺天府	保定府	承德府	永平府	河间府	天津府	正定府	顺德府	广平府	大名府	宣化府	遵化州	易州	冀州	赵州	深州	定州
	叶芬 永清人。 **孟珍** 东安人，大名县训导。 **刘澍** 通州人，见《进士表》。 **罗德炜** 通州人，东明县教谕。 **陈鈊** 武清人。 **王家骏** 宝坻人。 **刘耆德** 宝坻人。 **芮汝翼** 宝坻	**彭沭** 蠡县人。 **边廷机** 蠡县人。 **齐琠** 蠡县人。 **孙玉瓒** 束鹿人。 **李永固** 束鹿人。 **韩凤仪** 高阳人，湖南永定县知县。		人，清丰县训导。 **李澈** 滦州人，教谕。 **常翼清** 滦州人。 **王蕴** 滦州人。	**郭东镛** 任丘人。 **李光益** 任丘人。 **边佛慧** 任丘人。 **边钟彦** 任丘人。 **金象豫** 任丘人。 **谢廷槐** 任丘人。 **孙若筠** 任丘人。 **李谟** 景州人，雄县教谕。 **王佩之** 吴桥人。	**徐汉** 天津人，河南西华县知县。 **陆樟** 天津人，见《进士表》。 **田敏耕** 天津人，湖南安福县知县。 **戴凌云** 天津人。 **白嘉谟** 天津人。 **戴云锦** 青县人。 **萧克顺** 静海人。			传。 **张旭** 曲周人，见《进士表》。 **张宝成** 磁州人。		县训导。 **程嘉猷** 怀来人。 **赵骏** 西宁人，广东从化县知县。 **王殿昇** 怀安人，广东嘉应州州同。						

	顺天府	保定府	承德府	永平府	河间府	天津府	正定府	顺德府	广平府	大名府	宣化府	遵化州	易州	冀州	赵州	深州	定州
	人。 **张汝翼**涿州人，湖南永明县知县。 **张钟奇**霸州人。 **陈官靖**霸州人。 **崔显宗**霸州人。 **徐又陵**霸州人。 **董鉴**文安人，滦州学正。 **纪淦**文安人，山东莱芜县知					**薛曰连**静海人。 **佟衍畴**静海人。 **高曾彦**静海人。 **祝抡元**沧州人。 **赵维周**沧州人。 **刘夔龙**沧州人。 **吴超**南皮人。 **刘宗汉**盐山人。 **赵南琛**盐山人。											

	顺天府	保定府	承德府	永平府	河间府	天津府	正定府	顺德府	广平府	大名府	宣化府	遵化州	易州	冀州	赵州	深州	定州
	县。**井时烜**文安人，宁津县训导。**王苞林**文安人。**杜登云**文安人。**李大椿**大城人。																
嘉庆五年庚申恩科	**张葆**大兴人，解元。**王霈**宛平人。**李如璋**通州人，湖南辰州府知府。	**李垂广**清苑人。**缪琦**清苑人。**沈永维**清苑人。**鹿庭芳**定兴人，正定府教	**章汝坦**朝阳人，永平府训导。	**李钟清**昌黎人，静海县教谕。**魏元烺**昌黎人，见《进士表》。**李恩绎**滦州人，见	**杨云锦**献县人。**边人凤**任丘人。**李曰培**任丘人。**边彦昇**任丘人。	**徐东礼**天津人。**苏陛松**天津人，阜城县教谕。**邵桓**天津人，知县。	**何汝霖**正定人，成安县训导。**康文蔚**灵寿人。**马应熊**灵寿人。**刘本曾**无极			**罗赓新**元城人，东光县教谕。**李叙会**长垣人，新河县教谕。有传。	**郭振**宣化人。**郝元龄**宣化人。**王余**保安州人，教谕。**段克宗**蔚州人，见			**李应奎**枣强人。**宋廷枋**枣强人。	**孙宽**宁晋人。**刘经邦**宁晋人。**师世熊**宁晋人，昌平州训导。**周丰垣**宁晋人。	**李楫**深州人，巨鹿县教谕。**高华**深州人。	

	顺天府	保定府	承德府	永平府	河间府	天津府	正定府	顺德府	广平府	大名府	宣化府	遵化州	易州	冀州	赵州	深州	定州
	王敏通州人。 **陈德秀**宝坻人。 **袁曾椝**宝坻人。 **吴曾孝**宝坻人。 **周相**涿州人，安徽和州州同。 **邢天一**房山人。 **王兑**大城人。	授。 **张锦洲**定兴人，宣化府教授。 **杨篪**定兴人。 **崔兰**新城人，通州学正。 **崔兰芳**新城人。 **杨廷瑞**容城人。 **王书芸**蠡县人。 **陈翔**安州人。 **韩汝钧**高阳人。		《进士表》。 **李广滋**乐亭人，见《进士表》。 **董衡**临榆人，唐山县教谕。 **辛永禄**临榆人，宁河县训导。	**莫蓝田**景州人，候选教谕。	**杨恒占**天津人，见《进士表》。 **解道显**天津人，广东永安县知县。 **刘亦华**天津人，丰润县教谕。 **王进翰**天津人，顺义县训导。 **李长清**天津人，四川屏山县知县。 **吴彰**天津	人，卢龙县教谕。				《进士表》。 **张环**怀来人，完县训导。						

	顺天府	保定府	承德府	永平府	河间府	天津府	正定府	顺德府	广平府	大名府	宣化府	遵化州	易州	冀州	赵州	深州	定州
						人，涿州训导。**梅成栋**天津人，永平府训导。有传。**毛凌皋**天津人。**王汝祺**青县人。**边纫兰**静海人。**张调元**静海人，广宁县教谕。**陈靖**静海人，蔚州训导。											

	顺天府	保定府	承德府	永平府	河间府	天津府	正定府	顺德府	广平府	大名府	宣化府	遵化州	易州	冀州	赵州	深州	定州
						程允庄静海人。**吕松龄**沧州人。**周文治**南皮人。**张菊**南皮人。**崔旭**庆云人。有传。											
嘉庆六年辛酉科	**胡开益**宛平人，解元，见《进士表》。**谢元晖**东安人。**鲍克庄**通州人，肃	**李玉衡**清苑人。**李玉伦**清苑人。**张九牧**清苑人。**胡承祖**清苑人。	**刘樾**平泉州人，柏乡县教谕。**钱相**朝阳人，寄籍大兴，见《进士表》。	**李昌琛**迁安人，江苏萧县知县。**马用中**迁安人。**冯如芝**抚宁人，赞皇县教	**许含章**献县人。**齐敦敏**献县人。**杨鼎文**献县人，正定府训导。	**叶梦兰**天津人。**金开第**天津人，见《进士表》。**邵杰**天津人，河南项城	**李雍周**井陉人。**李元志**栾城人，密云县教谕。**李如鉴**行唐人。		**郝玉凤**曲周人。**王凤翔**鸡泽人。**张万选**磁州人。	**王春芳**开州人，景州学正。**郭配义**开州人。	**蔡廷献**保安州人。**李德龄**蔚州人。**武英华**蔚州人。**赵谦**西宁人。		**刘统淑**易州人，南皮县训导。**辛荩臣**广昌人，良乡县训导。	**李颐**冀州人，饶阳县教谕。**关瑞辑**南宫人。**张恬德**武邑人。	**张汝淇**隆平人，乐亭县训导。		

	顺天府	保定府	承德府	永平府	河间府	天津府	正定府	顺德府	广平府	大名府	宣化府	遵化州	易州	冀州	赵州	深州	定州
	宁县训导。**刘瀜**通州人，国子监监丞。**方振德**宝坻人。**王荣**宝坻人。**孙德恒**涿州人，博野县教谕。**周建和**霸州人。**吴国瑞**霸州人。**王荫林**文安人。	**胡光祖**清苑人。**鹿传滂**定兴人。**张允修**定兴人。**王潆**定兴人。**杨策**唐县人。**温圻**束鹿人，见《进士表》。**胡凤翥**束鹿人。		谕。**李钟新**昌黎人。**高作桂**昌黎人，隆平县训导。**赵翙**滦州人。**李浩**滦州人。**李晫**滦州人。**伦乙杰**滦州人。**石汝谐**乐亭人，广平府教授。**王润**乐亭人，奉	**李振铎**献县人，香河县训导。**李堪晋**任丘人。**王甘棠**任丘人。**苏元翚**交河人。**刘纪**故城人，训导。**陈多**吴桥人。**周彭龄**宁津人。	县知县。**赵家藩**天津人。**汪富宁**天津人，宁河县教谕。**汪桂五**天津人，榜名咸宁，山东费县知县。**王有庆**天津人，江苏苏州府知府。**张绍庭**天津人。**张锦辉**天津人。	**侯桂芳**赞皇人。				**马纶**西宁人。			**吕玉麟**武邑人，见《进士表》。			

	顺天府	保定府	承德府	永平府	河间府	天津府	正定府	顺德府	广平府	大名府	宣化府	遵化州	易州	冀州	赵州	深州	定州
				天辽阳州学正。**杨汝雨**临榆人，新河县训导。**刘相**临榆人，武强县训导。		**郝炯**青县人。**刘相**沧州人。											
嘉庆九年甲子科	**杨承湛**固安人，见《进士表》。**李珠**宝坻人。**茹国华**涿州人，南乐县教谕。**崔偲**霸州	**张兆祥**清苑人。**彭度华**蠡县人。有传。**彭斋华**蠡县人。**王之蕙**祁州人。**杜永纯**祁州	**高应璥**丰宁人。	**杨开运**迁安人，良乡县训导。**李联方**迁安人。**谭仲璐**昌黎人，解元，通州训导。	**史在文**河间人。**朱来宣**献县人，庆云县教谕。**戈廷树**献县人。**边硕昇**任丘人。	**项逢尧**天津人，湖南沅陵县知县。**于芳**天津人，山东峄县知县。**曹泳**天津人。	**仇兑元**井陉人。**陈嘉谟**阜平人。**盖秀**平山人。	**张书文**任县人。		**聂大本**清丰人，乐亭县训导。**王焕麟**开州人。	**马桂爔**蔚州人。**侯成**蔚州人。**赵生蕙**蔚州人。			**张霄**南宫人。		**董思哲**深州人。	

	顺天府	保定府	承德府	永平府	河间府	天津府	正定府	顺德府	广平府	大名府	宣化府	遵化州	易州	冀州	赵州	深州	定州
	人。**葛仰萱**文安人，山东知县。**邢麟纹**文安人。**刘毓瑶**大城人。	人。**韩廷衡**高阳人，怀柔县教谕。**韩荆玉**高阳人。**韩保谦**高阳人，云南临安府知府。		**赵元士**滦州人。**陆永思**乐亭人。**马书田**乐亭人，元城县训导。**高鹭飞**临榆人。	**边凤威**任丘人。**孟泰茹**任丘人。**刘绍基**宁津人。	**柴文江**天津人，山东沂水县知县。**陶运龢**天津人，见《进士表》。**黄新泰**天津人。**张映晔**天津人，见《进士表》。**汤堃**天津人，元城县训导。**孙绍登**天津人，高阳县训导。											

	顺天府	保定府	承德府	永平府	河间府	天津府	正定府	顺德府	广平府	大名府	宣化府	遵化州	易州	冀州	赵州	深州	定州
						方人龙 天津人。**郭志清** 天津人，见《进士表》。**范廷懋** 天津人，改归浙江上虞原籍。**朱煌** 青县人。有传。**姚学纯** 青县人。**李士伟** 静海人，福建政和县知县。**李允树** 静海											

	顺天府	保定府	承德府	永平府	河间府	天津府	正定府	顺德府	广平府	大名府	宣化府	遵化州	易州	冀州	赵州	深州	定州
						人，云南宾川州知州。**牛曾诏**静海人。**岳振清**静海人，晋州学正。**宋亦骞**沧州人。**叶林椿**南皮人。**张志廉**南皮人。**孙述庭**盐山人。**李芳**盐山人，湖北通山县知											

<table>
<tr><th></th><th>顺天府</th><th>保定府</th><th>承德府</th><th>永平府</th><th>河间府</th><th>天津府</th><th>正定府</th><th>顺德府</th><th>广平府</th><th>大名府</th><th>宣化府</th><th>遵化州</th><th>易州</th><th>冀州</th><th>赵州</th><th>深州</th><th>定州</th></tr>
<tr><td></td><td></td><td></td><td></td><td></td><td></td><td>县。
孙敏浦盐山人，见《进士表》。
李廷榦庆云人。
刘大安庆云人。
刘东鲁庆云人。</td><td></td><td></td><td></td><td></td><td></td><td></td><td></td><td></td><td></td><td></td><td></td></tr>
<tr><td colspan="18">谨案:《科场条例》:七年议准直隶总督陈大文等奏,顺天乡试贝字号中额一百二名,宣化府另编旦字号四名,历久遵行在案。兹据宣化府属生员吕鸣盛等呈请,归入贝字号取中。奉旨:嗣后顺天乡试,将宣化府属旦字号四名归入顺天贝字号,合为一百六名,凭文取中。</td></tr>
<tr><td>嘉庆十二年丁卯科</td><td>**王象元**永清人。
刘铉永清人。
解兆青东安人。</td><td>**李金枝**清苑人。
马思裕定兴人，江苏邳州知州。</td><td>**马际芳**承德府人。
马鸿儒平泉州人。
傅文炳滦平县人,见</td><td>**王垲**卢龙人。
王钟英卢龙人。
郑蕙迁安人,江</td><td>**彭玉峰**献县人。
纪煐达献县人。
边鸣珂任丘人。</td><td>**刘廷华**天津人，成安县训导。
于维钰天津人，冀州学</td><td>**马殿荣**正定人。
魏宗绍获鹿人。
于来章井陉人,河</td><td>**丛百祥**内丘人。
徐凌云内丘人。</td><td>**杨璞**曲周人，宁津县教谕。
安贞吉邯郸人。</td><td>**李三元**大名人。
孙训清丰人，清苑县教谕。</td><td>**孙金度**延庆州人，武清县教谕。</td><td>**张德馨**遵化人，广东新会县知县。</td><td></td><td>**陈德浩**冀州人。
王俊选冀州人，见《进士表》。</td><td>**赵光烈**宁晋人，永清县教谕。
史载笔赵州人，甘肃静州</td><td></td><td></td></tr>
</table>

	顺天府	保定府	承德府	永平府	河间府	天津府	正定府	顺德府	广平府	大名府	宣化府	遵化州	易州	冀州	赵州	深州	定州
	陈锦堂通州人。 **白锟**通州人。 **李锦**通州人，见《进士表》。 **芮其哲**宝坻人。 **张湛**宝坻人。 **陈仑**涿州人。 **靳澄**文安人。 **陈承绪**文安人。 **纪昌期**文安人，湖	**刘维翰**蠡县人，房山县训导。 **谷怀清**蠡县人，见《进士表》。 **杨绅**束鹿人，栾城县教谕。	《进士表》。	苏候补知县。 **俞泌**抚宁人，定兴县教谕。 **李青云**抚宁人。 **张焜**昌黎人，见《进士表》。 **石台**滦州人。 **阴鸣鹤**乐亭人，广平县训导。 **宁肯堂**乐亭人。	**李培绪**任丘人。 **王甘霖**任丘人。 **白玉琳**交河人。 **戈廷著**景州人。 **刘均元**景州人，天津县教谕。 **王家遴**故城人，训导。 **刘棠**宁津人。	正。 **唐诠**天津人，广西昭平县知县。 **陈其蕴**天津人。 **王堂丝**天津人，河南陈州府知府。 **华长庆**天津人，湖北桂阳直隶州知州。 **张岩**天津人。 **缪共学**天津人，清丰县教	间县教谕。 **曹芳兰**栾城人，奉天铁岭县训导。 **王曰俞**平山人。 **王琦**无极人。		**王钟信**鸡泽人。	**庄济**东明人，新乐县教谕。 **施九歌**开州人。 **乔景岚**开州人，宣化府教授。 **许世德**长垣人。				**刘长年**枣强人。	知州。有传。		

	顺天府	保定府	承德府	永平府	河间府	天津府	正定府	顺德府	广平府	大名府	宣化府	遵化州	易州	冀州	赵州	深州	定州
	北应昌县知县。**纪瑜**文安人，山西知县。					谕。**陈国治**天津人。**张梦莲**天津人。**张丰采**天津人，获鹿县教谕。**刘槐森**天津人，内阁中书。**王樾荫**沧州人，吴桥县教谕。**王锐**沧州人。盐籍。**尹元礼**盐山人，候											

	顺天府	保定府	承德府	永平府	河间府	天津府	正定府	顺德府	广平府	大名府	宣化府	遵化州	易州	冀州	赵州	深州	定州
						选教谕。**刘锡嘏**盐山人。**傅汝骐**盐山人。**张廷芝**庆云人。											
谨案:《承德府志》:十一年七月,诏顺天承字号中额一名外,广额二名,每科取中三名。																	
嘉庆十三年戊辰恩科	**毕元善**大兴人,河南考城县知县。**冯秉泰**通州人,江苏新阳县知县。**罗显圻**通州人。	**谢炷**清苑人。**赵怀瑄**安肃人。**于京**定兴人,清河县教谕。**张立德**唐县人。	**于起元**平泉州人。**陈大任**平泉州人。**高扬**平泉州人,河间县教谕。	**赵攀桂**滦州人。**刘介祺**滦州人。**李銓**乐亭人。**倪耀**乐亭人。**程端**临榆人。	**王廷荣**河间人。**王鸿逵**献县人,邢台县教谕。**孙桐豫**献县人。**杨大缙**献县人,安徽太平	**高仰之**天津人,平乡县训导。**王天锡**天津人,见《进士表》。**李珠光**天津人。**张玉山**天津	**梁振翮**正定人,威县教谕。			**崔汝听**东明人,隆平县教谕。**刘性成**长垣人。	**赵士谓**保安州人,教谕。			**杨仲魁**新河人。	**董雯灿**宁晋人,山东济南府同知。	**苏之纯**深州人。**霍五惇**武强人。	**张乐田**定州人,见《进士表》。**康天培**深泽人,山东孟津县知县。

	顺天府	保定府	承德府	永平府	河间府	天津府	正定府	顺德府	广平府	大名府	宣化府	遵化州	易州	冀州	赵州	深州	定州
	丁文蓋 通州人。**王璋** 通州人。**诸葛光泰** 武清人，解元。**杨翼** 涿州人。**起少起** 涿州人，无极县教谕。**郝金山** 霸州人。**陈蕴** 文安人。**吴敦化** 大城人。**薛孟勛** 大城	**谷怀浚** 蠡县人，见《进士表》。**谷庭槐** 蠡县人，赤城县教谕。**彭源** 蠡县人，奉天铁岭县训导。**边长柱** 蠡县人。**韩如泉** 高阳人。			府同知。**纪熯浚** 献县人。**张履实** 任丘人。**边俊昇** 任丘人。**袁丕振** 任丘人。**赵连** 景州人。**沈静** 故城人，训导。	人。**齐栋** 天津人，山东安丘县知县。**齐承厚** 天津人，福建汀州府同知。**王凤翥** 天津人，见《进士表》。**唐维桢** 天津人。**张绍龄** 天津人，四川酆都县知县。**汪彭** 天津											

	顺天府	保定府	承德府	永平府	河间府	天津府	正定府	顺德府	广平府	大名府	宣化府	遵化州	易州	冀州	赵州	深州	定州
	人。 **刘天衢** 大城人。 **李润** 蓟州人，见《进士表》。					人，良乡县教谕。 **宁鹭宾** 天津人，元氏县教谕。 **陈允泽** 青县人。 **马震** 青县人。 **南宫璩** 静海人，曲周县教谕。 **牛广士** 静海人，宣化府教授。 **陈礼** 沧州人，见《进士表》。											

	顺天府	保定府	承德府	永平府	河间府	天津府	正定府	顺德府	广平府	大名府	宣化府	遵化州	易州	冀州	赵州	深州	定州
						张恪南皮人。有传。**周元辅**南皮人。**李以敬**盐山人。											
嘉庆十五年庚午科	**张玉墀**大兴人。**雷学瀛**通州人，陕西山阳县知县。**冯洤**通州人，见《进士表》。**齐廷瑜**宝坻人。	**马鉴**定兴人。**刘协梦**蠡县人，大名府教授。**胡玉湛**祁州人。**温炽**束鹿人。**陈霆**安州人。	**曲青莲**承德人。**杨林声**丰宁人。**高应骥**朝阳人。	**王云思**滦州人。**安遇亨**乐亭人，广东茂名县知县。	**张本**河间人。**曹文锦**献县人，山西知县。**臧士醇**献县人，威县训导。**戈宝树**献县人，山西长子	**杨恩培**天津人，广西南宁府知府。**胡兆麟**天津人，广西昭平县知县。**王履谦**天津人，见《进士表》。	**邓祥麟**栾城人，广西象州知州。**封天骥**平山人，山东长山县知县。**侯盛烈**赞皇人，福建宁化县知县。	**赵连**内丘人。**丁永清**任县人。	**吴钦洙**肥乡人。	**王清泰**南乐人。	**权大经**宣化人。**蒋殿英**蔚州人。**梅景**怀来人，固安县训导。	**李登螭**遵化人，见《进士表》。		**乔文吉**南宫人，邯郸县教谕。**萧令韶**武邑人，文安县教谕。**戚诚**武邑人，临榆县教谕。**陈凤翔**衡水		**贾吉云**深州人。	

	顺天府	保定府	承德府	永平府	河间府	天津府	正定府	顺德府	广平府	大名府	宣化府	遵化州	易州	冀州	赵州	深州	定州
	王起 宝坻人。**刘荫** 昌平州人。**杨镔** 涿州人。有传。**王丹书** 涿州人。**崔廷诏** 霸州人。**弁达源** 文安人，定兴县训导。**娄思圣** 蓟州人。				县知县。**边曾培** 任丘人。**边孔扬** 任丘人。**李峙域** 任丘人。**李梦弼** 任丘人。**李暕** 景州人，山东郯城县知县。**戈其迈** 景州人。**李景森** 景州人。**刘殿元** 景州人。	**朱式璟** 天津人，榜名棨，见《进士表》。**张廷赞** 天津人。**叶文镜** 天津人，甘肃阜康县知县。**李家麒** 天津人。**梁宝常** 天津人，见《进士表》。**王辑瑞** 天津人，榜名辑宁，赵州训	**杜林桐** 赞皇人。							人。			

	顺天府	保定府	承德府	永平府	河间府	天津府	正定府	顺德府	广平府	大名府	宣化府	遵化州	易州	冀州	赵州	深州	定州
					方城 吴桥人，解元。	导。**刘光第** 天津人，见《进士表》。**李于庚** 天津人，山东新泰县知县。**刘廷璐** 天津人，山西洪洞县知县。**沈兆沄** 天津人，见《进士表》。**胡大镜** 青县人，冀州训导。											

	顺天府	保定府	承德府	永平府	河间府	天津府	正定府	顺德府	广平府	大名府	宣化府	遵化州	易州	冀州	赵州	深州	定州
						萧世照静海人。 **叶擢元**沧州人。 **张锴**南皮人。 **张延芳**南皮人。 **张扩庭**南皮人。 **韩以仁**盐山人。 **尹元鳌**盐山人，饶阳县教谕。 **王叔常**盐山人，东安县训导。											

	顺天府	保定府	承德府	永平府	河间府	天津府	正定府	顺德府	广平府	大名府	宣化府	遵化州	易州	冀州	赵州	深州	定州
						赵凤仪 盐山人。**傅逵** 盐山人，鸡泽县教谕。											
嘉庆十八年癸酉科	**张虎仁** 通州人，见《进士表》。**强上林** 通州人，见《进士表》。**潘黼** 通州人，见《进士表》。**李纶光** 通州人。**王文林** 通州	**王植** 清苑人，见《进士表》。**郭云会** 清苑人。**周善感** 清苑人。**刘棨** 新城人。**韩铭** 高阳人，宁津县教谕。	**马鸣谦** 平泉州人。**陈复礼** 平泉州人。**尹秀峰** 滦平人。	**杨宝树** 迁安人。**张煦** 昌黎人，行唐县训导。**刘向荣** 昌黎人。**宋琛** 滦州人。**石凌云** 滦州人。**王大成** 乐亭人，知	**曹鸣夔** 河间人。**李秉文** 河间人，知县。**王旋吉** 献县人。**郝廷骥** 任丘人。**边钰** 任丘人。**苏元翼** 交河人。	**朱棠** 天津人，誊录知县。**俞棠** 天津人，广东恩平县知县。**任士谦** 天津人，见《进士表》。**高潮** 天津人。	**王世耀** 正定人，枣强县教谕。**王定枢** 正定人。	**刘承谨** 任县人，见《进士表》。	**郭天庆** 永年人，解元。**王用贤** 永年人，顺义县训导。**高守贵** 永年人，顺德府教授。有传。**王心一** 肥乡人，山东高苑县知	**杨錞** 清丰人。**周元亮** 开州人，祁州学正。	**龚廉正** 蔚州人。**马步麟** 西宁人，房山县教谕。**李嘉勋** 西宁人，丰润县教谕。**李亭安** 万全人，赞皇县教谕。	**陈绍基** 玉田人。		**齐文振** 南宫人。**李丕基** 枣强人。**李恒云** 衡水人。	**王烈文** 宁津人。	**张自立** 深州人。**张劲翱** 武强人。	**戴文槐** 曲阳人。

	顺天府	保定府	承德府	永平府	河间府	天津府	正定府	顺德府	广平府	大名府	宣化府	遵化州	易州	冀州	赵州	深州	定州
	人，见《进士表》。**王廷凤**通州人，西宁县教谕。**金梁**通州人，元氏县训导。**吴达纲**宝坻人。**何之俊**昌平州人。**姚用书**涿州人，湖北知府。**徐琳**涿州人，拣选知县。	**李冠卿**高阳人，安平县教谕。		县。**李芳华**乐亭人，望都县训导。**范坦**临榆人，东明县教谕。		**牛铨**天津人。**张春台**天津人，见《进士表》。**张寿昌**天津人。**赵恩荣**天津人，浙江桐乡县知县。**董友筠**沧州人，见《进士表》。**于安邦**沧州人。**王式和**沧州人，见《进士			县。有传。**张钱**磁州人。**钟煦**磁州人。								

	顺天府	保定府	承德府	永平府	河间府	天津府	正定府	顺德府	广平府	大名府	宣化府	遵化州	易州	冀州	赵州	深州	定州
	谭成业涿州人。**谭成信**涿州人，蔚州学正。**全景熙**涿州人，宣化县训导。					表》。**张锳**南皮人。**张芝郁**南皮人。**张光勋**南皮人。**孙鹏九**盐山人，见《进士表》。											
嘉庆二十一年丙子科	**王大枚**大兴人，安平县教谕。**王嘉谟**固安人。**杨明辉**固安人，训导。	**司廷璋**清苑人。**王亼维**清苑人。**房其修**定兴人，内丘县教谕。	**童文藻**承德府人，见《进士表》。**谢绍凤**丰宁人。**武锡祁**建昌人，四川盐大使。	**万文梓**昌黎人。**阴振猷**乐亭人。**杨学时**乐亭人。**安树桐**乐亭人，见《进士	**张文炽**河间人。**郭光第**献县人。**卢经**献县人，河南宝丰县知县。	**徐惺**天津人。**郭大禧**天津人。**华典**天津人，山西忻州知州。**李和春**天津	**王定甡**正定人，解元，枣强县教谕。**王定珏**正定人，鸡泽县教谕。**靳廷钰**灵寿	**吕上沅**广宗人。有传。	**谭福德**永年人。**徐景龙**永年人。**田文瑞**鸡泽人。**魏文会**清河人。	**王联升**元城人。有传。**刘麟度**清丰人，定州学正。**张青云**清丰人，定兴县训	**聂熉**宣化人。**王正纲**保安州人。**周溶**蔚州人，贵州通判。**曹宅俊**怀来	**李煦**遵化人，蔚州学正。**张椿**玉田人，枣强县教谕。**杨中直**玉田人，福		**王九如**南宫人，候选教谕。**王锡麟**枣强人。		**李长峰**深州人，见《进士表》。	**刘应中**定州人。

	顺天府	保定府	承德府	永平府	河间府	天津府	正定府	顺德府	广平府	大名府	宣化府	遵化州	易州	冀州	赵州	深州	定州
	刘源灏 永清人。 **张步瀛** 永清人，邢台县训导。 **杨丕谟** 永清人，容城县训导。 **雷学潮** 通州人，灵寿县教谕。 **刘浚元** 武清人。 **蒋肇煦** **李葆** 俱宝坻人。 **许璇** 宁河人，国子监助			表》。 **计肇忠** 临榆人，密云县教谕。 **李树勋** 临榆人。	**高兰孙** 任丘人。 **边象曾** 任丘人。有传。 **王岱宗** 任丘人。 **李根深** 景州人。 **王树荣** 故城人。	人，四川定远县知县。 **张绪曾** 天津人，怀柔县训导。 **李士玉** 天津人，良乡县教谕。 **胡裕昆** 天津人，南宫县教谕。 **汤树榆** 天津人。 **姚中廉** 青县人。 **唐淑世** 静海人，陕西商州	人。有传。 **王起文** 无极人，昌平州学正。 **刘本夔** 无极人，见《进士表》。			导。 **郭荷传** 长垣人。有传。	人。 **马麟** 怀安人。	建政和县知县。					

	顺天府	保定府	承德府	永平府	河间府	天津府	正定府	顺德府	广平府	大名府	宣化府	遵化州	易州	冀州	赵州	深州	定州
	教。**张树德**涿州人，见《进士表》。**吕恂**房山人。**陈鏊**文安人，贵州定番州知州。					知州。**张光绪**静海人，宣化府教授。**张有章**沧州人，丰润县教谕。**刘桐**沧州人。**董兆祥**沧州人。**刘云昇**沧州人，盐籍，湖北枝江县知县。**刘泽节**盐山人，武强县训导。											

	顺天府	保定府	承德府	永平府	河间府	天津府	正定府	顺德府	广平府	大名府	宣化府	遵化州	易州	冀州	赵州	深州	定州
						刘玉典 盐山人，浙江江山县知县。**张熙** 盐山人，江西南康县知县。											
嘉庆二十三年戊寅恩科	**牛垚** 大兴人，江苏徐州府知府。**张曰哲** 东安人，江西知县。**谢琯** 通州人，江西知县。	**金甲** 清苑人。**孙德钟** 清苑人。**陈文然** 清苑人。**段上功** 清苑人。**李启境** 清苑人。	**茅丙煃** 承德人。**谢绍兰** 丰宁人。**陈方仑** 丰宁人。	**邓克兴** 迁安人。**高继珩** 迁安人，广东博茂场盐大使。有传。**李昌舒** 迁安人。**张化民** 抚宁人，柏	**左葆善** 河间人。**边印金** 任丘人。**王松** 交河人，见《进士表》。**王大千** 交河人。**苏元峨** 交河	**任鸿宾** 天津人。**徐金度** 天津人。**韩大信** 天津人，见《进士表》。**李云章** 天津人，抚宁县教谕，改	**何诒钥** 正定人，安徽石埭县知县。**陈凤图** 阜平人。**耿麟** 阜平人。**张岳峙** 行唐人。		**谢运昌** 邯郸人。**卜学商** 邯郸人。**陈丕显** 鸡泽人。	**郜丽水** 开州人。**魏蟠龙** 开州人，抚宁县教谕。		**史朴** 遵化人，见《进士表》。**刘中煊** 玉田人。		**陈鹤年** 南宫人，见《进士表》。		**贺式韩** 武强人。	**张蕙田** 定州人，获鹿县教谕。有传。

	顺天府	保定府	承德府	永平府	河间府	天津府	正定府	顺德府	广平府	大名府	宣化府	遵化州	易州	冀州	赵州	深州	定州
	吴茂孙 通州人，河南南阳县知县。**丁文钊** 通州人，见《进士表》。**白谦卿** 通州人，见《进士表》。**李著** 宝坻人。**高浚璜** 宝坻人。**高南金** 涿州人。**杨钰** 涿州人，四川秦州	**李棠** 新城人。**赵煊** 望都人，易州学正。**温昌基** 束鹿人。		乡县训导。**汪于泗** 滦州人。**谭光第** 滦州人。**张兴邦** 乐亭人，定州学正。**何云升** 乐亭人，祁州学正。	人。**李澍** 景州人。	归大兴县原籍。**高中正** 天津人，抚宁县训导。**王景尊** 天津人。**樊椿** 天津人，见《进士表》。**张华选** 天津人，浙江定海县知县。**任大醇** 天津人，邯郸县训导。**张希朴** 天津	**王芳** 平山人，沧州学正。										

	顺天府	保定府	承德府	永平府	河间府	天津府	正定府	顺德府	广平府	大名府	宣化府	遵化州	易州	冀州	赵州	深州	定州
	知州。 **杨际运** 涿州人，罗山知县。有传。					人。 **恽受章** 天津人，改归江苏阳湖籍。 **陈东启** 天津人，景州训导。 **柴文富** 天津人，山东济阳县知县。 **边齐贤** 静海人，解元。 **刘仲瑀** 沧州人，见《进士表》。 **戴岚** 沧州											

	顺天府	保定府	承德府	永平府	河间府	天津府	正定府	顺德府	广平府	大名府	宣化府	遵化州	易州	冀州	赵州	深州	定州
						人，平谷县教谕。 **刘济川**沧州人。 **孙泰恒**沧州人，盐籍。 **张尚鲸**南皮人。 **张鐩**南皮人，见《进士表》。 **张志冲**南皮人。 **唐志洁**盐山人，保定府训导。											

	顺天府	保定府	承德府	永平府	河间府	天津府	正定府	顺德府	广平府	大名府	宣化府	遵化州	易州	冀州	赵州	深州	定州
嘉庆二十四年己卯科	**牛镇** 大兴人，安徽宁国府知府。**马骧** 通州人，清丰县教谕。**武天弼** 通州人，见《进士表》。**仇汝弼** 通州人，陕西宝鸡县知县。**黎吉凯** 通州人，江西德安县知县。	**宋云** 清苑人。**张以铭** 清苑人。**李朝赓** 望都人，湖南桑植县知县。**谷怀渭** 蠡县人。**冉五伦** 蠡县人。**韩德昌** 高阳人，开州学正。	**钟调梅** 平泉州人。**姚春江** 平泉州人，湖南知县。**佟珍** 朝阳人，知县。	**李昌第** 迁安人，磁州学正。**李德中** 迁安人。**刘兰皋** 迁安人，山西寿阳县知县。**张廷柏** 抚宁人，霸州学正。**刘兴麟** 昌黎人。**魏亨逵** 昌黎人，江苏镇江府知府。	**王文炳** 河间人，庆云县训导。**沈铨** 河间人，文安县教谕。**齐际泰** 河间人。**刘清臣** 河间人，永平府训导。**张昀** 景州人。**王家治** 故城人，知县。**崔学海** 宁津人。	**刘镡** 天津人，见《进士表》。**刘恩庆** 天津人，见《进士表》。**李楫** 天津人。**潘兆安** 天津人。**李昀** 天津人，福建永定县知县。**邵泰** 天津人，藁城县教谕。**董瀛山** 青县	**崔秀文** 栾城人，河南知县。**康绳武** 灵寿人。**么衍昌** 元氏人。**王任之** 元氏人。	**戴倚衡** 唐山人，成安县教谕。	**刘守名** 曲周人，藁城县教谕。**裴大鹏** 邯郸人。**张世熙** 邯郸人。	**周元度** 开州人，庆云县训导。**董克成** 开州人。		**蒋轶伦** 玉田人，完县教谕。**张镜镎** 玉田人。		**赵桐** 南宫人，见《进士表》。**王梾炘** 南宫人，拣选知县。**郑孔皆** 新河人。**孙治溥** 衡水人。	**杜希轸** 隆平人，见《进士表》。**刘九峨** 隆平人，景州教谕。	**王鹭庭** 武强人。	**王思诏** 深泽人，巨鹿县训导。

	顺天府	保定府	承德府	永平府	河间府	天津府	正定府	顺德府	广平府	大名府	宣化府	遵化州	易州	冀州	赵州	深州	定州
	白让卿通州人，见《进士表》。**杨佶**宝坻人。**黄灿**文安人，曲阳县教谕。**高克均**蓟州人。**刘照藜**蓟州人。**许清贵**顺义人，见《进士表》。			**李铭恩**乐亭人，江西大庾县知县。**宁兰森**乐亭人。**计鹏年**临榆人，密云县教谕。**吴骏声**临榆人。		人，解元。**戴宗逵**青县人。**李承诰**青县人。**刘象浮**青县人。**陈观**静海人。**王克勤**沧州人。**陈敉亭**沧州人，巨鹿县训导。**王国藩**沧州人，保定府训导。**吴玉树**沧州											

	顺天府	保定府	承德府	永平府	河间府	天津府	正定府	顺德府	广平府	大名府	宣化府	遵化州	易州	冀州	赵州	深州	定州
						人，奉天辽阳州学正。**李世琦**沧州人，山西赵城县知县。**潘一桂**南皮人。**尹宗泗**南皮人。**高熊梦**南皮人，见《进士表》。**傅兆麟**南皮人。**张懋哉**南皮人。**于恒清**南皮											

	顺天府	保定府	承德府	永平府	河间府	天津府	正定府	顺德府	广平府	大名府	宣化府	遵化州	易州	冀州	赵州	深州	定州
						人。 张酉 盐山人，山西知县。 刘庆凯 盐山人，见《进士表》。											
道光元年辛巳恩科	吴乔龄 大兴人。 罗熯 大兴人。 沈宗庆 大兴人。 卞棠 大兴人。 张文煜 大兴人。 李振 大兴	王增 清苑人。 叶增 清苑人。 王瑞庆 清苑人。 张德种 清苑人。 谢名 清苑人。 李澧 满城	石维新 平泉州人。 谢绍城 丰宁人。 王懋德 建昌人。 吕升堂 赤峰人。	武兴绪 迁安人。 杨宝善 迁安人，永清县教谕。 魏亭培 昌黎人。 宁申吉 乐亭人。 李选 乐亭人。	王书俊 河间人，抚宁县训导。 吴怀玉 河间人。 王元铃 河间人。 陈占祥 献县人，唐县训导。	王廷棻 天津人，山东平原县知县。 冯翰 天津人，江苏宜兴县知县。 赵作宾 天津人，江苏徐州府知	梁启逵 正定人，西宁县教谕。 庞光耀 获鹿人。 刘言 平山人，肃宁县教谕。 么得昌 元氏人。	姬襄 邢台人。 高育中 沙河人。	夏发荣 永年人。 史景清 永年人，井陉县教谕。 韩对扬 广平县人。 赵瑸 威县人。 潘绂 威县人。	刘鹏 开州人。	杨国栋 蔚州人。 胡先瀛 延庆州人。 冯森 万全人，平乡县教谕。	李生华 遵化人，赤城县教谕。 董鹏翚 丰润人。 刘树杲 丰润人。 董辉 丰润人。 李炳 玉田人。		齐其相 冀州人。 陈椿年 南宫人。 赵联科 南宫人。 冯铭 南宫人。 朱九如 枣强人，宁津县教谕。	赵鹏翔 临城人，见《进士表》。 韩国俊 宁晋人，怀柔县教谕。	赵定曾 深州人，见《进士表》。 戴文懋 深州人，遵化州学正。 程印升 武强人。 张麟台 武强人。	刘寅午 定州人，隆平县教谕。 王如星 深泽人。

	顺天府	保定府	承德府	永平府	河间府	天津府	正定府	顺德府	广平府	大名府	宣化府	遵化州	易州	冀州	赵州	深州	定州
	人。 武遵路大兴人。 阮维澄大兴人。 傅铎大兴人。 韩景登大兴人。 魏金声大兴人。 李承锡大兴人。 李攀龙大兴人。 陈镛大兴人。 赵钧谟大兴人。	人。 张锡田安肃人。 鹿傅向定兴人。 胡玉衡望都人。 黄芸望都人。 蒋呈祥蠡县人。 吴孟泰蠡县人。 杨翰侯蠡县人。 周象垣祁州人。 陈霄安州人。		程儒珍临榆人，吉林学正。 李国麟临榆人。 李荫昆临榆人。	陈凤来肃宁人。 舒辰会任丘人。 高华孙任丘人。 郭绍镛任丘人。 宋鸣谦任丘人。 瞿光缙任丘人。 田玉拔任丘人。 孟岱龄交河人。 马德称东光人。	府。 车来贤天津人。 郝善天津人，见《进士表》。 詹秉锐天津人，河南开封府经历。 徐一彦天津人。 华玉墀天津人，陕西西乡县知县。 王枚天津人，山东兰山县知	杜生汾赞皇人。 王哲无极人。 赵景云藁城人。					郁洵玉田人。		步际逵枣强人。		贾锡畴武强人。	

	顺天府	保定府	承德府	永平府	河间府	天津府	正定府	顺德府	广平府	大名府	宣化府	遵化州	易州	冀州	赵州	深州	定州
	胡炳文 大兴人。 **沈锜** 大兴人。 **屠可材** 大兴人。 **刘滨** 大兴人。 **范承典** 大兴人。 **刘瀛** 大兴人。 **蒯芬** 大兴人。 **梁春江** 大兴人。 **许逢吉** 大兴人。 **汤建中** 大兴	**孙元桂** 安州人。 **鹿岱龄** 安州人。 **梁天柱** 高阳人。 **刘济宽** 高阳人。 **刘伯宰** 高阳人。				县。 **刘冕** 天津人，怀来县教谕。 **孙焕翔** 静海人。 **王国维** 沧州人。 **刘元钰** 沧州人。 **宋恩畿** 沧州人。 **张树本** 沧州人。 **张津源** 南皮人。 **张全懋** 南皮人。 **刘斯邵** 南皮											

	顺天府	保定府	承德府	永平府	河间府	天津府	正定府	顺德府	广平府	大名府	宣化府	遵化州	易州	冀州	赵州	深州	定州
	人。**徐绍侃**大兴人。**查咸勤**宛平人，解元。**钟锡瑞**宛平人。**章诰**宛平人。**朱琦**宛平人。**孙庆麒**宛平人。**姜凤辉**宛平人。**史致蕃**宛平人。**赵霨庭**宛平人。					人。**赵德舆**盐山人，新河、阜平二县教谕。**王庆元**盐山人，见《进士表》。**周焕文**盐山人，南和县教谕。**崔希唐**盐山人。**刘梦弼**盐山人，永清县教谕。											

	顺天府	保定府	承德府	永平府	河间府	天津府	正定府	顺德府	广平府	大名府	宣化府	遵化州	易州	冀州	赵州	深州	定州
	王观涛宛平人。 **荆立本**宛平人。 **王朝柱**宛平人。 **史致霖**宛平人。 **史麟善**宛平人。 **张步蟾**永清人，广东长宁县知县。 **朱汝为**永清人，开州学正。 **陈元麒**东安人。																

	顺天府	保定府	承德府	永平府	河间府	天津府	正定府	顺德府	广平府	大名府	宣化府	遵化州	易州	冀州	赵州	深州	定州
	张桂林通州人，福建知县。**陈成照**通州人。**沙广增**武清人，四川知县。**陈如冈**武清人。**刘廷彦**宝坻人。**袁凤鸣**宝坻人。**陈兰圃**宝坻人。**廉如铦**宁河人。																

	顺天府	保定府	承德府	永平府	河间府	天津府	正定府	顺德府	广平府	大名府	宣化府	遵化州	易州	冀州	赵州	深州	定州
	李步瀛宁河人。**全景烜**涿州人，蠡县教谕。**张汝铨**涿州人，卢龙县教谕。**王得雄**房山人。**陈士基**文安人。**沈熊**文安人，涞水县教谕。**东名阁**大城人。**王振钟**蓟州																

	顺天府	保定府	承德府	永平府	河间府	天津府	正定府	顺德府	广平府	大名府	宣化府	遵化州	易州	冀州	赵州	深州	定州
	人，新城县教谕。																
道光二年壬午科	**王涤源**大兴人，解元。**刘丙**大兴人。**刘湄**大兴人。**张庆恩**大兴人。**丁嘉葆**大兴人。**范端培**大兴人。**陈式玉**大兴人。**周煐孙**大兴人。	**王德溶**清苑人。**单文龄**安肃人。**周风若**唐县人。**魏学诗**博野人。**段金瓯**蠡县人。**董肇珍**雄县人。**魏棻**安州人。**陈承万**安州人。	**宋以治**平泉州人。**朱廷彦**滦平人。**卜龙光**朝阳人。	**高龙跃**卢龙人。**徐春贵**抚宁人，沧州学正。**杜詹**滦州人。**杜鹏飞**滦州人。**李善滋**乐亭人。**安联甲**乐亭人。**傅德谦**临榆人，陕西韩城县知	**陈怡**献县人。**刘廷霖**任丘人。**边孔卓**任丘人。**莫若琦**景州人，见《进士表》。**戈淦**景州人。**马锡蕃**东光人。	**王者宾**天津人，见《进士表》。**冯相芝**天津人，肃宁县训导。**王兆霖**天津人。**张开镳**天津人。**元烺**天津人，新城县教谕。**李涵**天津人，兵部主	**刘裕如**阜平人。**董树杰**栾城人，湖南安乡县知县。**王育之**元氏人。	**解麟趾**邢台人。**王百龄**任县人。	**许尚德**永年人。**陈康侯**曲周人。**王文蓁**肥乡人。**王重道**邯郸人。**张淦**磁州人。	**王联堂**元城人。**王云槎**开州人。		**王念祖**丰润人。**陈其政**丰润人。**杨纫兰**丰润人。**郑谦**丰润人。	**赵汝和**易州人。**陈来愫**易州人。**赵文涵**涞水人，奉天铁岭县训导。	**李福成**南宫人。**步际桐**枣强人。**王以洁**衡水人。	**刘恒德**隆平人。	**贺锡璋**武强人。**任润生**安平人。	**魏儒珍**曲阳人。**常墉**深泽人。

	顺天府	保定府	承德府	永平府	河间府	天津府	正定府	顺德府	广平府	大名府	宣化府	遵化州	易州	冀州	赵州	深州	定州
	高林育大兴人。 **胡炳**大兴人。 **沈清**大兴人。 **徐庆纶**大兴人。 **谢承坛**大兴人。 **朱之镕**大兴人。 **文钰**大兴人。 **徐源湘**大兴人。 **李从图**宛平人。 **初荣熙**宛平	**刘伯超**高阳人。 **管调元**新安人。		县。 **马式游**临榆人。		事。 **孙见曾**天津人，宁津县训导。 **姚承恩**天津人，见《进士表》。 **谢长泰**天津人。 **陈绍骥**天津人，鸡泽县教谕。 **徐堉**天津人，广西龙州同知。有传。 **徐玮**天津人，清河县训											

	顺天府	保定府	承德府	永平府	河间府	天津府	正定府	顺德府	广平府	大名府	宣化府	遵化州	易州	冀州	赵州	深州	定州
	人。**高应甲**宛平人。**丁善庆**宛平人。**顾履泰**宛平人。**叶嵩龄**宛平人。**徐耀**宛平人。**王显绪**宛平人。**刘德求**宛平人。**屠敦乐**宛平人。**周心存**宛平人。					导。**徐大镛**天津人，河南偃师、杞县知县。**陈其昌**天津人，广东仁化、澄迈县知县。**魏席珍**天津人，江西进贤县知县。**周际昌**青县人。**王凤衔**静海人。**萧宝善**静海											

	顺天府	保定府	承德府	永平府	河间府	天津府	正定府	顺德府	广平府	大名府	宣化府	遵化州	易州	冀州	赵州	深州	定州
	李长棻宛平人。**吕敏**宛平人。**张希哲**宛平人。**马腾飞**宛平人。**桑春荣**宛平人，见《进士表》。**孙志仁**宛平人。**孙垲**宛平人。**王为星**宛平人。**吴廷璋**东安人。					人。**元维恺**静海人。**潘文会**南皮人。**刘有庆**南皮人。**张修育**南皮人。**叶椿**南皮人。**崔光笏**庆云人。											

	顺天府	保定府	承德府	永平府	河间府	天津府	正定府	顺德府	广平府	大名府	宣化府	遵化州	易州	冀州	赵州	深州	定州
	刘廷检 通州人，见《进士表》。**李舒霖** 通州人。**张梓林** 通州人，福建布库大使。**朱廷杰** 通州人，工部郎中。**李奎文** 通州人，河南通判。**宋埏** 通州人。**雷学涛** 通州人，知																

	顺天府	保定府	承德府	永平府	河间府	天津府	正定府	顺德府	广平府	大名府	宣化府	遵化州	易州	冀州	赵州	深州	定州
	县。**张朝桂**三河人。**陈作伯**武清人，南乐县训导。**李庄**宝坻人。**方淇**宝坻人。**邵宗恺**宁河人。**谈其仪**宁河人。**史溥**昌平州人。**崔倬**霸州人。**杨永基**文安人。																

	顺天府	保定府	承德府	永平府	河间府	天津府	正定府	顺德府	广平府	大名府	宣化府	遵化州	易州	冀州	赵州	深州	定州
道光五年乙酉科	**刘钧贻**大兴人。 **王顺修**大兴人。 **周镐**大兴人。 **王天锡**大兴人。 **张秉廉**大兴人。 **金莹**大兴人，广西永康州知州。 **王光綧**大兴人。 **吕兆熊**大兴人。 **陈庆枢**大兴	**李光钺**清苑人。 **王发桂**清苑人。 **李人和**清苑人。 **李云和**清苑人。 **金琳**清苑人。 **韩德玉**清苑人。 **鹿传先**定兴人。有传。 **付履恒**博野人。 **刘景仁**容城人。	**从占鳌**承德府人。有传。 **张士春**建昌人。 **卜云程**朝阳人。	**马宗沂**卢龙人。有传。 **曹旭耀**昌黎人，四川雷波厅通判。 **郑家作**滦州人。 **李兆魁**滦州人。 **张万青**滦州人。 **孙德荣**滦州人。 **王庚**滦州人。 **王国昌**乐亭人。	**史青云**河间人，磁州训导。 **纪煐徽**献县人。 **多世瑄**阜城人。 **高峻天**任丘人。 **顾光勋**交河人。 **马朝选**交河人。 **戈荣昌**景州人，工部郎中。 **焦雯**吴桥人。	**沈维钰**天津人，浙江候补知府。 **陈际清**天津人。 **刘庆元**天津人，陕西山阳、四川彭山县知县。 **曾砚贻**天津人。 **李云湄**天津人。 **吴士俊**天津人，见《进士表》。 **陆桓**天津	**梁葵**正定人。 **聂玉阶**栾城人。 **阎泽**栾城人，东光县教谕。 **封躬**平山人。 **贾世纶**元氏人。	**李兰桂**邢台人。 **马懋德**平乡人。 **郑元善**广宗人。	**武汝清**永年人。 **王克勤**永年人。 **教其相**永年人，河间县教谕。 **郑增修**永年人，曲阳县教谕。 **逯宗偁**成安人。 **陶瀛洲**威县人。 **李培之**磁州人。	**王德元**开州人。	**孟锡畴**宣化人。 **高步蟾**宣化人。 **康华国**蔚州人。 **李煌**怀安人。 **安持正**怀安人。	**刘桂荣**丰润人。 **刘龙光**丰润人。 **齐学山**玉田人，广平县训导。		**尹士成**南宫人。 **张清元**衡水人。		**高攀桂**深州人。 **翟维本**深州人。 **许镗**饶阳人。 **崔承基**安平人。	**杨清玺**曲阳人。 **王肇濂**深泽人，房山县教谕。

	顺天府	保定府	承德府	永平府	河间府	天津府	正定府	顺德府	广平府	大名府	宣化府	遵化州	易州	冀州	赵州	深州	定州
	人。 **章文津**大兴人。 **丁廷宝**大兴人。 **陈嘉淦**大兴人。 **俞恒纯**大兴人。 **胡云鹏**大兴人。 **吴森**大兴人。 **张维翰**大兴人。 **王祐**大兴人。 **张继儒**宛平人。	**马鸣琴**高阳人。 **田钧正**新安人。			**高树雨**东光人。	人，怀柔县训导。 **张恕**天津人。 **金镕**天津人，江苏睢宁县知县。 **陈允治**青县人，候选训导。 **郑廉善**静海人。 **元维熹**静海人。 **佟禹功**静海人。 **宋恩重**沧州人。											

	顺天府	保定府	承德府	永平府	河间府	天津府	正定府	顺德府	广平府	大名府	宣化府	遵化州	易州	冀州	赵州	深州	定州
	韩惇 宛平人。					**王毓柱** 沧州人。											
	袁俊 宛平人。					**祝调元** 沧州人。											
	吕振骐 宛平人。					**祝燮元** 沧州人。											
	张行俭 宛平人。					**姜天驷** 南皮人。											
	孙汝洲 宛平人。					**汤师洪** 南皮人。											
	吴企宽 宛平人。					**刘元龄** 庆云人。											
	马映辰 宛平人。					**解凤冈** 庆云人。											
	侯晟 宛平人。																
	翟钧 宛平人。																
	初庆俪 宛平																

	顺天府	保定府	承德府	永平府	河间府	天津府	正定府	顺德府	广平府	大名府	宣化府	遵化州	易州	冀州	赵州	深州	定州
	人。**张枢**宛平人。**马光奎**宛平人。**李洼**宛平人。**李自新**宛平人。**潘斌**通州人。**刘澄**通州人，四川井研县知县。**魏敬仪**通州人。**丁起**通州人，候选教																

	顺天府	保定府	承德府	永平府	河间府	天津府	正定府	顺德府	广平府	大名府	宣化府	遵化州	易州	冀州	赵州	深州	定州
	谕。 **程杰** 通州人，云南宣威州知州。有传。 **郝澍** 三河人。 **马玉麟** 武清人。 **陈际昌** 武清人。《采访册》际作继。 **王玮** 宝坻人。 **郑凤鸣** 宝坻人。 **李萼** 宝坻人。																

	顺天府	保定府	承德府	永平府	河间府	天津府	正定府	顺德府	广平府	大名府	宣化府	遵化州	易州	冀州	赵州	深州	定州
	李藻 宝坻人。 **郑阅** 宁河人，解元。 **张登书** 宁河人。 **张文诰** 宁河人，江西会昌县知县。 **邵宗渭** 宁河人。 **邵宗文** 宁河人。 **戴传洙** 宁河人。 **冯煜** 昌平州人。																

	顺天府	保定府	承德府	永平府	河间府	天津府	正定府	顺德府	广平府	大名府	宣化府	遵化州	易州	冀州	赵州	深州	定州
	赵景辰顺义人。 **张鸿璞**大城人。																
道光八年戊子科	**包承培**大兴人。 **席元善**大兴人。 **王堉**大兴人。 **陶沄**大兴人。 **严文瀚**大兴人。 **张颉云**大兴人。 **孙瀛**大兴人。	**李钧和**清苑人。 **陆宗泰**清苑人。 **王履恒**清苑人。 **金阶**清苑人。 **朱廷标**清苑人。 **冯如松**博野人。 **袁时**雄县人。	**楚镛**承德人。 **鹿钟之**赤峰人。 **王鹏程**赤峰人。	**马恬**迁安人。 **张台**迁安人。 **万逢时**迁安人。 **王松陵**抚宁人。 **金联甲**抚宁人。 **杨碧林**抚宁人。 **李腾蛟**滦州人。	**左乔林**河间人，见《进士表》。 **孙纫兰**河间人，宣化县教谕。 **高思昌**献县人。 **许涵**阜城人。 **魏鸣理**阜城人。 **周丙南**任丘人。	**张鹤缘**天津人，四川知县。 **金煐**天津人，南河邳北通判。 **齐承彦**天津人，刑部尚书，谥恭勤。 **徐春铎**天津人，江西上高县知县。	**王世勋**正定人，宁古塔学正。 **王梦松**阜平人。 **傅周庠**栾城人，蓟州学正。 **赵大山**行唐人，曲周县训导。 **高庭著**行唐人。	**周鸣鹿**南和人。 **杨大振**南和人。	**刘浩**永年人。 **王心田**肥乡人。	**王佑**大行人。	**刘正思**蔚州人。 **孙泽沛**蔚州人。 **李际春**蔚州人。有传。 **张本崇**万全人，肃宁县训导。	**刘联桂**丰润人。 **吴廷溥**丰润人。 **李应泰**丰润人。 **陈成桂**丰润人。 **李同邺**丰润人。 **张检**玉田人。 **赵常思**玉田人。	**赵东曙**易州人。 **孙修曾**广昌人。有传。	**王衍**南宫人。 **李鼎文**枣强人。	**李生春**宁晋人。	**张明麟**武强人。	**王家宝**定州人，山西天镇县知县。 **吴廉善**定州人，三河县训导。 **李廷梁**深泽人。

	顺天府	保定府	承德府	永平府	河间府	天津府	正定府	顺德府	广平府	大名府	宣化府	遵化州	易州	冀州	赵州	深州	定州
	宋钺大兴人。 **李镛**大兴人。 **朱世璜**大兴人。 **汤敏中**大兴人。 **何豫纶**大兴人。 **陈价藩**大兴人。 **郑锡文**大兴人。 **丁嘉藻**大兴人。 **杨文和**大兴人。 **唐廷纶**大兴	**刘学海**祁州人。 **郝元聚**束鹿人。 **张世烯**安州人。 **张锦**安州人。 **田清选**新安人。		**臧维城**乐亭人。 **俎抝谦**乐亭人。 **井长福**乐亭人。 **李清泰**乐亭人，满城县教谕。 **姚国文**乐亭人。	**及树勋**交河人。 **张玉堂**故城人。 **方熙**吴桥人。 **梁旭**吴桥人。 **傅荫桂**宁津人。	**徐文煐**天津人，广东龙县知县。 **刘光国**天津人。商籍。 **薛钟兖**静海人。 **鲍廷燕**沧州人。 **刘元鉁**沧州人。 **戴鸾图**沧州人。 **刘有寿**南皮人。 **孙葆元**盐山人，见《进士表》。											

	顺天府	保定府	承德府	永平府	河间府	天津府	正定府	顺德府	广平府	大名府	宣化府	遵化州	易州	冀州	赵州	深州	定州
	人。 **陶绍泉** 大兴人。 **谢膺禧** 大兴人。 **李嘉端** 大兴人。 **丁楚玉** 宛平人。 **徐有壬** 宛平人。 **汪铨** 宛平人。 **漆怀英** 宛平人。 **瞿嘉祐** 宛平人。 **杨裕** 宛平人。					**王应台** 庆云人。											

	顺天府	保定府	承德府	永平府	河间府	天津府	正定府	顺德府	广平府	大名府	宣化府	遵化州	易州	冀州	赵州	深州	定州
	史致康宛平人。**韩潮**宛平人。**蒋又伸**、**马书奎**俱宛平人。**徐勋**宛平人。**朱其荣**宛平人。**叶森**宛平人。**汪鋐**宛平人。**徐斌**宛平人。**邵宝林**固安人。																

	顺天府	保定府	承德府	永平府	河间府	天津府	正定府	顺德府	广平府	大名府	宣化府	遵化州	易州	冀州	赵州	深州	定州
	朱汝愉 永清人，吴桥县教谕。**王存仁** 东安人，深泽县训导。**梁敞** 通州人，河南新安县知县。**李鸿文** 通州人，江苏海门厅同知。**刘廷杰** 通州人，候选教谕。**李荪** 宝坻																

	顺天府	保定府	承德府	永平府	河间府	天津府	正定府	顺德府	广平府	大名府	宣化府	遵化州	易州	冀州	赵州	深州	定州
	人。 **马大钧**宝坻人。 **沈贻芬**密云人。 **逵瀚**涿州人，饶阳县教谕。 **王言**房山人。 **苏裕昆**房山人。 **纪镐**文安人。 **段绍闻**大城人。 **刘煦**大城人。 **王召平**大城人。																

	顺天府	保定府	承德府	永平府	河间府	天津府	正定府	顺德府	广平府	大名府	宣化府	遵化州	易州	冀州	赵州	深州	定州
道光十一年辛卯恩科	**董似谷**大兴人。 **周铭渊**大兴人。 **周荫南**大兴人。 **李寿山**大兴人，宁津县教谕。 **高鲁**大兴人。 **余耀南**大兴人。 **黄庆薿**大兴人。 **王振修**大兴人。 **裘绍箕**大兴人。	**吴炜**清苑人。 **刘镕**清苑人。 **沈鸿**清苑人。 **汤成烈**清苑人。 **臧叔显**清苑人。 **孙棠**清苑人。 **陈鉴**清苑人。 **刘香**清苑人。 **李淳**满城人。 **李文鼎**新城	**吴敏**承德府人。 **谢绍樾**丰宁人。 **王念绍**赤峰人。	**傅观海**卢龙人。 **阎德俊**卢龙人。 **李克昌**迁安人。 **郑芃**迁安人。 **俞震**抚宁人，滦城县教谕。 **马连仲**昌黎人。 **李清淑**乐亭人，容城县训导。 **郭定生**临榆人，山西榆社	**张国楸**献县人。 **李世桢**肃宁人。 **陈寿龄**肃宁人。 **及惟一**任丘人。 **张学孔**交河人。 **贾臻**故城人，见《进士表》。 **方坪**吴桥人。	**吴惠元**天津人，见《进士表》。 **殷家霖**天津人，见《进士表》。 **王步云**天津人，肃宁县教谕。 **丁运枢**天津人，福建宁化县知县。 **吴起元**天津人，长垣县教谕。 **徐界青**天津人，东	**张廷瑞**获鹿人，见《进士表》。 **郭效程**栾城人。 **刘梦卜**平山人。 **侯昌域**赞皇人。 **苑世亨**晋州人。	**窦维**邢台人。 **苗大田**任县人。	**李玉振**永年人。 **杨殿邦**永年人。 **王万善**邯郸人。	**苏景清**南乐人。 **赵梦卜**东明人。 **董亚新**开州人，山西州判。		**杨际振**遵化人。 **傅晴**丰润人。 **吴廷浚**丰润人。 **郑锡绶**丰润人。 **赵常春**玉田人。 **王廷伟**玉田人。	**赵东听**易州人，户部小京官。 **辛元瑾**广昌人。	**吴阶平**南宫人。		**张思洪**武强人。	**张朴**定州人，山东章丘县知县。

	顺天府	保定府	承德府	永平府	河间府	天津府	正定府	顺德府	广平府	大名府	宣化府	遵化州	易州	冀州	赵州	深州	定州
	姚振翥大兴人。**谢膺禧**大兴人。**光焕章**大兴人。**蒋嘉炜**大兴人。**华端揆**大兴人。**赵元琛**大兴人。**胡光泰**大兴人。**孙炳昌**大兴人。**李价藩**大兴人。**郑重**大兴	人。**袁耀鳞**望都人。**梁鋕**蠡县人。**谷梾**蠡县人。**田岱青**新安人。		县知县。**李育德**临榆人。		安县教谕。**汪嗣绪**天津人。**王治安**天津人，山东知县。**高兰堦**天津人，灵寿县训导。**孟凤来**天津人。**华长卿**天津人，奉天开原县训导。有传。**吴甲先**南皮人。											

	顺天府	保定府	承德府	永平府	河间府	天津府	正定府	顺德府	广平府	大名府	宣化府	遵化州	易州	冀州	赵州	深州	定州
	人。**黄庆樾**大兴人。**孙沄**大兴人。**冯晟**宛平人。**刘桂荣**宛平人。**黄廷珍**宛平人。**夏云**宛平人。**倪丹林**宛平人。**赵振祚**宛平人，见《进士表》。有传。					**张倬**南皮人。**张鈊**南皮人。**李敦直**盐山人，见《进士表》。**李鸿翥**盐山人，栾城县教谕。**郭汝兰**盐山人。**张怡曾**盐山人，乐亭县教谕。**王凤冈**庆云人。											

	顺天府	保定府	承德府	永平府	河间府	天津府	正定府	顺德府	广平府	大名府	宣化府	遵化州	易州	冀州	赵州	深州	定州
	何镕 宛平人。**赵善庆** 宛平人。**马豫** 宛平人。**张淮** 宛平人。**王观潮** 宛平人。**初荣勋** 宛平人。**吕晋** 宛平人。**马青云** 东安人。**李希固** 通州人。**刘锡恭** 通州																

	顺天府	保定府	承德府	永平府	河间府	天津府	正定府	顺德府	广平府	大名府	宣化府	遵化州	易州	冀州	赵州	深州	定州
	人，唐山县教谕。有传。**李佩文** 通州人，湖南东安县知县。有传。**谷应鸣** 通州人。**王格** 通州人。**杨士箴** 通州人，福建建宁县知县。有传。**许佐汤** 通州人。**贾宗洙** 武清																

	顺天府	保定府	承德府	永平府	河间府	天津府	正定府	顺德府	广平府	大名府	宣化府	遵化州	易州	冀州	赵州	深州	定州
	人，浙江知县。**苏岩**宝坻人。**陈从孟**宝坻人。**王大济**宝坻人。**方作霖**宝坻人。**李光璧**宝坻人。**王贡祥**宝坻人。**崔梦悟**昌平州人。**朱宪曾**涿州人，见《进士表》。																

	顺天府	保定府	承德府	永平府	河间府	天津府	正定府	顺德府	广平府	大名府	宣化府	遵化州	易州	冀州	赵州	深州	定州
	张禧 涿州人，州志作张翼轸，蠡县教谕。**杨衔** 涿州人，见《进士表》。**崔侗** 霸州人。**纪镗** 文安人。**王召卿** 大城人。																
道光十二年壬辰科	**谢兆怀** 大兴人。**储鸿** 大兴人。**陆大中** 大兴	**陆孙鼎** 清苑人。**戎陟** 清苑人。**王镛** 清苑	**鹿燕莘** 平泉州人。**孙发秀** 丰宁人。**钱青选** 建昌人。	**罗耀先** 卢龙人。**薛安仁** 卢龙人。**何恒** 卢龙	**裘宝善** 河间人。**李云升** 河间人。**刘尔宽** 河间	**何煜** 天津人。**赵香森** 天津人。**李怡庆** 天津	**何德金** 正定人，东安县训导。**于锡龄** 行唐人。	**陈万春** 唐山人。有传。**李绍陇** 任县人。	**郝树栗** 邯郸人。**张重貌** 威县人。**赵澜** 威县人。	**张基** 元城人。户部员外郎。**高向斗** 南乐人。	**文运熙** 保安州人。有传。	**贾东儒** 遵化州人，密云县教谕。**鲁策** 遵化州人，武		**张凤来** 南宫人。**郑绍和** 新河人。**顾恒龄** 枣强	**李及辰** 赵州人。**巩嶂** 隆平人，邢台县教谕。	**贺式钦** 武强人。**张书绅** 安平人。	**李廷俊** 深泽人。

	顺天府	保定府	承德府	永平府	河间府	天津府	正定府	顺德府	广平府	大名府	宣化府	遵化州	易州	冀州	赵州	深州	定州
	人。**徐祖望**大兴人。**钱元善**大兴人。**戴拱辰**大兴人。**刘向生**大兴人。**恽尔谦**大兴人。**晏彭年**大兴人。**孔继鏻**大兴人。**陶自华**大兴人。**陈兆骧**大兴人。	人。**章耀宗**清苑人。**李天培**安肃人。**陈培良**定兴人。**齐英敏**蠡县人。**王调元**蠡县人。**管庆龄**雄县人。**赵连元**祁州人。**贺元发**束鹿人。**陈隽**安州人。		人。**姚开勋**迁安人，郎中。**乔永实**抚宁人。**吴际昇**抚宁人，广宗县教谕。**刘凤篆**昌黎人，陕西神木县知县。**李凤山**昌黎人，行唐县训导。**李传书**滦州人，宁津县教谕。	人。**裘宝镛**河间人。**范鸣凤**肃宁人，临城县训导。**齐天锡**肃宁人。**边慰曾**任丘人。	人。**徐廉锷**天津人，见《进士表》。**郭世昌**天津人，江苏海州州同，安东县知县。**冯向荣**天津人，新河县教谕。**姚承丰**天津人，膳录知县加同知衔。**王寿朋**天津人。**陈兆骧**天津	**杨亶骅**晋州人。			**牛光斗**南乐人。**张昕**南乐人。**范承露**东明人。**董德新**开州人，河南信阳州知州。县志作董元新。**李惟铸**长垣人。		邑县教谕。**李廷燮**遵化州人，署陕西醴泉县知县。有传。**孙德墉**玉田人。		人。**蔡邦荣**武邑人。			

	顺天府	保定府	承德府	永平府	河间府	天津府	正定府	顺德府	广平府	大名府	宣化府	遵化州	易州	冀州	赵州	深州	定州
	陶树美 大兴人。**沈浚** 大兴人。**吴士桢** 大兴人。**邵孚名** 大兴人。**陈绍曾** 大兴人。**王履谦** 大兴人。**秦炳章** 宛平人。**虞家泰** 宛平人。**徐文耀** 宛平人，见《进士表》。	**李受恒** 高阳人。		**宁曾纶** 乐亭人。**高峦** 临榆人。**杨士林** 临榆人。		人。**解开祥** 天津人，四川洪雅县知县。**费荫樟** 天津人，见《进士表》。**陆光锡** 天津人。**董汇芳** 天津人，山西平定直隶州知州，知府衔。**郑辉堂** 天津人，商籍，解元。											

	顺天府	保定府	承德府	永平府	河间府	天津府	正定府	顺德府	广平府	大名府	宣化府	遵化州	易州	冀州	赵州	深州	定州
	傅自铭宛平人。 **余锦淮**宛平人。 **宋载赓**宛平人。 **蔡谟**宛平人。 **曹焌**宛平人。 **王延昆**宛平人。 **刘源浚**永清人。 **金廷抡**通州人，奉天义州学正。 **刘树桐**武清人。					**戴万程**青县人。 **宋恒山**静海人。 **李金塘**静海人。 **王晋康**沧州人。 **张惠立**沧州人。 **祝伟元**沧州人。 **叶圭书**沧州人。 **杨清源**沧州人。 **刘书麟**南皮人。 **赵培之**盐山											

	顺天府	保定府	承德府	永平府	河间府	天津府	正定府	顺德府	广平府	大名府	宣化府	遵化州	易州	冀州	赵州	深州	定州
	曹云陵 武清人。有传。**王炽昌** 宝坻人。**王恭** 宝坻人。**廉如钰** 宁河人。**陈青云** 文安人。**陈锟** 文安人。**纪昌言** 文安人。**王奉曾** 文安人。**陈鈖** 文安人。					人，见《进士表》。**孙鸣珂** 盐山人，见《进士表》。**苗培** 庆云人。											

	顺天府	保定府	承德府	永平府	河间府	天津府	正定府	顺德府	广平府	大名府	宣化府	遵化州	易州	冀州	赵州	深州	定州
	贺庄 文安人。 **刘桂棠** 大城人。 **刘鉴** 大城人。																
道光十四年甲午科	**顾言** 大兴人。 **胡应泰** 大兴人。 **孙肇元** 大兴人。 **涂文光** 大兴人。 **冯栻** 大兴人。 **缪步瀛** 大兴人。	**顾开第** 清苑人。 **李维新** 清苑人。 **金国兰** 清苑人。 **张步瑁** 安肃人。 **单宗陶** 安肃人。 **杨玙璠** 新城人。	**鞠文瀛** 丰宁人。 **鹿德晋** 建昌人。 **刘纬** 建昌人。	**王永清** 卢龙人。 **任镛** 迁安人。 **邓遴元** 迁安人。 **贺熙年** 迁安人。 **张钧** 抚宁人。 **刘珠** 滦州人。	**李钰** 河间人，广昌县教谕。 **马龙驷** 献县人。 **许宗岳** 任丘人。 **张维松** 景州人。 **张景沂** 景州人。 **杨省吾** 宁津	**陈曾庆** 天津人，教习知县。 **刘文华** 天津人，定州学正。 **徐如钰** 天津人，江苏太湖厅同知。 **王汝霖** 天津人，长	**苏彭龄** 井陉人。 **李榛园** 晋州人，沙河县教谕。	**陈端诚** 邢台人。 **崔光昌** 沙河人。 **张燕翼** 南和人。 **徐景云** 任县人。	**武澄清** 永年人。	**张元龄** 大名人。 **董鄂新** 开州人，四川云阳县知县。 **周元庆** 开州人，霸州训导。	**阎文光** 宣化人，完县训导。 **杨福隆** 保安州人。 **李厚积** 西宁人。	**鲁方** 遵化人，见《进士表》。 **张玮** 丰润人。		**程殿魁** 冀州人。 **谷清弼** 冀州人。 **吴三峰** 南宫人，固安县训导。 **崔保庆** 枣强人。	**董鸣韶** 隆平人，刑部主事。有传。	**杜如阜** 武强人。 **田精一** 安平人。	**陈彤** 定州人。 **杨照藜** 定州人，见《进士表》。 **耿安泰** 定州人。 **杨五奎** 曲阳人。 **王肇谦** 深泽人，福建漳州府知府。有传。 **杨天申** 深泽人，正定县

	顺天府	保定府	承德府	永平府	河间府	天津府	正定府	顺德府	广平府	大名府	宣化府	遵化州	易州	冀州	赵州	深州	定州
	周景麟大兴人。**姜申璠**大兴人。**习光藻**大兴人。**吴达恩**大兴人。**陈庆桂**大兴人。**吴锡光**大兴人。**王瑞庆**大兴人。**徐如钰**大兴人。**李维醇**大兴人。	**刘桂芳**蠡县人。**鲁允恭**蠡县人。**张锡华**雄县人。**张殿梓**雄县人。**李梅芳**東鹿人。**李元芳**安州人。		**杨在汶**乐亭人。**周遇龙**乐亭人。**马学和**临榆人，山东昌邑县知县。**常清任**临榆人，口城县训导。**应杓**临榆人。	人。**张景翰**宁津人。	垣县教谕。**李端章**天津人，见《进士表》。**云辉祖**天津人。**吴振元**天津人，江南徐州府同知。**黄景芳**天津人。**韩兆龄**天津人。**朱续昌**天津人，武强县训导。											教谕。**王钟麒**深泽人。

	顺天府	保定府	承德府	永平府	河间府	天津府	正定府	顺德府	广平府	大名府	宣化府	遵化州	易州	冀州	赵州	深州	定州
	胡安泰大兴人。**王庆云**大兴人。**张文瀚**大兴人。**钟瀛**大兴人。**谢诰**大兴人。**张同福**大兴人。**朱守方**大兴人。**左元焜**大兴人。**陆敏政**大兴人。					**于壮图**天津人，祁州学正。有传。**刘凤喈**天津人，肥乡县教谕。**岳屏环**静海人。**贾振鐄**沧州人。**张师关**南皮人。**张春育**南皮人。											

	顺天府	保定府	承德府	永平府	河间府	天津府	正定府	顺德府	广平府	大名府	宣化府	遵化州	易州	冀州	赵州	深州	定州
	史致諤 宛平人。**王堃** 宛平人。**王潭** 宛平人。**丁镗** 宛平人。**秦际昌** 宛平人。**李承业** 宛平人。**徐有孚** 宛平人。**马鏞** 宛平人。**方呈光** 宛平人。																

	顺天府	保定府	承德府	永平府	河间府	天津府	正定府	顺德府	广平府	大名府	宣化府	遵化州	易州	冀州	赵州	深州	定州
	姚鼎枚宛平人。**朱汝鹏**永清人。**陈则廉**香河人。**张赋林**通州人，见《进士表》。**徐维城**通州人。**刘廷霖**通州人，赵州学正。**杜其俊**通州人，南和县教谕。																

	顺天府	保定府	承德府	永平府	河间府	天津府	正定府	顺德府	广平府	大名府	宣化府	遵化州	易州	冀州	赵州	深州	定州
	李友堂三河人，解元。**郝植林**三河人。**陈智荄**武清人，盐大使。**李芷**宝坻人。**张元庆**宝坻人。**尹国俊**宝坻人。**廉师敏**宁河人。**陈鸿翊**宁河人，见																

	顺天府	保定府	承德府	永平府	河间府	天津府	正定府	顺德府	广平府	大名府	宣化府	遵化州	易州	冀州	赵州	深州	定州
	《进士表》。 **周礼** 涿州人，州志作周云翥，见《进士表》。 **王敬先** 涿州人。 **吕桂丛** 房山人。 **崔周山** 大城人。 **王曾樾** 大城人。 **高成均** 蓟州人。																

	顺天府	保定府	承德府	永平府	河间府	天津府	正定府	顺德府	广平府	大名府	宣化府	遵化州	易州	冀州	赵州	深州	定州
道光十五年乙未恩科	**郑书**大兴人。 **李嘉绶**大兴人。 **周锡钧**大兴人。 **张焜**大兴人。 **孙谦**大兴人。 **俞长赞**大兴人。 **赵元模**大兴人。 **吕茹古**大兴人。 **龚宝莲**大兴人。 **刘观庆**大兴	**李仲祈**清苑人。 **陈朝栋**清苑人。 **蔡锡龄**清苑人。 **俞肇昌**清苑人。 **金朝栋**清苑人。 **张增瑞**清苑人。 **魏文笏**满城人。 **陈九成**唐县人。 **霍嵩龄**完县人。 **齐壮图**蠡县	**于英蘧**承德人。 **张焕**建昌人。 **李焕文**建昌人。	**郑鸣冈**迁安人。 **王兆柏**抚宁人。 **张程章**抚宁人。 **李锡章**滦州人。 **李蕚**滦州人。 **张夺锦**乐亭人。 **安本曾**乐亭人。	**刘廷训**献县人。 **杨敏之**献县人。 **孔广厚**肃宁人。 **边葆淳**任丘人。 **戈甸芳**景州人，定兴县教谕。 **张芝**景州人，南乐县教谕。 **陈士奇**吴桥人。 **方若枚**吴桥人。	**陈勃**天津人。 **胡士彦**天津人，武清县教谕。 **田彬**天津人，江西泸溪县知县。有传。 **孙兆燕**天津人，深泽县训导。 **殷序之**天津人，湖北均州知州。 **陈椿**天津人。	**吕有志**正定人，平乡县训导。 **顾思淳**阜平人。 **马幡如**灵寿人。 **张世彦**赞皇人。	**郝升闻**邢台人。 **张树基**内丘人。 **刘永锡**任县人。	**杨焕然**永年人，知县。 **范维**曲周人。 **张康侯**威县人。 **范素琴**清河人。			**史樽**遵化人，工部主事。	**胡锡九**易州人。	**李鸣珂**南宫人，解元。	**巩东垣**隆平人，蠡县教谕。	**马安常**深州人，交河县教谕。 **张叔麟**武强人。 **张文珠**武强人。有传。 **商钱龄**安平人。	**袁镇南**深泽人。

	顺天府	保定府	承德府	永平府	河间府	天津府	正定府	顺德府	广平府	大名府	宣化府	遵化州	易州	冀州	赵州	深州	定州
	人。**沈锡祺**大兴人。**何逢辰**大兴人。**刘钧**大兴人。**朱保世**大兴人。**张中寅**大兴人。有传。**王树海**大兴人。**郭世亨**大兴人。**王孳**大兴人。**王吉人**大兴人。	人。**彭继绅**蠡县人。**李飞云**蠡县人。**贺元俊**束鹿人。**胡润如**束鹿人。**陈宽**安州人。**田惠中**安州人。**刘赓夏**高阳人。**韩霖**高阳人。			**曹大元**宁津人。	**刘泮林**青县人。**戴楠**青县人。**张大壮**静海人。**韩庆绂**静海人。**孙东亭**静海人。**刘凤诏**沧州人。**孙由甲**沧州人。**王乐善**沧州人。**叶圭绶**沧州人。**尹宗淳**南皮											

	顺天府	保定府	承德府	永平府	河间府	天津府	正定府	顺德府	广平府	大名府	宣化府	遵化州	易州	冀州	赵州	深州	定州
	庄桐勋 大兴人。 **江开** 宛平人。 **董用威** 宛平人。 **叶春芳** 宛平人。 **倪梦麟** 宛平人。 **倪丹书** 宛平人。 **史鸿诰** 宛平人。 **余澍** 宛平人。 **顾骏** 宛平人。 **朱芾** 宛平					人。 **崔光典** 庆云人。有传。											

	顺天府	保定府	承德府	永平府	河间府	天津府	正定府	顺德府	广平府	大名府	宣化府	遵化州	易州	冀州	赵州	深州	定州
	人。吴寿南宛平人。储德灿宛平人。沈国梁宛平人。屠正彦宛平人。汪杰宛平人。周法镛宛平人。马镈宛平人。贺寿嵩宛平人。马振衢宛平人。																

	顺天府	保定府	承德府	永平府	河间府	天津府	正定府	顺德府	广平府	大名府	宣化府	遵化州	易州	冀州	赵州	深州	定州
	袁镇郏宛平人。 **张振**宛平人。 **曾忠**宛平人。 **丁曰健**宛平人。 **邵瀛奎**固安人。 **李九鹏**永清人，清苑县教谕。 **丁锡畴**通州人，福建屏南县知县。 **马庆琛**通州人。																

	顺天府	保定府	承德府	永平府	河间府	天津府	正定府	顺德府	广平府	大名府	宣化府	遵化州	易州	冀州	赵州	深州	定州
	潘庆澜通州人。**杜云汉**武清人，四川知县。**单维楷**宝坻人。**章昇魁**昌平人。**骆荣福**昌平人。**陈照**昌平人。**王万龄**涿州人，见《进士表》。**霍景隆**房山人。																

	顺天府	保定府	承德府	永平府	河间府	天津府	正定府	顺德府	广平府	大名府	宣化府	遵化州	易州	冀州	赵州	深州	定州
	常纯 房山人。有传。**王召通** 大城人。**王植桐** 大城人。**王家棣** 大城人。																
道光十七年丁酉科	**童丙荣** 大兴人。**沈墉** 大兴人。**叶逢春** 大兴人。**施襄** 大兴人。**喻秉绶** 大兴人。	**陈曜图** 清苑人。**俞正椿** 清苑人。**陶钧** 清苑人。**王振纲** 新城人，见《进士表》。	**王缉熙** 滦平人。**谭道原** 滦平人。**王慕伊** 朝阳人。	**童柱** 卢龙人。**王恩浩** 卢龙人。**郑光裕** 迁安人。**敬纯一** 昌黎人。**李性天** 滦州人。	**王学礼** 河间人。**孙墉** 献县人。**刘其年** 献县人，见《进士表》。**刘肇域** 献县人，见《进士	**李宗城** 天津人。**赵克昌** 天津商籍。**于士奇** 天津人，容城县训导。**张德润** 天津人，深州学	**李杰** 新乐人。	**张梧年** 任县人。	**郭玉衡** 曲周人。	**魏之轮** 南乐人。**骆云峰** 清丰人，宁古塔学正。**王念本** 开州人，鸡泽县教谕。	**王凤仪** 宣化人。**成兆行** 怀来人。	**卢金第** 丰润人。有传。**刘芳春** 丰润人。		**陈桂圃** 冀州人。**程学颜** 冀州人。**张淑止** 南宫人。**陈然** 南宫人，景州学正。	**王阶桂** 宁晋人。**王健** 宁晋人。	**何玉端** 饶阳人。**张升堂** 安平人。**李崇本** 安平人。	**王锡三** 定州人。**田树德** 定州人。**杨传芳** 曲阳人。

	顺天府	保定府	承德府	永平府	河间府	天津府	正定府	顺德府	广平府	大名府	宣化府	遵化州	易州	冀州	赵州	深州	定州
	范先秩 大兴人。**沈家振** 大兴人。**吴赓镛** 大兴人。**黄棣昌** 大兴人。**童光烈** 大兴人。**张曰谦** 大兴人。**段培元** 大兴人。**袁绩懋** 大兴人。**徐沆** 大兴人。**杨承照** 大兴	**徐镇岱** 望都人。**杨垣** 束鹿人。**李书声** 束鹿人。**魏鹤** 束鹿人。**管岱** 安州人。**张恒敬** 高阳人。**孟毓珍** 高阳人。		**黄锦** 临榆人。**刘钟洛** 临榆人。	表》。**王颍** 肃宁人。**尹起华** 肃宁人。**边厚庆** 任丘人。**曹建春** 任丘人。**庞慧珠** 任丘人。**舒寿昌** 任丘人。**李国均** 任丘人。**崔梦周** 景州人，藁城县训导。**万镇之** 景州	正。**查世励** 天津人。**陈世绂** 青县人。**周芳模** 青县人。**鲁炳** 静海人。**张葆谦** 南皮人。**刘有庚** 南皮人。**刘锡彤** 盐山人，浙江余杭县知县。**刘毓铣** 盐山人，奉天广宁											

	顺天府	保定府	承德府	永平府	河间府	天津府	正定府	顺德府	广平府	大名府	宣化府	遵化州	易州	冀州	赵州	深州	定州
	人。**孙恩培**大兴人。**朱銮**大兴人。**黄绍先**大兴人。**汪钟杰**大兴人。**张宗照**大兴人。**陆烜**大兴人。**陈锡熙**大兴人。**钟淮**大兴人。**丁世祥**大兴人。				人，户部郎中。**方若朴**吴桥人，河南睢州知州。**苑秉谦**宁津人。	县训导。**李光绶**庆云人。											

	顺天府	保定府	承德府	永平府	河间府	天津府	正定府	顺德府	广平府	大名府	宣化府	遵化州	易州	冀州	赵州	深州	定州
	朱俊彦大兴人。程宇光宛平人，解元。吴芳徵宛平人。钟荣桂宛平人。戴鸾翔宛平人。陈钟芳宛平人。胡潆经宛平人。杨鼎礽宛平人。徐震翱宛平人。																

	顺天府	保定府	承德府	永平府	河间府	天津府	正定府	顺德府	广平府	大名府	宣化府	遵化州	易州	冀州	赵州	深州	定州
	缪步青 宛平人。**张煜** 宛平人。**梁源** 宛平人。**朱恩庆** 宛平人。**李寿榛** 宛平人。**张鹏翀** 宛平人。**马映阶** 宛平人。**张淦** 宛平人。**周立杓** 宛平人。**瞿锡保** 宛平																

	顺天府	保定府	承德府	永平府	河间府	天津府	正定府	顺德府	广平府	大名府	宣化府	遵化州	易州	冀州	赵州	深州	定州
	人。 **傅恩煦** 宛平人。 **崔蓬瀛** 宛平人。 **施培春** 宛平人。 **叶灏** 宛平人。 **胡瑞椿** 宛平人。 **王炘** 永清人。 **信联芳** 东安人。 **徐文炳** 通州人。 **徐振元** 武清人。																

	顺天府	保定府	承德府	永平府	河间府	天津府	正定府	顺德府	广平府	大名府	宣化府	遵化州	易州	冀州	赵州	深州	定州
	陈德浚宝坻人。**李植**宝坻人。**严棻**宝坻人。**廉骥元**宁河人。**张震**霸州人。**葛承蕙**文安人，磁州学正。**王玉相**大城人。																

	顺天府	保定府	承德府	永平府	河间府	天津府	正定府	顺德府	广平府	大名府	宣化府	遵化州	易州	冀州	赵州	深州	定州
道光十九年己亥科	**韩宝鸿**大兴人。 **程绎藩**大兴人。 **王允升**大兴人。 **汪全诰**大兴人。 **陈浚**大兴人。 **陈庆松**大兴人。 **郑锡瀛**大兴人。 **高绩勋**大兴人。 **陈枟**大兴人。 **曹景华**大兴	**霍秉哲**清苑人。 **顾鳌**清苑人。 **孙湗**清苑人。 **张书元**满城人。 **谢康安**安肃人。 **李作乂**定兴人。 **吴生花**新城人。 **张其珽**新城人。 **蒋树培**博野人。 **耿恂**望都	**吕襄宸**丰宁人。 **陈方济**丰宁人。 **徐容**滦平人。	**王汝舟**卢龙人。 **蒋大杰**卢龙人。 **傅桢**抚宁人。 **高桂醰**昌黎人。 **李如玉**昌黎人，河南郏县知县。 **金凤翔**昌黎人。 **李其玉**滦州人。 **田汝霖**滦州人。 **王勋**滦州人。	**王树德**献县人。 **崔澜**献县人。 **边钟鄂**任丘人。 **边浴仁**任丘人。 **王卿云**任丘人。 **苏启纹**交河人。 **王楫**交河人。 **苏名显**交河人。 **陈王前**景州人。 **孟书成**东光人。	**阎履方**天津人。 **胡承勋**天津人。 **陈镜**天津人，遵化州学正。 **姚学英**天津人，奉天辽阳州学正。 **姚学彦**天津人。 **胡僎**天津人。 **乔联璧**天津人，云南白盐井提举。	**任中礼**获鹿人。 **赵中选**栾城人。 **苏炳林**行唐人。 **任邦彦**赞皇人。		**郝树勋**邯郸人。 **赵廷辉**威县人。	**张同堂**清丰人。 **朱思榜**东明人。	**王鸿**宣化人。 **阎文光**宣化人。 **杨福五**保安人。 **龚元箐**蔚州人。 **席介麟**怀来人。	**郑之钟**丰润人，见《进士表》。 **郑大智**玉田人。 **孙晋墀**玉田人，现任涿州训导。 **赵常任**玉田人。 **周彬**玉田人。有传。 **孙銮**玉田人。 **孙德懋**玉田人。	**陈建元**易州人。	**赵永清**冀州人。 **华邦直**南宫人。 **李冠群**武邑人。 **魏履泰**武邑人。 **袁珣**武邑人。	**解明伦**宁晋人，东光县教谕。	**杜如川**武强人。	**庞濯**定州人。 **马光斗**定州人。 **王肇晋**深泽人，吴桥县教谕。

	顺天府	保定府	承德府	永平府	河间府	天津府	正定府	顺德府	广平府	大名府	宣化府	遵化州	易州	冀州	赵州	深州	定州
	人。**王家栋** 大兴人。**余镕** 大兴人。**张大龄** 大兴人。**沈际清** 宛平人，解元。**靳光祖** 宛平人。**汤用中** 宛平人。**刘书云** 宛平人。**陈焕** 宛平人。**罗庆椿** 宛平人。	人。**李薰** 完县人。**段金墀** 蠡县人。**王维藩** 祁州人。**潘斐** 安州人。**刘名世** 安州人。**王锡祜** 安州人。		**周连仲** 乐亭人。**郭定柱** 临榆人。**王元熙** 临榆人。		**冯柏年** 天津人，江苏江宁府知府。**郭师泰** 天津人，见《进士表》。**孙镇** 天津人。**焦有霖** 天津人，卢龙县教谕。**任漳** 天津人。**钟恩毓** 天津人。**焦有霨** 天津人，内阁中书											

	顺天府	保定府	承德府	永平府	河间府	天津府	正定府	顺德府	广平府	大名府	宣化府	遵化州	易州	冀州	赵州	深州	定州
	翟景禧宛平人。 **李承颖**宛平人。 **吴台寿**宛平人。 **杨炳春**宛平人。 **潘钟麟**宛平人。 **吴台朗**宛平人。 **赵禄保**良乡人。 **张国士**东安人。 **萧虎臣**通州人，江苏常镇通道。					溶升太仆寺卿。 **杨云栋**天津人。 **李邓林**青县人。 **李耀琛**沧州人。 **刘子城**沧州人，吏部七品小京官。 **王勋臣**沧州人。 **张方儒**南皮人。 **张之京**南皮人。 **刘祝庚**南皮人。											

	顺天府	保定府	承德府	永平府	河间府	天津府	正定府	顺德府	广平府	大名府	宣化府	遵化州	易州	冀州	赵州	深州	定州
	王恩溥通州人。**周濂**武清人。**李芗**宝坻人。**徐天禄**宝坻人。**孙廷彦**宁河人。**宁琦**密云人。**全景炆**涿州人。**杨泰运**涿州人。**任立诚**涿州人，湖南知县。																

	顺天府	保定府	承德府	永平府	河间府	天津府	正定府	顺德府	广平府	大名府	宣化府	遵化州	易州	冀州	赵州	深州	定州
	吴曾荫 霸州人。																
道光二十年庚子恩科	**罗嘉猷** 大兴人。**董思诚** 大兴人。**胡沄** 大兴人。**郑溥** 大兴人。**朱荣** 大兴人。**罗嘉葆** 大兴人。**赵达保** 大兴人。**杜良询** 大兴人。	**汤成彦** 清苑人。**刘冕** 清苑人。**康仲方** 满城人。**鹿恂理** 定兴人，涞水县训导。**赵庚吉** 新城人。**张玉崑** 新城人，训导。**赵时懋** 唐县人。	**高清选** 承德人。**何瑞图** 承德人。**李潋芳** 丰宁人。	**王化宜** 迁安人。**李超群** 迁安人，易州训导。**刘开第** 昌黎人，安徽盱眙县知县。**齐圣时** 昌黎人，山东观城县知县。**高树杰** 昌黎人。**李恩龄** 滦州	**赵锜** 河间人。**庄维狱** 河间人。**寇椿龄** 河间人，蔚州训导。**包炜** 河间人，见《进士表》。**牛棨** 献县人。**纪煐迥** 献县人。**倪澜** 献县人。	**华长忠** 天津人。**李燕桂** 天津人，甘肃镇番县知县。**苏澍** 天津人。**于光泰** 天津人，山西同知。**戴津** 青县人。**钱淳** 青县人。**谷泽山** 静海	**王荫昌** 正定人，山东武定府同知。**李宜** 阜平人。**潘焯** 行唐人。**杜锡金** 元氏人，教谕。**李进** 晋州人。	**窦禄** 邢台人。**游兴** 沙河人。**麻青** 沙河人。**孙绳武** 南和人。**王重报** 南和人。**孙昌泰** 南和人。**李金相** 平乡人。**贾登科** 广宗人。	**李启元** 永年人，东明县教谕。**王钧** 永年人。**司鸿儒** 曲周人。**刘其纶** 成安人。**任仙吏** 威县人。**马修德** 威县人。	**郭鸣鹤** 南乐人。**孙怀珍** 清丰人，山东夏津县知县。	**杨庆荣** 宣化人。**杨梦熊** 万全人。**席树馨** 怀来人。**张学铭** 怀来人。	**齐树模** 玉田人。	**王仲伦** 易州人。**孙瑞庆** 广昌人。	**郭芥青** 冀州人。**吕履中** 冀州人。**冯培贞** 新河人。**苗崇本** 武邑人。**萧培基** 衡水人。	**周钤** 宁晋人。	**李善振** 深州人，国子监助教。**安鹤龄** 深州人。**陈寿山** 深州人，陕西知县。	**张亢宗** 曲阳人。**王用霖** 深泽人。

	顺天府	保定府	承德府	永平府	河间府	天津府	正定府	顺德府	广平府	大名府	宣化府	遵化州	易州	冀州	赵州	深州	定州
	陶棠大兴人。 **俞长赓**大兴人。 **沈维翰**大兴人。 **钟佩贤**宛平人。 **高廷祜**宛平人。 **朱光绂**宛平人。 **潘福棠**宛平人。 **潘曰朗**宛平人。 **杨鸿吉**宛平人。 **袁均**宛平	**赵玉华**唐县人。 **杨士魁**望都人。 **王其衡**蠡县人。		人。 **李健**滦州人。 **姚书楷**乐亭人。 **史梦兰**乐亭人。 **魏式曾**临榆人。 **傅大鲲**临榆人，雄县教谕。 **计鹏翀**临榆人。	**燕晋**献县人，见《进士表》。 **刘书年**献县人，见《进士表》。 **马金瀛**肃宁人。 **边聘三**任丘人。 **李锡钧**任丘人。 **边筲**任丘人。 **戈济荣**景州人，山西忻州知州。 **周浤**宁津	人。 **刘子台**沧州人。 **王咸临**沧州人。 **周延年**南皮人。 **汤济勋**南皮人。 **张之万**南皮人，见《进士表》。 **刘日萼**盐山人，解元。有传。 **窦文焕**盐山人，饶阳县教谕。		**夏凤廷**巨鹿人。 **张遇升**任县人。									

	顺天府	保定府	承德府	永平府	河间府	天津府	正定府	顺德府	广平府	大名府	宣化府	遵化州	易州	冀州	赵州	深州	定州
	人。**孙耀先**宛平人。**韩光绶**宛平人。**赵尔猷**宛平人。**李光熙**宛平人。**高延祉**宛平人。**王树椿**宛平人。**施燕**宛平人。**诸诏**宛平人。**许亦枟**宛平人。				人。**王志摩**宁津人。**靳湝**宁津人。	**刘维清**盐山人。**赵文瀛**盐山人，见《进士表》。											

	顺天府	保定府	承德府	永平府	河间府	天津府	正定府	顺德府	广平府	大名府	宣化府	遵化州	易州	冀州	赵州	深州	定州
	邵占鳌东安人。**张建基**永清人。**李雄文**通州人，候选同知。**余炳楠**通州人。**李如篪**宝坻人。**沈启昌**昌平人。**段锡林**昌平人。**蔡宝**涿州人，南乐县教谕。**丁维壁**涿州																

	顺天府	保定府	承德府	永平府	河间府	天津府	正定府	顺德府	广平府	大名府	宣化府	遵化州	易州	冀州	赵州	深州	定州
	人，州志作丁寿嵩，山东即墨县知县。**崔宜樾**霸州人。**王綎**霸州人。**王应台**文安人。**宋芗稷**文安人，永年县教谕。																
道光二十三年癸卯科	**马福载**大兴人。**张襄**大兴人。**周人卓**大兴人。	**贺锡福**清苑人，见《进士表》。**陈朝楷**清苑人。	**周相焯**承德人。**盛应**滦平人。**杜景衍**滦平人。	**高济清**卢龙人。**朱荣五**卢龙人。**阎廷佩**卢龙人，见	**王富春**河间人。**王元铸**河间人，顺德府教授。	**王汝湄**天津人。**杨植信**天津人，湖北知县。	**梁鹤鸣**行唐人。**李贯珠**元氏人，宝坻县教谕。	**霍杰**邢台人。**李汝绍**广宗人。**李连中**广宗人。	**夏崑瑚**威县人。	**龙永青**清丰人。	**侯国英**怀来人。	**董春卿**丰润人。**王淮镤**玉田人。**张荫山**玉田人。	**曹启文**易州人。	**刘清俊**冀州人。**苗杭**南宫人。	**江兰皋**宁津人。	**李恒益**深州人。**王敬惺**武强人。	**张检**定州人。

	顺天府	保定府	承德府	永平府	河间府	天津府	正定府	顺德府	广平府	大名府	宣化府	遵化州	易州	冀州	赵州	深州	定州
	程茂冲大兴人。**陈汝臬**大兴人。**程绅**大兴人。**恽世临**大兴人。**缪冠瀛**大兴人。**汪望求**大兴人。**陈泰初**大兴人。**陈嗣曾**大兴人。**陈继业**大兴人。**赵炳奎**大兴	**胡叔琳**清苑人，见《进士表》。**汪斌才**清苑人。**张文瀚**清苑人。**丁明诚**清苑人。**刘清江**满城人。**康乃心**满城人。**荆洵诚**安肃人。有传。**袁鸿熹**安肃人。		《进士表》。**邵开寅**迁安人。**李培元**临榆人。**郭长清**临榆人，见《进士表》。	**裘宝芳**河间人。**边浴礼**任丘人，见《进士表》。**刘毓梓**任丘人。**李鉴**任丘人。**张均**吴桥人。**庞震龙**宁津人。	**钱朝瑞**天津人，四川定远县知县。**华鏻**天津人，见《进士表》。**杨一飞**天津人。**李士莹**天津人，陕西直隶州州同。**焦有霈**天津人，藁城县训导。**查毅勤**天津人，怀来县教	**杜卿霭**赞皇人。										

	顺天府	保定府	承德府	永平府	河间府	天津府	正定府	顺德府	广平府	大名府	宣化府	遵化州	易州	冀州	赵州	深州	定州
	人。 **周玉衡** 大兴人。 **谢绍安** 大兴人。 **宋学濂** 大兴人。 **李鼎新** 大兴人。 **沈宝锟** 大兴人。 **余庆衢** 大兴人。 **宋光祈** 大兴人。 **陶良翰** 大兴人。 **孙安涛** 大兴人。					谕。 **赵新** 天津人，山东德州知州。 **张兆珣** 静海人。 **高振瑀** 静海人。 **高崇基** 静海人，见《进士表》。 **董庆怡** 沧州人。 **周金甲** 南皮人。 **高其镇** 南皮人，见《进士表》。											

	顺天府	保定府	承德府	永平府	河间府	天津府	正定府	顺德府	广平府	大名府	宣化府	遵化州	易州	冀州	赵州	深州	定州
	余萼衔 宛平人，解元。 **江鸿** 宛平人。 **许宗寅** 宛平人。 **纪兰馨** 宛平人。 **沈桂芬** 宛平人，见《进士表》。 **阮开第** 宛平人。 **丁楷** 宛平人。 **倪涛** 宛平人。 **翁廷绪** 宛平					**刘金城** 盐山人。 **崔仑** 盐山人。 **刘清潭** 盐山人，良乡县训导。											

	顺天府	保定府	承德府	永平府	河间府	天津府	正定府	顺德府	广平府	大名府	宣化府	遵化州	易州	冀州	赵州	深州	定州
	人。 **丁廷表** 宛平人。 **狄尹** 宛平人。 **杨翰** 宛平人。 **戴垚** 宛平人。 **初庆甡** 宛平人。 **孙福海** 宛平人。 **方钺** 宛平人。 **周立柱** 宛平人。 **宋克昌** 宛平人。																

	顺天府	保定府	承德府	永平府	河间府	天津府	正定府	顺德府	广平府	大名府	宣化府	遵化州	易州	冀州	赵州	深州	定州
	李周南 宛平人。**张曾益** 宛平人。**董孝贻** 宛平人。**余启源** 宛平人。**许亦崧** 宛平人。**徐中衡** 宛平人。**倪福谦** 宛平人。**丁逢吉** 宛平人。**夏云焕** 宛平人。**果汉源** 良乡																

	顺天府	保定府	承德府	永平府	河间府	天津府	正定府	顺德府	广平府	大名府	宣化府	遵化州	易州	冀州	赵州	深州	定州
	人，见《进士表》。**杨靖**固安人。**刘甡**固安人，赵州学正。**刘伯埙**永清人。**张瑞麟**香河人。**李郁文**通州人。**杨士林**通州人。**任桂**通州人，河南洛阳县知县。																

	顺天府	保定府	承德府	永平府	河间府	天津府	正定府	顺德府	广平府	大名府	宣化府	遵化州	易州	冀州	赵州	深州	定州
	马文翰 通州人。**郝瀛** 三河人。**王继庭** 武清人。**陈如渊** 武清人。**高鈖** 武清人。**李德增** 宝坻人。**王泉** 宝坻人。**邵之良** 宁河人。**王允恒** 涿州人，山西河曲县知																

	顺天府	保定府	承德府	永平府	河间府	天津府	正定府	顺德府	广平府	大名府	宣化府	遵化州	易州	冀州	赵州	深州	定州
	县。**朱鼎文**涿州人。**陈文焿**涿州人。**周京**霸州人。**贾友澄**平谷人，昌黎县教谕。																
道光二十四年甲辰恩科	**潘泽霖**大兴人。**颜葆濂**大兴人。**李嘉巘**大兴人。**刘达善**大兴人。	**陈浚畴**清苑人。**陈廷华**清苑人。**赵钟华**满城人。**马书升**唐县人。	**刘兆登**丰宁人。**张毓森**滦平人。**许植椿**朝阳人。	**李柬**卢龙人。**于调元**迁安人。**韩振先**昌黎人，奉天广宁县训导。	**赵松**河间人。**董式愈**献县人。**马焕章**任丘人。**刘西园**宁津人。有传。	**贺嵩龄**天津人，四川剑州知州。**郭云五**天津人。**杨家麟**天津人，顺义县训导。	**许定邦**元氏人。**智寿格**元氏人。	**赵士举**广宗人。			**孙桂枝**保安人。**马缉熙**万全人。**吴廷梅**赤城人。	**陈克昌**遵化州人，柏乡县教谕。**李服周**丰润人。**鲁松**丰润人。**张继荀**丰润		**赵国士**冀州人。**国履中**武邑人。**杨书香**武邑人。	**李逢辰**赵州人。**张元龙**柏乡人。	**陈东岭**深州人。**张庆麟**武强人。**王玉田**饶阳人。	

	顺天府	保定府	承德府	永平府	河间府	天津府	正定府	顺德府	广平府	大名府	宣化府	遵化州	易州	冀州	赵州	深州	定州
	沈宝昌大兴人。 **王宝纶**大兴人。 **陆煃**大兴人。 **吴之翰**大兴人。 **徐启文**大兴人。 **张旅田**大兴人。 **范先叔**大兴人。 **邵葆台**大兴人。 **钱弁万**大兴人。 **郑思奎**大兴	**俞来绶**安州人。 **陈论**安州人。 **李鸿藻**高阳人，见《进士表》。 **孟传金**高阳人，见《进士表》。		**汪榘**滦州人，工部主事。 **马际清**滦州人。 **陈树槐**滦州人。 **张堂**滦州人。 **常守方**乐亭人。 **李庆祺**乐亭人。 **温如春**乐亭人。	**詹锦堂**宁津人，见《进士表》。	**李世珍**天津人，见《进士表》。 **高善观**天津人。 **何文清**天津人。 **张大俊**天津人，知县。 **张式芸**天津人。 **丁琪**天津人，阜城县训导。 **林天培**天津人，贵州镇远县知县。						人。 **孙贵麟**丰润人。					

	顺天府	保定府	承德府	永平府	河间府	天津府	正定府	顺德府	广平府	大名府	宣化府	遵化州	易州	冀州	赵州	深州	定州
	人。 史致饴 大兴人。 董保顺 大兴人。 罗嘉福 大兴人。 程蔚 大兴人。 陈兆熊 大兴人。 杜人凤 大兴人。 吴葆和 大兴人。 蒯贺荪 大兴人。 罗亨键 大兴人。					权守经 天津人。 钟有枚 天津人。 陆枚 天津人。 刘步方 沧州人。 曹云汉 沧州人。 张凤翔 沧州人。 陈应韶 南皮人。 刘有铭 南皮人，见《进士表》。 高思慧 南皮人。											

	顺天府	保定府	承德府	永平府	河间府	天津府	正定府	顺德府	广平府	大名府	宣化府	遵化州	易州	冀州	赵州	深州	定州
	乔珥保大兴人。**韩一松**宛平人。**顾榆**宛平人。**瞿绩凝**宛平人。**徐家杰**宛平人。**王应昌**宛平人。**张恩澍**宛平人。**胡联桂**宛平人。**史保悠**宛平人。**刘铬**宛平					**杨浚源**盐山人，候选教谕。											

	顺天府	保定府	承德府	永平府	河间府	天津府	正定府	顺德府	广平府	大名府	宣化府	遵化州	易州	冀州	赵州	深州	定州
	人。**邵亨豫**宛平人，见《进士表》。**朱有筠**宛平人。**陆和钧**宛平人。**潘为鹏**宛平人。**顾世纶**宛平人。**李佐宸**宛平人。**潘杰**宛平人。**朱棨**宛平人。**瞿世荣**宛平																

	顺天府	保定府	承德府	永平府	河间府	天津府	正定府	顺德府	广平府	大名府	宣化府	遵化州	易州	冀州	赵州	深州	定州
	人。 **张圻** 宛平人。 **贺长庚** 宛平人。 **袁熙载** 宛平人。 **寿凤庚** 宛平人。 **华承皋** 宛平人。 **高步涛** 良乡人。 **刘国彦** 永清人。 **詹桂** 通州人，成安县教谕。 **雷树墉** 通州																

	顺天府	保定府	承德府	永平府	河间府	天津府	正定府	顺德府	广平府	大名府	宣化府	遵化州	易州	冀州	赵州	深州	定州
	人，广西四会县知县。**李载文**通州人，广西桂林府知府。有传。**郝植槐**三河人。**丁浚**武清人。**刘玉林**武清人，奉天铁岭教谕。**王金台**宝坻人。**王迎寿**宝坻人。																

	顺天府	保定府	承德府	永平府	河间府	天津府	正定府	顺德府	广平府	大名府	宣化府	遵化州	易州	冀州	赵州	深州	定州
	杨景孟宝坻人。**高静**宁河人，候选教谕。**谢棠**密云人。**邱秉哲**房山人。**纪昀**文安人。**王璐**文安人，大理寺司务。**刘开第**大城人。**王廷锦**大城人。																

	顺天府	保定府	承德府	永平府	河间府	天津府	正定府	顺德府	广平府	大名府	宣化府	遵化州	易州	冀州	赵州	深州	定州
道光二十六年丙午科	**范年民**大兴人。 **侯尔康**大兴人。 **冯椝**大兴人。 **陶庆仍**大兴人。 **李嘉彝**大兴人。 **吴福田**大兴人。 **汤世铨**大兴人。 **吴晖吉**大兴人。 **高钺**大兴人。 **侯桢**大兴	**叶光麟**清苑人。 **孙堪**清苑人，见《进士表》。 **张锦观**安肃人。 **孟广峄**新城人。 **赵基贲**新城人。 **宋燕杰**容城人。有传。 **石铭勋**完县人。 **苏烜**束鹿人。 **李金义**束鹿人。	**任云峰**承德人。 **李春萼**承德人。 **郭惟諭**滦平人。	**谢永泰**卢龙人，知县。 **王龙光**卢龙人。 **张以文**迁安人。 **张光亼**迁安人。 **马负图**迁安人。 **常国栋**抚宁人。 **于作新**昌黎人，江苏靖江县知县。 **魏亨埰**昌黎人，户部郎	**时冠卿**河间人，山东知县。 **陈松龄**献县人。 **纪焕**献县人。 **魏曝之**献县人。 **周凤翾**献县人。 **伏作霖**任丘人，见《进士表》。 **萧受图**交河人。 **赵凤翔**景州人。	**张钟喆**天津人。 **王汝玉**天津人。 **张云辉**天津人，见《进士表》。 **周之翰**天津人，深泽县教谕，国子监学正。 **李仙源**天津人。 **阎宝善**天津人。 **李果泰**天津人。 **陶执中**天津	**耿清坚**晋州人，东明县教谕。	**刘元震**任县人。	**王勋**永年人，霸州学正。 **郭志瀛**永年人，浙江孝丰县知县。 **王崧龄**肥乡人。 **马步瀛**磁州人。 **成元庆**磁州人。	**王仲甡**元城人。 **王叔喆**元城人。	**胡镛**延庆人，礼部司务。	**刘亭芳**遵化人，奉天铁岭县训导。 **孙汝霖**遵化人，广西临桂县知县。 **唐文智**遵化人，大城县教谕。 **孟鸿文**丰润人。 **张澍**丰润人。	**赵东暄**易州人，献县教谕。	**顾其绅**枣强人。			**冯岐**定州人。 **王肇孚**深泽人，中书。 **王用翔**深泽人。

	顺天府	保定府	承德府	永平府	河间府	天津府	正定府	顺德府	广平府	大名府	宣化府	遵化州	易州	冀州	赵州	深州	定州
	人。 **牟宝森**大兴人。 **王泳源**大兴人。 **苏凤藻**大兴人。 **沈敦兰**大兴人。 **符瀚**大兴人。 **何钟秀**大兴人。 **徐孔扬**大兴人。 **王桂齐**大兴人。 **吴士松**大兴人。			中。 **郭天培**昌黎人。 **齐锡三**昌黎人，定州学正。 **王化淳**滦州人。 **石城**滦州人。 **杜三省**滦州人。 **张汝绳**临榆人。 **穆继谋**临榆人。	**窦书升**景州人，平谷县教谕。 **贾敦惺**故城人。 **方镕**吴桥人。 **吴文浚**吴桥人。 **邢廷棻**东光人。	人，见《进士表》。 **齐世淳**天津人，山东乐陵县知县。 **缪士璠**天津人。 **姚酦**青县人。 **李元鹏**静海人。 **王光甲**沧州人。 **张召棠**沧州人。 **张树森**南皮人。 **周毓璠**南皮											

	顺天府	保定府	承德府	永平府	河间府	天津府	正定府	顺德府	广平府	大名府	宣化府	遵化州	易州	冀州	赵州	深州	定州
	鲍廙 大兴人。**高松年** 大兴人。**恽鸿仪** 大兴人。**王宗海** 宛平人，解元。**李燕春** 宛平人。**谢泽** 宛平人。**杨延烈** 宛平人。**刘翰清** 宛平人。**张元灏** 宛平人。					人。**李桂林** 盐山人，见《进士表》。**陈映轸** 盐山人。											

	顺天府	保定府	承德府	永平府	河间府	天津府	正定府	顺德府	广平府	大名府	宣化府	遵化州	易州	冀州	赵州	深州	定州
	周力垣 宛平人，大理寺评事。 **叶瓖** 宛平人。 **徐曾庚** 宛平人。 **徐冠瀛** 宛平人。 **周福昌** 宛平人。 **史致椴** 宛平人。 **李嗣基** 宛平人。 **周寿祺** 宛平人。 **赵维桢** 宛平人。																

	顺天府	保定府	承德府	永平府	河间府	天津府	正定府	顺德府	广平府	大名府	宣化府	遵化州	易州	冀州	赵州	深州	定州
	庄攽宛平人。**宋存文**宛平人。**彭旭**宛平人。**游凤岐**良乡人，易州学正。**张淇**良乡人。**张树基**固安人。**曹光霖**东安人。**张锟**香河人。**李廷诏**通州人。																

	顺天府	保定府	承德府	永平府	河间府	天津府	正定府	顺德府	广平府	大名府	宣化府	遵化州	易州	冀州	赵州	深州	定州
	张树勋 通州人，见《进士表》。 **董浚源** 武清人。 **徐振瀛** 武清人。 **张丕烈** 宝坻人。 **方学苏** 宝坻人。 **蔡树模** 宝坻人。 **沈洪** 密云人。 **梁元翰** 霸州人。 **宋嘉树** 大城人。																

	顺天府	保定府	承德府	永平府	河间府	天津府	正定府	顺德府	广平府	大名府	宣化府	遵化州	易州	冀州	赵州	深州	定州
道光二十九年己酉科	**胡凤昌**大兴人。 **汪凤述**大兴人。 **法昀**大兴人。 **吉善**大兴人。 **黄茂**大兴人。 **范德馨**大兴人。 **李士襄**大兴人。 **查骏熙**大兴人。 **施应梅**大兴人。 **吴起凤**大兴	**王振河**清苑人。 **徐均**清苑人。 **张曾彦**清苑人。 **李元鏞**满城人。 **边德裕**满城人。 **马思忠**定兴人。 **胡际唐**望都人。 **齐联芳**蠡县人。 **杨步云**祁州人。 **王金台**高阳人。	**张维崧**承德人。 **吕鹏凌**建昌人。 **李明伦**赤峰人。	**马则璘**迁安人。 **惠庆滋**抚宁人。 **张俊亨**昌黎人，沙河县训导。 **王汝讷**滦州人，解元。 **王宗谟**乐亭人。 **刘调元**乐亭人。 **田植仁**临榆人。 **郭志清**临榆人。 **潘楷**临榆	**王浚**河间人。 **郝玉璋**河间人。 **王荫谷**河间人。 **杨藻文**献县人。 **周维祺**献县人。 **孙凤翙**任丘人。 **朱应祥**任丘人。 **赵志和**景州人，安徽灵璧县知县。 **苏忻**景州	**刘桂芳**天津人，山东东阿县知县。 **金凤洲**天津人，四川巴县知县。 **金淮荣**天津人，山西知县。 **王志勋**天津人，江西知县。 **高学滨**天津人，刑部员外。 **陶运清**天津人。	**马迅如**灵寿人。 **杨亶录**晋州人。	**苏卿云**邢台人。 **苏廷献**邢台人。 **赫慎修**巨鹿人，见《进士表》。	**李吉言**永年人，见《进士表》。 **吴百容**曲周人。 **郭兆藩**清河人。		**薛鏻**万全人。	**宋有光**丰润人。 **李廷楠**丰润人。 **刘铣**玉田人，盐山教谕。有传。	**陈来忠**易州人。 **李廷鉞**易州人。 **赵文濂**涞水人，正定府教授。	**李元庆**武邑人。		**孟寿图**饶阳人。 **李蕴玉**饶阳人。	**马庭璇**定州人。 **马金堂**定州人。 **由余枚**定州人。

	顺天府	保定府	承德府	永平府	河间府	天津府	正定府	顺德府	广平府	大名府	宣化府	遵化州	易州	冀州	赵州	深州	定州
	人。**钱观文**大兴人。**钮达璋**大兴人。**郑锡鸿**大兴人。**邬鸿逵**大兴人。**程鸿诏**大兴人，鸡泽县教谕。**潘鼎新**大兴人。**范炳春**大兴人。**杨丰绅**大兴人。**恽炳**大兴			人，浙江知县。	人。**王乔**吴桥人。	**郭麟书**天津人，河南确山县知县。**李锡朋**天津人，山西知县。**陈骏**天津人，见《进士表》。**赵兴廉**天津人。**张鹤龄**青县人。**杜崧年**静海人。**陈宝廉**静海人。											

	顺天府	保定府	承德府	永平府	河间府	天津府	正定府	顺德府	广平府	大名府	宣化府	遵化州	易州	冀州	赵州	深州	定州
	人。 **徐贤熊** 大兴人。 **周清藻** 大兴人。 **徐墫** 大兴人。 **来棐** 大兴人。 **刘良骏** 大兴人。 **牟说傅** 大兴人。 **傅以绶** 大兴人。 **张霞** 大兴人。 **洪梦星** 大兴人。					**戴广涵** 沧州人。 **戴问善** 沧州人。 **刘子镜** 沧州人。 **张其蕙** 南皮人。 **刘有廉** 南皮人。 **刘金华** 南皮人。											

	顺天府	保定府	承德府	永平府	河间府	天津府	正定府	顺德府	广平府	大名府	宣化府	遵化州	易州	冀州	赵州	深州	定州
	罗文涛大兴人。**俞恒瀛**大兴人。**俞奎垣**大兴人。**刘传祺**宛平人。**徐曾稼**宛平人。**狄岱**宛平人。**陈希谦**宛平人。**陶嘉绶**宛平人。**谈宝森**宛平人。**潘慎生**宛平																

	顺天府	保定府	承德府	永平府	河间府	天津府	正定府	顺德府	广平府	大名府	宣化府	遵化州	易州	冀州	赵州	深州	定州
	人。 **陈德心** 宛平人。 **钱国珍** 宛平人。 **张衍福** 宛平人。 **吴台章** 宛平人。 **任济江** 宛平人。 **沈鼎铉** 宛平人。 **顾芸** 宛平人。 **吴兰芬** 宛平人。 **张师右** 宛平人。																

	顺天府	保定府	承德府	永平府	河间府	天津府	正定府	顺德府	广平府	大名府	宣化府	遵化州	易州	冀州	赵州	深州	定州
	崔廷翰宛平人。**胡燕清**宛平人。**贾汝兰**固安人。**马良训**东安人。**徐金城**通州人，山西虞乡县知县。**胡玉坦**通州人，安徽凤颍六泗道。**郝植棻**三河人。**陈祥龄**武清																

	顺天府	保定府	承德府	永平府	河间府	天津府	正定府	顺德府	广平府	大名府	宣化府	遵化州	易州	冀州	赵州	深州	定州
	人。 **王鲁庭**武清人。 **田礼实**武清人。 **李德坊**宝坻人。 **方学伊**宝坻人，见《进士表》。 **马联芳**宝坻人。 **芮斯振**宝坻人。 **李廷霖**宁河人。 **张理澄**涿州人，见《进士表》。																

	顺天府	保定府	承德府	永平府	河间府	天津府	正定府	顺德府	广平府	大名府	宣化府	遵化州	易州	冀州	赵州	深州	定州
	吴棐彝 霸州人。**井钟丹** 文安人，见《进士表》。**王树玉** 大城人。**王镇** 蓟州人。																

卷四十五

表三十

选举十三举人 国朝四

	顺天府	保定府	承德府	永平府	河间府	天津府	正定府	顺德府	广平府	大名府	宣化府	遵化州	易州	冀州	赵州	深州	定州
咸丰元年辛亥恩科	**张瑞徵**大兴人。 **孔兆梅**大兴人。 **郑沅**大兴人。 **史映奎**大兴人。 **刘应麟**大兴人。 **吴焘**大兴人。	**周鹍**清苑人。 **胡寅宾**清苑人。 **孙恩寿**清苑人。 **陈迪行**清苑人。 **何金诏**清苑人。 **蒋汉卿**清苑人。	**柳宝坛**承德人。 **王丕烈**平泉州人。 **李鹤林**丰宁人。 **孙镛**赤峰人。	**王铭德**卢龙人。 **姚亮臣**迁安人。 **司墺**迁安人。 **赵春龄**抚宁人。 **单汝鹏**抚宁人，成安县训导。 **傅朴**抚宁	**张裕曾**河间人。 **田畴**河间人。 **刘启同**河间人。 **王题雁**献县人，解元，见《进士表》。 **卢荣庆**献县人。	**周之铭**天津人。 **张梦元**天津人，广西布政使。 **华钧**天津人。 **樊景升**天津人。 **王德舆**天津人。 **张嗣英**天津	**刘五星**灵寿人。	**廖云兴**邢台人。 **程达天**南和人。	**王腾霄**永年人。 **苏兆魁**永年人，知县。 **夏彝**永年人，东明县教谕。 **杜信义**永年人，知县。 **任国元**邯郸人。	**朱扬缙**清丰人。 **赵万泰**清丰人，教谕。 **李浣**东明人，河间县教谕。 **冯启发**东明人。 **程焕勋**开州人，乐亭县教	**胡焘**延庆州人。 **张耀先**延庆州人。 **程泽**延庆军籍。 **邢联庆**万全人。	**郭金城**遵化人，束鹿县教谕。 **刘溶**遵化人。 **徐金镛**遵化人，四川梓潼县知县。 **董峻敉**遵化人。 **李成德**丰润	**赵文纯**涞水人。	**周邦孚**冀州人。 **阎增德**南宫人。 **王铦**枣强人，见《进士表》。 **刘九官**枣强人。 **王湛**枣强人，河南泌阳县知	**巩珊**隆平人。	**高跻瀛**饶阳人。 **阎景星**安平人。	**张正伦**定州人。 **李春园**定州人。

	顺天府	保定府	承德府	永平府	河间府	天津府	正定府	顺德府	广平府	大名府	宣化府	遵化州	易州	冀州	赵州	深州	定州
	桑沛大兴人。 **郑锡淳**大兴人。 **谢嘉澍**大兴人。 **沈际昌**大兴人。 **祝桢**大兴人。 **刘汝宽**大兴人。 **宋继昌**宛平人。 **何森荣**宛平人。 **董萼荣**宛平人。 **史贤**宛平	**胡叔珊**清苑人，见《进士表》。 **傅庆贻**清苑人，见《进士表》。 **周天保**清苑人。 **戴希灏**清苑人。 **李揆绪**清苑人。 **沈涵霖**清苑人。 **刘培元**清苑人。有传。 **王振远**唐县人。		人。 **张旭爔**昌黎人，见《进士表》。 **高桂根**昌黎人，武邑县教谕。 **李国瑞**昌黎人，山东候补知县。 **刘烺**滦州人。 **宁均**滦州人。 **刘荫棠**滦州人。 **刘树棫**乐亭人。	**李近沂**任丘人。 **程泽清**交河人。 **顾同堉**交河人。 **刘汝霖**景州人，深泽县教谕。 **季调元**吴桥人。 **庞文龙**宁津人。	人。 **施为**天津人。 **董维宪**天津人。 **王家霖**天津人。 **王维珍**天津人。 **武承厚**天津人。 **李耀奎**天津人，郎中。 **刘华林**静海人。 **唐宝鉴**静海人。 **张汇升**静海人。			**杨一峰**清河人。 **胡克仁**磁州人。 **张庆壬**磁州人。	谕。 **王于皋**开州人，吴桥县教谕。		人。 **芮继宗**丰润人。 **张霁岚**丰润人。 **张长龄**丰润人。 **王槐三**丰润人，见《进士表》。 **郑钰**丰润人。 **谷耀熊**丰润人。 **王振名**丰润人。 **赵福昌**丰润人。 **白琨**玉田		县。 **周鈖**武邑人。			

	顺天府	保定府	承德府	永平府	河间府	天津府	正定府	顺德府	广平府	大名府	宣化府	遵化州	易州	冀州	赵州	深州	定州
	人。**李泳镛**宛平人。**董宝璩**宛平人。**章筠**宛平人。**陈自厚**宛平人。**俞文葆**宛平人。**张凤仪**宛平人。**刘青云**宛平人。**李应奎**香河人。**杜芬**通州人，奉天盖平	**郑鹿鸣**博野人。**杨运昌**完县人。**董兆奎**完县人，见《进士表》。**谷锡麟**蠡县人。**刘德潜**雄县人。**王致泰**祁州人。**赵受璧**祁州人，奉天昌图府知府。**刘锦枝**祁州人。		**曹步瀛**乐亭人。**王定元**临榆人。**傅元博**临榆人。		**于镜蓉**沧州人。**刘恩诰**沧州人。**刘汝涟**沧州人。**张曾辂**南皮人。**潘震乙**南皮人。**张佩训**南皮人。**刘谔廷**盐山人。						人。**孙士喆**玉田人。**尹椿**玉田人。					

	顺天府	保定府	承德府	永平府	河间府	天津府	正定府	顺德府	广平府	大名府	宣化府	遵化州	易州	冀州	赵州	深州	定州
	县知县。 **董承乾**通州人，见《进士表》。 **曹星焕**武清人。 **王其慎**宝坻人。 **王廉**宝坻人。 **王其恒**宝坻人。 **许善昌**宁河人，奉天昌图厅训导。 **邵宗龙**宁河人。	**石如玉**束鹿人。有传。 **李清平**束鹿人。 **温协揆**束鹿人。 **张国桢**安州乡人。 **李春熙**高阳人。 **李继曾**高阳人。 **李渐逵**高阳人。															

	顺天府	保定府	承德府	永平府	河间府	天津府	正定府	顺德府	广平府	大名府	宣化府	遵化州	易州	冀州	赵州	深州	定州
	萧珍涿州人。**赵以廉**涿州人。**臧岚峰**大城人。**王昕**蓟州人。																
咸丰二年壬子科	**靳昂**大兴人。**陈善**大兴人。**冯时燠**大兴人。**鲍国骏**大兴人。**黄庆珍**大兴人。	**张清元**清苑人，见《进士表》。**周之桢**清苑人，山西知县。**汤似瑄**清苑人。**陈懋**清苑人。	**孙汝霖**承德人。**朱琛**承德人。**王谟**平泉州人。**林谋**滦平人。	**陈梦龄**卢龙人。**张旭东**卢龙人。**何椿**卢龙人。**马鸣谦**迁安人。**刘敬之**昌黎人。	**刘毓奇**河间人。**张照临**河间人。**李锡珍**献县人。**田敬仪**任丘人。**边崇綖**任丘人。	**赵连元**天津人。**刘骏通**天津人。**汪培绪**天津人。**叶汝堂**天津人。**杨光仪**天津人。	**耿天九**阜平人。**陈肇杰**元氏人，见《进士表》。**王志贞**晋州人。	**李英**南和人。**张成德**巨鹿人。**魏纹**内丘人。	**李士醇**永年人。**朱庶吉**曲周人。**刘自立**曲周人，见《进士表》。**田墨林**鸡泽人。**崔丹桂**清河	**张仲麟**大名人。**张光寅**大名人，清苑县教谕。**马舒锦**元城人。**张同律**清丰人。	**高玺**宣化人。**马升旭**西宁人。	**温粹之**遵化人，江苏金山县知县。**宋豹文**丰润人。**王政**丰润人。**沈连枝**丰润人。	**李湘锦**易州人。	**刘德润**武邑人。**赵启祥**武邑人。**韩汝平**衡水人。	**杜田之**隆平人，见《进士表》。**郭景新**宁晋人。**王炘**宁晋人，中书。**寇宣**宁晋人。	**安永龄**深州人。**耿书田**武强人。**冯启汉**饶阳人。	**温际庚**定州人。**王灏**定州人。**赵宾兰**深泽人。

	顺天府	保定府	承德府	永平府	河间府	天津府	正定府	顺德府	广平府	大名府	宣化府	遵化州	易州	冀州	赵州	深州	定州
	俞浩大兴人。 **张宝仁**大兴人。 **邵湑名**大兴人。 **朱庆福**大兴人。 **王懋官**大兴人。 **陶模**大兴人。 **邵景名**大兴人。 **李英粲**大兴人。 **吴鸿藻**宛平人。 **杨济**宛平	**冯金甲**清苑人。 **魏廷翰**满城人。 **刘汝霖**新城人。 **杨定远**唐县人。 **朱耀林**博野人。 **尹焕章**博野人，山东知县。 **李长华**望都人。 **董英奎**完县人。 **张廷扬**祁州人。		**王荫墀**昌黎人。 **杨照**昌黎人。 **王恩庆**滦州人。 **左兆熊**乐亭人。 **钱德昌**乐亭人。 **葛唐麟**乐亭人。 **曹广滋**临榆人。 **余文骧**临榆人。 **解煜**临榆人，见《进士表》。	**刘恩溥**吴桥人，见《进士表》。 **杜墨林**宁津人。	**陈立庸**静海人。 **梁凤翰**静海人。 **戴恩涵**沧州人。 **张之洞**南皮人，解元，见《进士表》。 **潘昌祚**南皮人。 **张甘苹**南皮人。			人，见《进士表》。			**史振镛**丰润人。 **郑兆琛**丰润人。 **张九官**玉田人。					

	顺天府	保定府	承德府	永平府	河间府	天津府	正定府	顺德府	广平府	大名府	宣化府	遵化州	易州	冀州	赵州	深州	定州
	人。 **胡燕昌**宛平人。 **李元瑞**宛平人。 **朱维新**宛平人。 **崔宪章**宛平人。 **胡葆清**宛平人。 **来景昌**宛平人。 **周思霨**宛平人。 **马锡恩**宛平人。 **王朝钦**宛平人。	**马成章**安州人。 **魏植原**安州人。 **李士芸**高阳人。 **王培**高阳人。															

	顺天府	保定府	承德府	永平府	河间府	天津府	正定府	顺德府	广平府	大名府	宣化府	遵化州	易州	冀州	赵州	深州	定州
	朱遂之 永清人。**张汝嘉** 香河人。**赵家兰** 香河人。**李庆成** 通州人，见《进士表》。**白桓** 通州人，见《进士表》。**梁叙** 通州人，候选知县。**郝植恭** 三河人。**路金声** 武清																

	顺天府	保定府	承德府	永平府	河间府	天津府	正定府	顺德府	广平府	大名府	宣化府	遵化州	易州	冀州	赵州	深州	定州
	人。 **陈源灏**宝坻人。 **萧敏文**宝坻人。 **孙棣**宝坻人。 **邵之蕙**宁河人。 **邵宗泰**宁河人。 **任式坊**密云人，见《进士表》。 **谢凤三**涿州人。 **崔僩**霸州人。 **周讷**霸州人。																

	顺天府	保定府	承德府	永平府	河间府	天津府	正定府	顺德府	广平府	大名府	宣化府	遵化州	易州	冀州	赵州	深州	定州
咸丰五年乙卯科	**邵承照**大兴人。 **恽彦琦**大兴人。 **邵承谟**大兴人。 **高云祥**大兴人。 **鲁栻**大兴人。 **张维藩**宛平人。 **刘文海**宛平人。 **任凤翔**宛平人。 **王朝铭**宛平人。 **王兆兰**宛平	**方汝翼**清苑人，解元，山东登莱青道。 **孟宣泗**清苑人。 **郭辅清**清苑人。 **田翰墀**清苑人，见《进士表》。 **赵连登**满城人。 **张鸿敏**安肃人。 **马玉辉**定兴人。 **王铨**新城人。有	**韩经畲**平泉州人。 **张大勋**滦平人。 **郭璧**赤峰人。	**张广益**卢龙人。 **薛梦兰**昌黎人。 **王亭魁**昌黎人，山东知县。 **张元瀛**滦州人。 **刘禹钧**滦州人。 **吴遇隆**滦州人。 **王树屏**乐亭人。 **刘玉衡**乐亭人。 **谢宝琮**乐亭人。	**许业香**河间人，见《进士表》。 **刘俊扬**河间人。 **张与龄**河间人。 **何世元**河间人。 **郭玉光**献县人。 **李宝箴**献县人。 **彭星翰**献县人。 **高步青**献县人。 **边崇瑄**任丘人。	**李秉璋**天津人。 **刘秉璋**天津人。 **韩圻**天津人。 **李春**天津人。 **沈震甲**天津人。 **魏文藻**天津人。 **周作新**天津人。 **辛榞**天津人。 **陈价坪**天津人。 **王恩沛**天津	**王荫丰**正定人，见《进士表》。 **梁德醇**井陉人。 **傅思旸**灵寿人。 **李树楠**无极人。	**徐廷樾**沙河人。	**翟洺梧**威县人。 **郭新**磁州人。		**朱元黼**保安州人。 **段儒林**蔚州人，江西上高县知县。 **温杞**蔚州人。 **梅毓嵩**怀来人。	**张善继**遵化人。 **刘向五**丰润人。 **吴廷瀛**丰润人。 **孙毓麟**丰润人。 **杨捃清**丰润人。 **张其绩**丰润人。 **张际清**玉田人。	**李涟**易州人。 **樊彬**广昌人。	**孔继儒**冀州人。 **孔宪章**冀州人。 **刘堉敏**衡水人。	**黄淑**隆平人，乐亭县训导。 **巩文耀**隆平人。	**刘英华**冀州人。 **李象乾**冀州人。 **常如楷**饶阳人。 **王相宜**饶阳人。 **门桂龄**安平人。	**杨準**曲阳人。

	顺天府	保定府	承德府	永平府	河间府	天津府	正定府	顺德府	广平府	大名府	宣化府	遵化州	易州	冀州	赵州	深州	定州
	人，见《进士表》。 **轧懋桢**宛平人。 **朱昌年**宛平人。 **韩培元**宛平人。 **吴登**宛平人。 **游观第**良乡人，见《进士表》。 **徐端**良乡人。 **文庆祥**固安人，刑部主事。	传。 **王洛书**新城人。 **赵复基**新城人。 **潘祖棻**安州人。 **田云倬**高阳人。		**陈聚之**乐亭人。 **马沛昌**临榆人。	**边沦慈**任丘人。 **李锡鉁**任丘人。 **李锡铭**任丘人。 **李联珠**景州人，见《进士表》。 **袁玉田**故城人。 **高晫煦**东光人。	人。 **姚观峒**青县人。 **岳步环**静海人。 **王毓芑**静海人。 **李家淦**静海人。 **李振玉**沧州人。 **于文鉴**沧州人。 **张季璠**沧州人。 **董宝裔**沧州人。 **董庆来**沧州人。											

	顺天府	保定府	承德府	永平府	河间府	天津府	正定府	顺德府	广平府	大名府	宣化府	遵化州	易州	冀州	赵州	深州	定州
	韩皎如固安人。 **刘祖栻**永清人。 **杨泽山**永清人。 **杜润田**三河人。 **陈以谦**三河人。 **许桢**武清人。 **周策**宝坻人。 **王庆祺**宝坻人。 **王煦健**宝坻人。 **王际熙**宝坻					**朱晋增**南皮人。 **刘有岚**南皮人。 **高椿**南皮人。 **刘湝熇**盐山人，知府。 **周子增**盐山人。											

	顺天府	保定府	承德府	永平府	河间府	天津府	正定府	顺德府	广平府	大名府	宣化府	遵化州	易州	冀州	赵州	深州	定州
	人。 **高铭鼎** 宝坻人。 **李文澶** 宝坻人。 **芮云** 宝坻人。 **徐冲** 宝坻人。 **廉埙** 宁河人。 **于福泽** 宁河人。 **张椿荫** 宁河人。 **蒋岫** 昌平州人。 **茹锦** 密云人。																

	顺天府	保定府	承德府	永平府	河间府	天津府	正定府	顺德府	广平府	大名府	宣化府	遵化州	易州	冀州	赵州	深州	定州
	赵士英 密云人。 **刘阡** 涿州人，州志作刘骞，江苏知县。 **姚官澄** 涿州人，山西朔州知州。 **杨兆运** 涿州人，见《进士表》。 **王召金** 大城人。 **张省山** 文安人。 **王晋之** 蓟州人。																

	顺天府	保定府	承德府	永平府	河间府	天津府	正定府	顺德府	广平府	大名府	宣化府	遵化州	易州	冀州	赵州	深州	定州
咸丰八年戊午科	**石树珠**大兴人。 **陈鏻**大兴人。 **王庆銮**大兴人。 **孙云**大兴人。 **孙汝霖**大兴人。 **查以新**宛平人。 **陈寿昌**宛平人。 **纪星灿**固安人。 **祖文琳**固安人。 **李大文**通州	**周林**清苑人。 **张文溶**清苑人。 **臧寿桐**清苑人。 **王锡三**清苑人。 **张冲汉**清苑人。 **王化三**新城人。 **陈文星**唐县人。 **刘吉达**容城人。 **刘思荣**安州人。 **陈金德**安州	**孙言泉**承德人。 **刘英春**承德府人。 **谢祖源**丰宁人，见《进士表》。 **阎镜塘**丰润人。	**张廷珣**迁安人。 **刘鹏鸣**迁安人。 **张艺林**昌黎人。 **高文煜**昌黎人，见《进士表》。 **王凤森**滦州人。 **白鸿逵**滦州人。 **韩钊**乐亭人。 **韩国梁**乐亭人。 **宋廷楹**乐亭人。	**杨峄桐**河间人。 **王者瑞**河间人。 **罗永钦**献县人。 **牛元恺**献县人，见《进士表》。 **王宗正**肃宁人。 **李汝弼**任丘人。 **李梅林**交河人。 **李汝廉**交河人。 **戈秦徵**景州人，解	**焦骏声**天津人。 **陈燮阳**天津人。 **徐士銮**天津人。 **宋埙**天津人。 **张大儒**天津人。 **萧聚星**天津人。灶籍。 **章际清**天津人。 **刘锡九**天津人。 **回观国**青县人。	**冯构堂**井陉人。 **李应斗**栾城人。 **周易**灵寿人。 **王钧如**元氏人。 **刘直**晋州人。 **阎汝喆**无极人。 **田玉**新乐人。	**魏绅**内丘人。 **徐龙云**任县人。	**傅襄**永年人，呼兰厅教谕。 **杨安国**永年人。 **李蔚然**永年人，贵州定番州知州。有传。 **李汝霖**永年人，见《进士表》。 **杨芸生**曲周人。 **张箴**邯郸人。 **李树德**邯郸人。	**杨恩溥**大名人。 **王季炫**元城人。 **宋明在**东明人。 **胡允超**开州人。 **董绅**开州人。 **吕允慧**长垣人。 **焦思浚**长垣人，河南知县。	**马利乾**延庆州人。 **杨暹**万全人。 **王金度**怀来人。	**庞祺**遵化州人。 **史柏**遵化州人，陕西知县。 **张镖**遵化州人。 **赵国华**丰润人。 **白希孝**丰润人。	**沈志裕**易州人。 **籍鸣珂**易州人。	**谷怀玉**冀州人。 **张修茂**南宫人。 **张长庚**南宫人。 **毛天庆**枣强人。 **杨呈华**武邑人。 **孙赋谦**衡水人，见《进士表》。	**翟徽之**赵州人。 **冯庆长**隆平人，见《进士表》。 **张彦凯**宁津人。	**康林桂**深州人。 **李泽沛**武强人。 **孙永成**武强人。 **王修典**饶阳人。	**杨荣隰**定州人。 **赵树堂**深泽人。

	顺天府	保定府	承德府	永平府	河间府	天津府	正定府	顺德府	广平府	大名府	宣化府	遵化州	易州	冀州	赵州	深州	定州
	人。**李庆沅**通州人，见《进士表》。**沈振钧**武清人。**路逵**武清人。**萧国耀**武清人。**王嵩龄**涿州人。**吕廷翰**房山人。**邓烜**霸州人。**王振昌**文安人。**邢树溱**大城人。	人。**郝芬**安州人。**王人龙**高阳人。		**刘鳣堂**乐亭人。**王德馨**乐亭人。**杨士玉**临榆人。**张春山**临榆人。	元。**王鸿**景州人，南皮县教谕。**乜殿宾**景州人，山东知县。**贾敦恮**故城人。**柴青藜**故城人。**刘恩浚**吴桥人，贵州镇远府知府。**李友桐**东光人。**孟志城**东光人。	**张庆恩**沧州人。**叶仲恂**南皮人。**白方泉**南皮人。**傅维弼**盐山人。**高鸿洲**盐山人。**赵钟麟**盐山人。**窦文照**盐山人。**马荫棠**盐山人。			**尚廷俊**威县人。								

	顺天府	保定府	承德府	永平府	河间府	天津府	正定府	顺德府	广平府	大名府	宣化府	遵化州	易州	冀州	赵州	深州	定州
					姜有筠东光人。												
咸丰九年己未恩科	**阮福椿**大兴人。**李国琇**大兴人。**孙燕诒**大兴人。**刘汝济**大兴人。**俞僡**宛平人。**翟汝弼**宛平人。**刘嵃**永清人。**徐仲三**东安人，奉天知	**苏维垣**清苑人，见《进士表》。**孙国芳**清苑人。**任涟**清苑人，见《进士表》。**马人龙**清苑人。**张毓桂**清苑人。**吴宝讷**定兴人。**鹿传霖**定兴人,见	**鞠荣勋**承德人。**赵玉丰**赤峰人。**郭鸿远**赤峰人。	**程维垣**卢龙人。**朱克勷**卢龙人。**兰亭**迁安人。**崔树宝**昌黎人。**齐赞廷**昌黎人，任县训导。**王杏村**昌黎人。**檀宝森**昌黎人。**陈致中**滦州	**陈硕龄**献县人。**高锡畴**献县人。**陈朴龄**献县人。**臧烈**献县人。**张尔锷**献县人。**多连茹**阜城人。**苏彩河**交河人。**苗毓芳**交河人。	**路桐**天津人。**梅映奎**天津人。**冯春瀛**天津人，刑部主事。**冯向华**天津人。**陶镕**天津人。**华俊熊**天津人。**郭春瀛**天津人。**韩文起**沧州	**聂大榕**栾城人，高邑县教谕。**聂大楣**栾城人。**高峻嶓**行唐人。**马德刚**灵寿人。**丁大年**无极人。**李树棠**无极人。	**王世珍**南和人。	**李待时**永年人，河南孟县知县。**杜寓麟**永年人。**张养德**邯郸人，山东东阿县知县。**郭家修**邯郸人，见《进士表》。**任兆兰**邯郸人。**朱连徵**磁州人。	**孙其裕**大名人。**王泽新**元城人。**骆泰阶**清丰人。**王炳猷**清丰人。**武廷彦**清丰人。**王祖峰**开州人。**焦思善**长垣人。	**张汝魁**蔚州人。	**温煦之**遵化人。**温应之**遵化人。**宋其恕**丰润人。**萧渐逵**丰润人。**张玠**丰润人。**王荫南**丰润人。**孟峒**丰润人。**李荫滨**丰润人。	**宋棫臣**易州人。**赵会栋**涞水人。	**刘清祺**冀州人。**杨昭德**冀州人。**王椿**枣强人。**张珂**枣强人。**韩家椿**衡水人。	**贾汝霖**宁晋人。	**贺锡珩**武强人，部主事。**金殿元**武强人。**贺尔昌**武强人，见《进士表》。**宋凤池**饶阳人。	**杨灏**定州人。**王晋昇**定州人。**李炳文**曲阳人。**韩敬修**曲阳人。**彭其寿**曲阳人。**赵成章**深泽人。**毕棠**深泽人，见《进士表》。

	顺天府	保定府	承德府	永平府	河间府	天津府	正定府	顺德府	广平府	大名府	宣化府	遵化州	易州	冀州	赵州	深州	定州
	县。**杨遇霖**通州人。**张锡桓**三河人。**陈希恕**武清人。**张瀛**武清人。**傅墀**宝坻人。**周璧**宝坻人。**王度**宝坻人。**李溱**宝坻人。**王鸣珂**宝坻人。	《进士表》。**郭芳兰**新城人。**王侃**新城人。**张其浚**蠡县人。**郝冰衔**祁州人。**沈鸣珂**祁州人，见《进士表》。**李梦白**束鹿人。**韩堃**高阳人。		人。**曾传唯**滦州人。**梁玉书**滦州人。**李邦俊**滦州人。**阎继宗**滦州人。**李文炳**乐亭人。**宋广荫**乐亭人。**张凤翔**乐亭人。	**苏霖瑞**交河人。**孙炜**景州人。**周浚**宁津人，解元，见《进士表》。**张若虚**宁津人。**张奎升**宁津人。	人。**武宝善**沧州人。**卢日庚**盐山人。**张肄三**盐山人。**崔澄寰**盐山人。**黄步堂**盐山人。			**王镜执**磁州人。			**江浚**玉田人。**吉彩**玉田人。					

	顺天府	保定府	承德府	永平府	河间府	天津府	正定府	顺德府	广平府	大名府	宣化府	遵化州	易州	冀州	赵州	深州	定州
	李逢源 宝坻人。 **李璠** 宝坻人，见《进士表》。 **王庆禔** 宝坻人，见《进士表》。 **张训** 宁河人。 **刘钟麟** 昌平州人。 **全士锜** 涿州人。 **吴允中** 涿州人。 **王植桂** 大城人。																

	顺天府	保定府	承德府	永平府	河间府	天津府	正定府	顺德府	广平府	大名府	宣化府	遵化州	易州	冀州	赵州	深州	定州
	刘溎年大城人，见《进士表》。 **张瀛洲**蓟州人。																
咸丰十一年辛酉科	**钮玉庚**大兴人。 **吴兆桂**大兴人。 **王锡光**宛平人。 **王隽先**宛平人。 **刘东皋**宛平人。 **杨承治**固安人。 **李庆保**通州《进士	**金正春**清苑人，河南知县。 **王云锦**清苑人。 **章仪和**清苑人，山东知县。 **张瀚**清苑人。 **梁仲衡**安肃人，见《进士	**刘文祉**承德府人。 **王承安**丰宁人。 **刘云昂**建昌人。	**高擢**卢龙人。 **赵仲**迁安人。 **朱敬之**迁安人。 **张兆显**抚宁人，内阁中书。 **张兆曾**抚宁人。 **惠廷魁**抚宁人。	**周诰**河间人。 **祁寿恺**献县人。 **纪堪诰**献县人。 **刘之铨**献县人。 **齐方书**献县人。 **孔宪溥**献县人。 **张印川**献县	**陈垲**天津人。 **丛恩溥**天津人。 **孟毓淇**天津人。 **吴熙**天津人。 **冯宝昌**天津人。 **石元俊**天津人。 **陈价翰**天津	**孙荫棠**正定人。 **胡元照**正定人，见《进士表》。 **张学敏**获鹿人。 **檀山青**栾城人。 **马鉴**栾城人。 **许赞唐**栾城人。	**马廷琛**平乡人。 **张福谦**任县人。	**刘梦白**鸡泽人。 **刘步岭**清河人。 **王尚宽**清河人。 **胡克顺**磁州人。	**曹渭川**长垣人。	**杨星阶**保安州人，户部郎中。 **周士焘**蔚州人。	**李树藩**遵化人。 **孟昌第**丰润人。 **张璿**丰润人。 **徐际隆**丰润人。 **韩耿光**丰润人。 **胡率中**丰润人。 **李东晖**丰润	**郭倚涟**易州人。	**魏金鳌**南宫人。 **刘九凤**枣强人。 **贺万春**武邑人。 **王汝梅**衡水人。	**王起凤**宁晋人。	**王海峰**深州人。	**杨植瀛**定州人。 **王毓辰**定州人。 **李文瑞**定州人。

	顺天府	保定府	承德府	永平府	河间府	天津府	正定府	顺德府	广平府	大名府	宣化府	遵化州	易州	冀州	赵州	深州	定州
	人，山西候补知县。 郝浩三河人。 张翼清宝坻人。 郑聚奎宝坻人。 傅金鏻宝坻人。 张兆庆宝坻人。 方学周宝坻人。 李桂联宝坻人。 李敬亭宁河人。 张琨宁河	表》。 张保元定兴人。 石维堂完县人。 王炳耀蠡县人，见《进士表》。 刘大壮蠡县人。 袁琥雄县人，昌平州候选学正。 张金兰安州人。 马学庆安州乡人。		赵万清昌黎人。 杨舒翮昌黎人。 陈养源昌黎人。 苟志仁昌黎人。 王永清昌黎人。 李维芳滦州人。 徐元瑞乐亭人，见《进士表》。 王绍玉乐亭人。 崔文元乐亭人。	人。 刘棠任丘人。 张岫桐景州人。 陈锡山景州人。 王晋堂景州人。 何若俊故城人。 邢元恺吴桥人。 徐佩瑗东光人。 张若路宁津人。	人。 陈法篆天津人。 高隽昌天津人。 陈世镛天津人。 刘淑宽天津人。 刘仲篪静海人。 刘凤文沧州人。 于奎章沧州人。 侯瑛南皮人。 路元龙盐山人。	徐师浩栾城人。 雷文颖灵寿人。 周茂绪灵寿人。 武焕名赞皇人。 张釿晋州人。 张毓温藁城人。					人。 甄庆蕙丰润人。 丁维玉田人。 吉绅玉田人。					

	顺天府	保定府	承德府	永平府	河间府	天津府	正定府	顺德府	广平府	大名府	宣化府	遵化州	易州	冀州	赵州	深州	定州
	人，磁州训导。 **廉方** 宁河人。 **谈松林** 宁河人。 **张汝埭** 宁河人。 **傅雍言** 顺义人。 **马恩荣** 文安人。 **张箴** 文安人，故城县训导。 **吕式樟** 大城人。 **吕式枚** 大城人。			**周培** 乐亭人。 **宋廷荫** 乐亭人。 **田恩照** 临榆人。 **马近思** 临榆人。		**李之萍** 盐山人。											

	顺天府	保定府	承德府	永平府	河间府	天津府	正定府	顺德府	广平府	大名府	宣化府	遵化州	易州	冀州	赵州	深州	定州
	刘元亨大城人。																
同治元年壬戌恩科	**陈光瑄**大兴人。**宋兆麟**大兴人。**孙汝明**大兴人，见《进士表》。**丁家栋**大兴人。**陈庆昌**大兴人。**苑启堃**大兴人。**朱荣清**大兴人。**王培**大兴	**归继先**清苑人。**金元鉴**清苑人。**刘玺珍**清苑人。**孙万钟**清苑人。**杨逊**清苑人。**刘鼎铭**清苑人。**唐林**清苑人。**张冲霄**清苑人。	**葛维翰**承德府人。**随庆珠**承德府人。**孙继维**丰宁人。**汪棣昌**朝阳人。	**刘青山**卢龙人。**朱昌时**卢龙人。**刘泽溥**卢龙人。**张镔**卢龙人。**陈宝树**迁安人。**郑束**迁安人，见《进士表》。**侯永芳**抚宁人。**杨世熙**抚宁	**刘墳**河间人。**王官正**献县人。**孔庆桐**献县人。**王维周**肃宁人。**张荣林**任丘人。**范韫章**交河人。**徐柏龄**东光人。	**孙长泰**天津人。**王煜**天津人。**顾芸**天津人。**孟继坤**天津人。**张绅**天津人。**陈锡庆**天津人。**焦骏枫**天津人，见《进士表》。**何文锦**天津	**何粹然**正定人，见《进士表》。**郄徵礼**平山人。**杨作舟**晋州人。**刘朝相**晋州人。**田成巳**无极人。**崔岑瑞**无极人。	**张成瀚**邢台人。**王悦**邢台人。**张凤治**邢台人。**潘肯堂**平乡人。	**范恒**永年人，迁安县教谕。**祁德昌**永年人，见《进士表》。**赵锡恩**永年人，见《进士表》。**武用怿**永年人。**武沄青**永年人，遵化州学正。**栗荣**永年	**韩慎修**元城人。**赵登瀛**南乐人。**孙瑞**东明人。**王学先**开州人。	**刘徽典**蔚州人。**王龚**蔚州人。**刘彦奎**蔚州人。**刘好信**怀安人。	**赵文彬**遵化州人。**孟昌言**丰润人。**贾绪文**丰润人。**刘际唐**丰润人。**赵云阁**玉田人。**陈树德**玉田人。	**许文镛**易州人。**刘德瑛**涞水人。	**桂钟璞**冀州人。**宋德和**枣强人。	**刘荫昌**柏乡人。**刘鸣廷**隆平人。**赵进修**宁晋人。**李元衡**宁晋人。**贺万化**宁晋人。	**李棠**深州人，国子监助教。**魏文锦**深州人。**张会昌**武强人。	**李逢春**定州人。**李绍沅**深泽人。**赵德纯**深泽人。

	顺天府	保定府	承德府	永平府	河间府	天津府	正定府	顺德府	广平府	大名府	宣化府	遵化州	易州	冀州	赵州	深州	定州
	人。 **徐启谟**大兴人。 **刘恩第**大兴人。 **李宗瀚**大兴人。 **李延龄**大兴人。 **朱晟**大兴人。 **路青云**大兴人。 **张百获**大兴人。 **李鼎铭**大兴人。 **徐树琳**大兴人。	**康伯桓**满城人。 **梁叔岐**安肃人。 **王希曾**新城人。 **田常五**唐县人。 **李长清**望都人。 **张九山**望都人。 **吴宗仁**完县人。 **解长泰**完县人。 **许炳麟**完县人。 **张宜显**蠡县		人。 **杨际春**昌黎人。 **田世英**昌黎人。 **齐鹤峰**昌黎人。 **刘占铎**滦州人。 **郝凤林**滦州人。 **宋森荫**乐亭人。		人。 **沈晋三**天津人。 **季德成**青县人。 **郑怀珍**静海人。 **刘清选**沧州人。 **刘清骏**沧州人。 **左之楷**沧州人。 **张曾浴**南皮人。 **高作宾**盐山人。 **李曰珍**盐山人。			人。 **翟观成**永年人，山东候补知县。 **胡廷梅**永年人，国子监学正。 **教福谦**永年人。 **刘廷槐**曲周人。 **崔兴**曲周人。 **王梦熊**成安人，河南候补知府。 **郭邦奎**广平人。								

	顺天府	保定府	承德府	永平府	河间府	天津府	正定府	顺德府	广平府	大名府	宣化府	遵化州	易州	冀州	赵州	深州	定州
	俞焜大兴人。**刘炳云**大兴人。**杨联桂**苑平人。**陈振瀛**宛平人，见《进士表》。**刘嘉幹**宛平人。**李观恒**宛平人。**陆象坤**宛平人。**夏辅咸**宛平人。**许以保**宛平人。	人。**杨肇元**安州人。**董光鉴**高阳人。							**李九如**广平人。**郎凤来**清河人。**张金之**磁州人，山东知县。**高浩然**磁州人。								

	顺天府	保定府	承德府	永平府	河间府	天津府	正定府	顺德府	广平府	大名府	宣化府	遵化州	易州	冀州	赵州	深州	定州
	俞致中 宛平人。**陈宗周** 固安人。**孙国恩** 通州人，山西稷山县知县。**白楫** 通州人。**王振生** 通州人，国子监博士。**李德垣** 宝坻人。**王宝仪** 宝坻人。**王钟麟** 宝坻人。																

	顺天府	保定府	承德府	永平府	河间府	天津府	正定府	顺德府	广平府	大名府	宣化府	遵化州	易州	冀州	赵州	深州	定州
	杨大章宝坻人。**张丕弼**宝坻人。**宗式坊**宝坻人。**郝钰**宝坻人。**李梦松**宝坻人。**张廷良**宁河人。**刘震东**宁河人。**高赓恩**宁河人，见《进士表》。**吴廷赞**涿州人。																

	顺天府	保定府	承德府	永平府	河间府	天津府	正定府	顺德府	广平府	大名府	宣化府	遵化州	易州	冀州	赵州	深州	定州
	马霈文安人。**王锡命**文安人。**王阶平**大城人。**张毓椿**大城人。**周连元**蓟州人。																
同治三年甲子科	**梁承绶**大兴人。**邵承瀚**大兴人，户部主事。**俞培元**大兴人，见《进士表》。	**孙玉铭**清苑人。**苏维城**清苑人，见《进士表》。**曹德沐**满城人。**张思镐**安肃	**赵荣勋**平泉州人。**张煜**平泉州人。**武鹏程**建昌人。	**王弼藩**卢龙人，解元，见《进士表》。**李隽元**迁安人。**许兰芳**迁安人。	**赵莲池**河间人。**郑梓**献县人。**周维桢**献县人。**李毓麟**献县人。	**王雯**天津人。**赵世曾**天津人。**张恩溥**天津人。**陈世锐**天津人。	**魏玉柱**正定人。**苏建勋**正定人。**徐明德**正定人。**王正伦**获鹿人。	**刘秉哲**邢台人，见《进士表》。**李炳岳**平乡人。**张亭午**广宗人。	**李慎枢**永年人。**耿汉墀**邯郸人。**王锡圭**磁州人。	**罗群英**元城人。**武勋朝**南乐人，见《进士表》。**赵冠卿**清丰人。**周肇槐**开州人。	**席之瓒**怀来人。	**王柱**遵化人。**秦澍春**遵化人，见《进士表》。**刘溯本**丰润人。**张人骏**丰润	**郭钟庆**易州人。**李长善**易州人。**鲁宗周**易州人。**鲁述文**易州人。	**李增**南宫人。**葛亦龙**武邑人。	**卜振邦**赵州人。**王景美**赵州人。**魏广文**柏乡人，户部郎中。**王鼎盛**宁晋	**卢英**深州人，光禄寺署正。**贺锡璜**武强人。**张有声**武强人。**周会兴**饶阳	**吕声容**曲阳人。**张作楫**曲阳人。**王用诰**深泽人。

	顺天府	保定府	承德府	永平府	河间府	天津府	正定府	顺德府	广平府	大名府	宣化府	遵化州	易州	冀州	赵州	深州	定州
	沈文炘宛平人。 **赵炳光**宛平人。 **袁学灏**宛平人。 **李毓樟**宛平人。 **韩启源**宛平人。 **李文浩**宛平人。 **查丙旭**宛平人。 **杨逢春**固安人。 **徐京**永清人。 **刘廷梧**永清	人。 **王鉴**新城人。 **刘煜**唐县人。 **蒋士悦**博野人。 **刘冠甲**蠡县人。 **蒋会图**蠡县人。 **杨倬云**祁州人。 **贺敬同**束鹿人。 **任英毅**束鹿人。 **穆墨林**束鹿人。		**邹遇隆**抚宁人。 **张衔**抚宁人。 **齐麟玉**昌黎人。 **董树柏**昌黎人。 **孙岳龄**昌黎人。 **罗庆云**昌黎人。 **董光耀**昌黎人。 **彭亿清**滦州人。 **刘静山**滦州人。 **李清华**滦州	**王煦**肃宁人。 **李午桥**任丘人。 **刘金印**任丘人。 **刘绍曾**景州人。 **万锺倬**景州人。	**卞翊清**天津人。 **郑杏林**天津人。 **王文锦**天津人，见《进士表》。 **李明奎**天津人。 **孙葆炘**天津人。 **林骏元**天津人。 **庞瑞霖**天津人。 **董际兴**青县人。 **王荣第**静海人。	**张尊三**阜平人，宁津县教谕。 **张定保**行唐人，唐县教谕。					人，见《进士表》。 **于万川**丰润人。 **丁甲**丰润人。 **董宇清**丰润人。 **陈庆增**玉田人。 **赵士桐**玉田人。	**何振麟**涞水人。 **李沛**广昌人。		人。 **王凌云**宁晋人。	人。 **徐彬**安平人。	

	顺天府	保定府	承德府	永平府	河间府	天津府	正定府	顺德府	广平府	大名府	宣化府	遵化州	易州	冀州	赵州	深州	定州
	人。**丁汝梅**通州人。**张鹏翼**武清人。**徐振镛**武清人。**陈鼎元**武清人。**张丕绩**宝坻人。**李诚蔚**宁河人。**苗如兰**宁河人。**刘治平**昌平州人，见《进士表》。**韩应祥**霸州人。	**陈嘉瑞**安州人。**陈钟岩**安州人。**王敏卿**高阳人。		人。**王汉升**滦州人。**柳柏年**乐亭人。**王佩行**乐亭人。**朱俊**乐亭人。**于宗翰**乐亭人。**周渐逵**乐亭人。		**刘伯埙**静海人。**冯济泽**静海人。**刘培棠**沧州人。**王提封**南皮人。**张曾镛**南皮人。**周毓珊**南皮人。**孙承烈**盐山人。											

	顺天府	保定府	承德府	永平府	河间府	天津府	正定府	顺德府	广平府	大名府	宣化府	遵化州	易州	冀州	赵州	深州	定州
同治六年丁卯科	**陈遇赞**大兴人。 **马如麟**大兴人。 **申显曾**大兴人。 **丁绍方**大兴人。 **恽彦瑄**大兴人。 **李国彬**大兴人。 **吕海寰**大兴人。 **张恒春**宛平人。 **黄启隽**宛平人。 **陈庆萱**宛平	**张鹏**清苑人。 **崔承三**清苑人。 **蔡汝麟**清苑人。 **李锡彬**清苑人，见《进士表》。 **王璸**清苑人。 **李子春**清苑人。 **吴其昌**清苑人。 **霍汝金**清苑人。 **戎浚**清苑人。	**侯丕基**丰宁人。 **王肇元**赤峰人。 **党振祥**朝阳人。	**商天爵**卢龙人。 **王琦藩**卢龙人。 **邢济民**卢龙人。 **李昌时**迁安人。 **齐锡朋**昌黎人。 **刘志清**昌黎人。 **李文青**昌黎人。 **冯淑异**滦州人。 **孙汝璋**滦州人。 **刘成身**乐亭	**王亦临**河间人。 **王清熙**献县人。 **陈廷机**献县人。 **杨玉田**献县人。 **李毓麟**献县人。 **刘世骏**任丘人，解元。 **边钟希**任丘人。 **边守元**任丘人。 **刘书旂**任丘人。	**贾炳元**天津人。 **孙星桥**天津人。 **华镇**天津人。 **华铸**天津人，传胪，改名金寿。 **傅廷栋**天津人。 **王恩淮**天津人，见《进士表》。 **沈恩嘉**天津人，兵部郎中。	**张俊德**栾城人。 **苏甲林**行唐人。 **赵业南**灵寿人。 **齐鹤年**平山人。 **李蕴华**元氏人。	**宁允**邢台人。 **周清湖**沙河人。 **张锡麒**南和人。	**祁荣缙**永年人。 **权衡钧**永年人。 **高庆昌**威县人。 **王彦成**磁州人。	**魏伯涛**南乐人。 **刘元第**东明人。 **谢陵坊**开州人。	**阮棣**怀安人。 **朱衣点**西宁人。	**王荫堂**遵化人。 **高泰昌**丰润人。 **裴觐仪**丰润人。 **卢荫桢**丰润人。 **董煐**丰润人。 **郭维藩**玉田人。	**李春锦**易州人。 **李得龄**广昌人。	**陈庄**南宫人。 **步其端**枣强人。	**张昆**赵州人。	**陈元英**深州人。 **路文炳**饶阳人。	

	顺天府	保定府	承德府	永平府	河间府	天津府	正定府	顺德府	广平府	大名府	宣化府	遵化州	易州	冀州	赵州	深州	定州
	人。**周保鉴**宛平人。**查恩绥**宛平人。**冯卓英**宛平人。**张耀元**东安人。**李式曾**香河人。**李庆良**通州人，通判。**李澐**宝坻人。**马存朴**宝坻人。**胡胜**宝坻人，见	**王桓之**清苑人。**曹志清**满城人，见《进士表》。**刘宗向**定兴人。**甄琦**定兴人。**陈应诏**新城人。**聂江**唐县人，见《进士表》。**李光斗**祁州人，见《进士表》。**刘卿云**祁州		人。**安若兰**乐亭人。**李铁林**临榆人，见《进士表》。**李桂林**临榆人，见《进士表》。**董余庆**临榆人。	**苏抡元**交河人。**张鸿猷**景州人。**万炳麟**景州人。**王丽堂**故城人。**王淑身**宁津人。	**王兆蓉**天津人。**宋永裕**天津人。**邹廷翰**天津人。**李树森**青县人。**原宝森**青县人。**陈立勋**静海人。**张嗣陶**南皮人。**葛之覃**南皮人，见《进士表》。**张曾敭**南皮人，见											

	顺天府	保定府	承德府	永平府	河间府	天津府	正定府	顺德府	广平府	大名府	宣化府	遵化州	易州	冀州	赵州	深州	定州
	《进士表》。**郝观光**宝坻人。**赵辉棣**宁河人。**刘沛然**宁河人。**王玉森**大城人。**王曾翱**大城人。**吴亨礼**蓟州人。	人。**魏近恩**安州人。				《进士表》。**刘廷熙**南皮人。**姜子珍**盐山人。**王之襄**盐山人。**高第甲**盐山人。**李念兹**盐山人，见《进士表》。**李金城**盐山人。**潘江**盐山人。**董梦龄**盐山人。											

	顺天府	保定府	承德府	永平府	河间府	天津府	正定府	顺德府	广平府	大名府	宣化府	遵化州	易州	冀州	赵州	深州	定州
						张瀛三盐山人。											
同治九年庚午科	**陈文騄**大兴人。**刘鸿熙**大兴人。**俞寿彭**大兴人。**宋承麟**大兴人。**吴兆鏕**大兴人。**董志敏**大兴人。**李璜纶**宛平人，解元。**徐致愉**宛平人。	**张汝梅**清苑人。**张兆桐**清苑人。**孙万春**清苑人，见《进士表》。**陈乔年**满城人。**张霖**满城人。**李如埙**满城人。**王翔麟**安肃人。**师义方**安肃	**于恩丕**承德府人。**牟宝琪**承德府人。**李尚卿**承德府人。	**张鸣谦**卢龙人。**翟省三**卢龙人。**秦焕章**昌黎人。**杨肇第**昌黎人。**杨占春**昌黎人。**杨凤池**昌黎人。**吴蓉**滦州人。**阎裕宗**滦州人。	**宋锦堂**河间人。**金萼棠**河间人。**冯士壤**河间人。**王汝为**河间人。**范陈经**肃宁人。**谢昌翼**任丘人。**王棻林**任丘人。**边保枢**任丘人。	**王廷珍**天津人。**徐维域**天津人。**王用钦**天津人。**孔传勋**天津人。**李铨**天津人。**华彬**天津人。**蔡润章**天津人。**郭恩第**天津人，兵部七品	**容海**正定人。**丁云鹤**正定人。**魏延钦**获鹿人。**刘宇清**栾城人，见《进士表》。**杨允怀**元氏人。	**王荫樟**唐山人。**陈阳春**唐山人。	**郭廷璠**肥乡人。**于学廉**邯郸人。**李绍闵**清河人，教习知县。**崔瑗卿**磁州人。	**辛受祉**元城人。**赵铭牗**南乐人。	**马正绅**宣化人。**刘纬**保安州人。**高善述**蔚州人。	**刘允恭**遵化州人。**史德培**遵化州人。**高赞襄**遵化州人。**蔡景襄**遵化州人。**宋毓麟**遵化州人。**张寿增**丰润人。**张佩纶**丰润人，见《进士表》。	**王振铢**易州人，刑部员外郎。**赵之燮**涞水人。	**方维善**冀州人。**陈凤鸣**冀州人。**傅有常**冀州人。**孙朝华**南宫人。**陈毓昆**南宫人。**李焕**枣强人。**崔鹤**枣强人。		**李世寅**深州人。**陈天章**深州人。**贺涛**武强人。**贺嘉楠**武强人。**贺沅**武强人。	**王用臣**深泽人，候选知县。

	顺天府	保定府	承德府	永平府	河间府	天津府	正定府	顺德府	广平府	大名府	宣化府	遵化州	易州	冀州	赵州	深州	定州
	史恩绪 宛平人。 **黄汝劭** 宛平人。 **陈炳奎** 宛平人，见《进士表》。 **戴维翰** 宛平人。 **邵松年** 宛平人，见《进士表》。 **温联桂** 宛平人。 **瞿廷韶** 宛平人。 **范枫林** 永清人。	人。 **王惠吉** 定兴人。 **邢彤云** 新城人。 **吴玉成** 新城人。 **吴鉴三** 博野人。 **傅式芳** 博野人。 **麻玉生** 望都人。 **刘景向** 蠡县人。 **周鉴易** 雄县人。 **朱玉年** 安州人。		**曹宗周** 乐亭人。 **王树铭** 乐亭人。 **王金镕** 乐亭人。 **马桂森** 乐亭人。 **王柏年** 乐亭人。	**刘嵩龄** 任丘人。 **李荫銮** 景州人，见《进士表》。 **辛元浚** 景州人。	小京官。 **陈庆祺** 青县人。 **王凤沼** 青县人。 **侯元勋** 青县人。 **李应弼** 盐山人。 **孙鉁** 盐山人。											

	顺天府	保定府	承德府	永平府	河间府	天津府	正定府	顺德府	广平府	大名府	宣化府	遵化州	易州	冀州	赵州	深州	定州
	武承文永清人。**叶仑**永清人。**毛毓琛**通州人。**王涵**三河人。**徐振廷**武清人。**苗迪元**武清人。**徐浩**宝坻人。**李璟**宝坻人。**王寿山**宝坻人。**王钟俊**宝坻																

	顺天府	保定府	承德府	永平府	河间府	天津府	正定府	顺德府	广平府	大名府	宣化府	遵化州	易州	冀州	赵州	深州	定州
	人。 **李敬**宝坻人。 **杨景崧**宝坻人。 **王熙昌**宝坻人。 **史从周**宁河人。 **李庭馥**顺义人。 **杨伸**涿州人。 **王者民**霸州人。 **梁枚**霸州人。 **董汝观**文安人，翰林院待																

	顺天府	保定府	承德府	永平府	河间府	天津府	正定府	顺德府	广平府	大名府	宣化府	遵化州	易州	冀州	赵州	深州	定州
	诏。**张恩德**文安人。**靳作霖**文安人。**宋相一**大城人。																
同治十二年癸酉科	**范广衡**大兴人。**徐宝晋**大兴人。**逢炳垣**大兴人。**王鹏龄**大兴人。**周凤标**大兴人。**王承志**大兴	**何志沂**清苑人。**杨清魁**清苑人，见《进士表》。**许涵敬**清苑人。**王鹤龄**清苑人。**许涵度**清苑人，见	**李廷芷**滦平人。**李光笏**滦平人。**卜燕宾**朝阳人。**孙宝琍**朝阳人。	**马宗允**卢龙人。**司鼎寰**迁安人。**苟志学**昌黎人。**董国桢**昌黎人。**常书云**昌黎人。**王鼎元**昌黎	**田文翰**河间人。**杨树桐**河间人。**李如椿**献县人。**牛蕴璋**献县人。**刘明照**献县人。**冯化南**献县	**杨培之**天津人。**孟继埙**天津人，内阁中书。**尹湝**天津人。**刘长容**天津人，教谕。**倪文焌**天津	**梁省身**获鹿人。**李葆泰**行唐人。**苑子康**晋州人。**李树椿**无极人。**樊庆寅**藁城人。	**宋林森**巨鹿人，拔贡。	**李葆善**永年人，见《进士表》。**杜仁义**永年人。**白宪章**永年人。**胡景桂**永年人，见《进士表》。	**常维城**大名人。**甄在和**元城人。**王岩**清丰人，解元。**逯凤图**东明人。	**阎廷弼**宣化人。**赵贵**蔚州人。**贾联堂**蔚州人。**翟寿椿**万全人。**马畅熙**万全人。**宗孝培**怀安人。	**徐景春**遵化人。**曹松龄**遵化人。**尹耀廷**遵化人。**鲁瑞山**遵化人。**董余三**丰润人。**孙赞元**丰润	**赵增**易州人。**郭毓瑛**易州人。	**吴德贞**冀州人。**殷从霞**冀州人。**宋春华**南宫人。**宋德泽**枣强人。**封延庆**武邑人，教谕。	**张驹贤**赵州人，见《进士表》。**孔继翰**隆平人。**张逵联**隆平人。**彭祥林**隆平人。**赵邦宪**宁晋人。	**白凤彬**深州人。**刘仲楷**深州人。	**郝凤楼**定州人。**张树谷**深泽人。

	顺天府	保定府	承德府	永平府	河间府	天津府	正定府	顺德府	广平府	大名府	宣化府	遵化州	易州	冀州	赵州	深州	定州
	人。**李维诚**大兴人。**王家沂**大兴人。**陈燕昌**宛平人。**徐致靖**宛平人，见《进士表》。**刘家荫**宛平人。**张堃**宛平人。**蔡厚贻**宛平人。**许芳栏**良乡人。**刘煦**固安	《进士表》。**李殿和**清苑人。**苏毓铨**清苑人。**刘宗唐**满城人。**刘玉泉**安肃人。**李卓云**新城人。**刘步云**完县人。**裘仲祥**完县人。**霍廉儒**完县人。**张希孟**蠡县人。		人。**赵元抡**昌黎人。**潘其渤**滦州人。**樊城齐**乐亭人。**姚浚源**乐亭人。**李锡庚**乐亭人。**徐秉璋**乐亭人。**张恩锡**乐亭人。**孙国桢**乐亭人。**王桢**临榆人。	人。**郭鹤龄**献县人。**樊广琦**献县人。**史汝箴**献县人。**李鸿寿**任丘人。**彭逢年**景州人。**任自安**吴桥人。**马振镛**东光人。**王光前**东光人。**周润**宁津人。	人。**张祖均**天津人。**张兆奎**天津人。**高凌霄**天津人，见《进士表》。**沈士鏻**天津人，见《进士表》。**刘良璧**天津人。**展荣春**天津人。**李凤藻**天津人。**武登第**天津人，见			**孙荣第**永年人。**刘元庆**曲周人。**石景韩**邯郸人。**王元一**威县人，饶阳县训导。**白湘浦**磁州人。			人。**谷春芳**丰润人。**郑珍**丰润人。**王庆元**玉田人。					

	顺天府	保定府	承德府	永平府	河间府	天津府	正定府	顺德府	广平府	大名府	宣化府	遵化州	易州	冀州	赵州	深州	定州
	人。**叶居荣**永清人。**马馥亭**东安人。**谢开运**东安人，正定府训导。**梁可达**通州人。**李庆镛**通州人。**朱秉铨**通州人。**郎芝**通州人。**郝承祜**三河人。**路迪**武清	**蒋式芬**蠡县人，见《进士表》。**刘成章**蠡县人。**孙绍曾**蠡县人。**田卿云**蠡县人。**张廉泉**雄县人。**刘际云**雄县人。**李仁堂**束鹿人。**李凤冈**束鹿人。**李凤池**安州人。			**刘心符**宁津人。	《进士表》。**姚茂坤**青县人，定兴县教谕。**杨卓林**青县人。**朱大诰**静海人。**杜蔚**沧州人。**张玉珊**沧州人。**张伯麟**南皮人。**高丙照**南皮人。**李寿山**盐山人。											

	顺天府	保定府	承德府	永平府	河间府	天津府	正定府	顺德府	广平府	大名府	宣化府	遵化州	易州	冀州	赵州	深州	定州
	人。**刘思诚**武清人。**李慕**宝坻人。**李浚**宝坻人，见《进士表》。**马德光**宁河人。**董云标**宁河人。**孙绍庭**顺义人。**崔仑**霸州人。	**陈化谟**安州人。**梁士俊**高阳人。**皮邦彦**高阳人。**齐文蔚**高阳人。**李汉源**高阳人。															

	顺天府	保定府	承德府	永平府	河间府	天津府	正定府	顺德府	广平府	大名府	宣化府	遵化州	易州	冀州	赵州	深州	定州
光绪元年乙亥恩科	**陈应禧**大兴人。 **韩骧**大兴人。 **陆庆衔**大兴人。 **余灿**宛平人。 **朱思诰**宛平人。 **张元溥**宛平人。 **郭家麟**宛平人。 **韩培禄**宛平人。 **朱钟洛**宛平人。 **陈冕**宛平	**许涵鸿**清苑人。 **王企曾**清苑人。 **刘镛**清苑人，见《进士表》。 **唐桂**清苑人。 **臧士果**清苑人。 **王书春**清苑人。 **孙承颖**清苑人。 **王维德**清苑人。 **陈永寿**清苑人。	**楚维瀛**承德人。 **王朝元**赤峰人。	**霍奉三**卢龙人。 **刘鸿逵**永平人。 **刘东美**永平人，见《进士表》。 **韩潮海**永平人。 **杨际虞**抚宁人。 **张儒珍**昌黎人。 **王炳文**滦州人。 **石耀宗**滦州人。 **杨俊彦**滦州人。	**李宝鋆**河间人。 **范履祥**河间人。 **胡允升**献县人。 **高锡钺**献县人。 **祁万龄**献县人。 **郭建瀛**献县人。 **史锡恩**阜城人。 **范陈书**肃宁人。 **袁在田**任丘人。 **范廷芝**任丘	**张彭龄**天津人，解元。 **华俊声**天津人。 **李彦和**天津人。 **刘凤洲**天津人。 **李春**天津人。 **刘向荣**天津人。 **孔传绪**天津人。 **金铭**天津人。 **周恒昌**天津人。	**张俭**获鹿人。 **蔡汝翼**井陉人。 **张肇山**栾城人。 **高丙南**行唐人。	**段凤来**邢台人。 **杨斐**邢台人，赤城县教谕。 **王庆邦**内丘人。	**高人镜**永年人。 **李承伦**永年人。 **王森**清河人。 **范翰文**清河人，故城县教谕。 **简存仁**清河人。	**郭秀石**大名人。 **常维垣**大名人。 **许勋华**长垣人。	**李金銮**宣化人。 **刘钦典**宣化人。 **康国华**保安州人。 **李承霖**保安州人，见《进士表》。 **刘诩**蔚州人。 **杨永培**怀安人。	**刘允文**遵化人。 **刘世珍**丰润人。 **韩腾蛟**丰润人。 **王乃本**丰润人。 **孟昌绪**丰润人。 **王锡卤**丰润人。	**阎尚庚**易州人。	**路学孟**南宫人。 **李际平**武邑人。		**陈润华**深州人。 **尹春图**深州人。 **刘凤仪**饶阳人。	**王晋恒**定州人。 **王用绶**深泽人。 **赵宗抃**深泽人。

	顺天府	保定府	承德府	永平府	河间府	天津府	正定府	顺德府	广平府	大名府	宣化府	遵化州	易州	冀州	赵州	深州	定州
	人，见《进士表》。 **崔甲** 宛平人。 **周庆濂** 宛平人。 **沈维诚** 宛平人，见《进士表》。 **陈常** 固安人。 **张昭** 通州人。 **郝植桓** 三河人。 **萧世濂** 武清人。 **陈钟浚** 武清人。	**任保森** 清苑人。 **李宝锷** 满城人。 **陈桂龄** 安肃人。 **酒龙章** 安肃人，见《进士表》。 **鹿学良** 定兴人，见《进士表》。 **王毓芝** 新城人，见《进士表》。 **张蕙** 新城人。 **戴逢源** 博野		**张汝舟** 滦州人。 **吴保善** 滦州人。 **李念曾** 滦州人。 **梁于文** 滦州人。 **王奉琛** 滦州人。 **史履升** 乐亭人。 **董遇昌** 乐亭人。 **刘成诵** 乐亭人。 **周星隽** 临榆人。 **郭之桢** 临榆	人。 **宗韶** 任丘人。 **王濂** 吴桥人，见《进士表》。 **姜有范** 东光人。 **吴浔源** 宁津人。 **傅梦臣** 宁津人。	**赵銮扬** 天津人。 **卢荫棠** 天津人。 **徐承翰** 天津人。 **蔡枢** 天津人。 **赵掌文** 天津人。 **张体信** 天津人。 **徐嘉禾** 天津人。 **刘文蔚** 天津人。 **张仲儒** 静海人。 **董世溦** 静海											

	顺天府	保定府	承德府	永平府	河间府	天津府	正定府	顺德府	广平府	大名府	宣化府	遵化州	易州	冀州	赵州	深州	定州
	张汝熙武清人。 **张瑞芳**宝坻人。 **陈源濂**宝坻人。 **张文灏**宁河人。 **宗晋源**密云人。 **张凤先**涿州人。 **张汝忻**文安人。	人。 **李昶**望都人。 **曹一清**容城人。 **张力堂**完县人。 **齐三锡**完县人。 **王之桢**蠡县人。 **刘绍曾**蠡县人。 **孙涌泉**雄县人。 **董丙南**祁州人。 **丁永清**束鹿人。		人，拔贡。		人。 **李清骥**静海人。 **陈步瀛**静海人。 **董翊清**沧州人。 **兰维均**沧州人。 **赵玉琦**沧州人。 **祝兰祥**沧州人。 **刘吕式**南皮人。 **高靖镇**南皮人。 **张元来**南皮人。											

	顺天府	保定府	承德府	永平府	河间府	天津府	正定府	顺德府	广平府	大名府	宣化府	遵化州	易州	冀州	赵州	深州	定州
		李汝梅束鹿人。 **李锟**安州人。 **杨肇辅**安州人。 **崔赓芸**高阳人。 **成其相**高阳人。 **王金钥**高阳人，拔贡。 **王荫南**高阳人。 **齐令辰**高阳人。				**刘寿麟**南皮人。 **宫元焜**南皮人。 **李桂蓉**盐山人。 **张之瑄**盐山人。 **曹子江**盐山人。 **董文俊**盐山人。											

	顺天府	保定府	承德府	永平府	河间府	天津府	正定府	顺德府	广平府	大名府	宣化府	遵化州	易州	冀州	赵州	深州	定州
光绪二年丙子科	**任夔**大兴人。 **胡薇元**大兴人。 **傅培燮**大兴人。 **俞振均**大兴人。 **赵臣翼**大兴人，见《进士表》。 **李光耀**大兴人。 **何瑞荣**大兴人。 **庄钟济**大兴人。 **朱梁济**大兴人。	**丁国华**清苑人。 **李钰**满城人。 **刘鸿文**安肃人。 **陈绳武**定兴人。 **常楷**新城人。 **王树楠**新城人。 **裘宜泰**完县人。 **惠风畅**完县人。 **许鹏翀**完县人。 **许鸿藻**雄县	**张彬元**承德人。 **王廷相**承德人，拔贡。 **王廷佐**建昌人。 **孙宝琛**朝阳人。	**王定清**永平人。 **王光藩**卢龙人。 **李春培**抚宁人。 **贲銮玺**抚宁人。 **李清芸**昌黎人。 **马铭锷**昌黎人。 **李威**滦州人。 **王文瑞**滦州人。 **朱元丰**滦州人。 **刘桢**乐亭人。	**王澍**河间人。 **沈硕俊**河间人。 **杨振宗**河间人。 **张中斌**献县人。 **傅云岗**献县人。 **张廷棻**任丘人。 **孙植**任丘人。 **高毓桂**任丘人。 **刘光祖**景州人。 **王树德**故城	**高炳辰**天津人，解元。 **张金藻**天津人。 **李士鉁**天津人，见《进士表》。 **李士铭**天津人。 **许凤翥**天津人。 **陈宗凤**天津人。 **王赓云**天津人。 **许廷珍**天津人。 **苏兆沄**天津	**赵泰杰**获鹿人。 **师训**获鹿人。 **张绥远**获鹿人。 **梁德昌**获鹿人。 **赵鹤令**晋州人。	**霍景夔**邢台人。 **李锡光**平乡人。 **尹克正**平乡人。	**李浚**永年人。 **李允元**永年人。 **贾子玉**永年人。 **王润**曲周人。 **孟广运**邯郸人。	**娄清言**大名人。 **李云峰**南乐人。 **逯蓉**东明人。 **周肇域**开州人。 **牛允修**长垣人。		**李长源**遵化人。 **张景祺**遵化人。 **于浚川**遵化人。 **董润生**丰润人。 **孙维源**玉田人。	**阎和**易州人。	**黄凤翥**冀州人。	**李景纲**赵州人。 **曹芸田**隆平人。 **宋兴荣**隆平人。	**王延年**深州人。 **董友信**深州人。 **常熙廉**饶阳人。 **王国钧**饶阳人。 **张毓英**安平人。 **陈弼藩**安平人。 **李树馨**安平人。	**庞子玉**深泽人。

	顺天府	保定府	承德府	永平府	河间府	天津府	正定府	顺德府	广平府	大名府	宣化府	遵化州	易州	冀州	赵州	深州	定州
	吴麟生宛平人。 **翁立德**宛平人。 **魏振远**良乡人。 **张廷玉**东安人。 **曹克祇**东安人。 **池凤藻**香河人。 **韩受卿**通州人。 **侯维垣**三河人。 **李桂一**宝坻人。 **马延菱**宝坻	人。 **赵受璋**祁州人，见《进士表》。 **邢荫棠**祁州人。 **陈其藻**祁州人。 **王庆善**束鹿人。 **魏汝侨**安州人。			人。 **吴怀德**吴桥人。 **荣垕源**宁津人。	人。 **张景岚**天津人。 **王铭恩**天津人。 **刘彭年**天津人。 **解开元**天津人。 **苏式鳌**天津人。 **陈恩寿**天津人。 **王锡椴**青县人。 **张鹏年**青县人。 **曲利泽**青县人。											

	顺天府	保定府	承德府	永平府	河间府	天津府	正定府	顺德府	广平府	大名府	宣化府	遵化州	易州	冀州	赵州	深州	定州
	人。**王锐新**涿州人。**冯声万**涿州人。**王叔培**文安人。**王镐**文安人。**王卿辅**文安人。**张鸿藻**大城人。**张景江**蓟州人。					**刘荫椿**静海人。**刘丕文**沧州人。**李联元**沧州人。**李斗山**沧州人。**昝抡魁**南皮人。**侯本杰**南皮人。**孙玉树**盐山人。**解延庆**清苑人。**王真**庆云人。											

	顺天府	保定府	承德府	永平府	河间府	天津府	正定府	顺德府	广平府	大名府	宣化府	遵化州	易州	冀州	赵州	深州	定州
光绪五年己卯科	邵承钧大兴人。 朱起鹏大兴人。 朱材济大兴人。 林长荫大兴人。 刘霖大兴人。 卢庆云大兴人。 张霖宛平人。 马聪宛平人。 王毓藻宛平人。 袁学昌宛平	董文海清苑人。 翁葆昌清苑人。 王朝瑞清苑人。 王培之清苑人。 董思宽清苑人。 杨耀林清苑人。 李文波清苑人。 刘宝善清苑人。 张铨清苑人，云南知县。	张四维承德人。 郑荣桂承德人。 李文治丰宁人。 孙宝璋朝阳人。	刘邦辅迁安人。 马旭迁安人。 张汝翼抚宁人。 鲍俊卿抚宁人。 王璧抚宁人。 安维藩抚宁人。 许善述昌黎人。 张钧昌黎人。 张沛然昌黎人。 石荫棠滦州	裘祖诚河间人。 许芝山河间人。 刘炳河间人。 丘炳刚河间人。 赵志刚河间人。 冯学海河间人。 张祖培河间人。 王春晏任丘人。 邢会昌任丘人。 苏振瑞交河	辛元炳天津人。 王承勋天津人。 张连元天津人。 齐学瀛天津人，见《进士表》。 徐谦天津人，见《进士表》。 韩金鳌天津人。 王樾天津人。 张埙天津人。	李广泰正定人。 梁继德栾城人。	赵允中邢台人。 谷绮龄邢台人。 胡人元沙河人。 李景星平乡人。 诸宝训广宗人。 夏凤举巨鹿人。 田尔砚内丘人。	翟瑄永年人。 孟庆荣永年人。 王国佐邯郸人。 邢守磁州人。	李曾裕东明人。 赵紫鸾东明人。 刘云卿开州人。	左献身宣化人。 班毓琛蔚州人。 杨振蓉万全人。 朱联第西宁人。 王体元西宁人。	王钟岳丰润人。 王肃丰润人。	张询涞水人。 赵之营涞水人。		翟学洙赵州人。	尹春和深州人。 贾玉峰武强人。 杜廷荣安平人。	王廉定州人。 马锡晋定州人，□□□。 刘荣澂定州人。 张中伦定州人。 司空群深泽人。

	顺天府	保定府	承德府	永平府	河间府	天津府	正定府	顺德府	广平府	大名府	宣化府	遵化州	易州	冀州	赵州	深州	定州
	人。 **章鼒**宛平人。 **刘楙修**固安人。 **朱槐之**永清人。 **高毓嵩**通州人。 **李本龢**通州人。 **徐炳文**通州人。 **刘式游**三河人。 **田景运**三河人。 **郝文骆**三河人。	**马赞卿**清苑人。 **单蓉镜**满城人。 **田丰泰**定兴人。 **高树珠**定兴人。 **许源清**新城人。 **杨庆云**新城人。 **王清江**望都人，见《进士表》。 **张瑞麟**束鹿人。 **梁恩锡**安州人。		人。 **代守官**乐亭人。 **李垣**乐亭人。	人。 **刘维翰**景州人。 **梁豫熙**吴桥人。 **张金亭**东光人。	**刘恩源**天津人。 **芦承邻**天津人。 **石作棫**天津人。 **刘凤篆**天津人。 **王锡令**天津人。 **薛宗沂**静海人。 **侯维申**静海人。 **高毓楣**沧州人。 **张正堉**南皮人，见《进士表》。											

	顺天府	保定府	承德府	永平府	河间府	天津府	正定府	顺德府	广平府	大名府	宣化府	遵化州	易州	冀州	赵州	深州	定州
	李允宝坻人。**王毓祥**宝坻人。**周淋震**宝坻人。**戴彬元**宁河人，见《进士表》。**任嘉莪**宁河人。**苏梦兰**宁河人。**王得春**宁河人。**王儒章**昌平人。**解树桂**涿州人。					**张元翰**南皮人。**高作霖**盐山人。											

	顺天府	保定府	承德府	永平府	河间府	天津府	正定府	顺德府	广平府	大名府	宣化府	遵化州	易州	冀州	赵州	深州	定州
	周德至涿州人。**金思诚**涿州人。**郝金策**霸州人。**杨棻**文安人。**高锦云**文安人。**蔡如梁**文安人。																
光绪八年壬午科	**恽毓鼎**大兴人。**刘鼎玉**大兴人。**王光祖**大兴人。	**庞维周**清苑人。**孙大刚**清苑人。**杨耀宗**清苑人。	**陶荷甄**丰宁人。**李世清**赤峰人。**石镜石**朝阳人。	**雷登瀛**卢龙人。**白鹤龄**卢龙人。**吴鸿年**卢龙人。	**张孝谦**河间人。**李炳箴**河间人。**张澍**河间人。	**黄耀奎**天津人，解元。**苏绍泉**天津人。**华子祺**天津人。	**毛镜清**元氏人。**王懋常**正定人。**吴业晋**正定人。	**徐聪**邢台人。**郝瑛**内丘人。**张致中**任县人。	**赵世德**永年人。**高桂**成安人。**石尽礼**曲周人。	**马秉健**开州人。**穆嗣修**长垣人。**张蕴**长垣人。	**裴廷琚**宣化人。**段养志**蔚州人。**张巩基**蔚州人。	**唐继宗**遵化人。**孙经贻**遵化人。**丁世哲**遵化人。	**辛霖**广昌人。	**曹家骥**冀州人。**路廷华**冀州人。**苗其蔚**武邑人。		**段一恒**深州人。**何安尹**饶阳人。	**张淇**定州人。**李梦花**定州人。**张兆渭**定州人。**高廷栋**曲阳人。

	顺天府	保定府	承德府	永平府	河间府	天津府	正定府	顺德府	广平府	大名府	宣化府	遵化州	易州	冀州	赵州	深州	定州
	赵维锋大兴人。 **胡应熙**宛平人。 **吴声律**宛平人。 **张永桢**宛平人。 **桑隽**宛平人。 **顾芳**宛平人。 **夏廷槐**通州人。 **孙温**通州人。 **徐绍康**武清人。 **李桂芳**武清	**臧熸昌**清苑人。 **归树鸿**清苑人。 **康泽溥**满城人。 **鹿学尊**定兴人，青县教谕。 **鹿鸣世**定兴人。 **王汉昭**新城人。 **孙德韦**新城人。 **马宗授**新城人。 **耿木荣**唐县人。		**罗喜之**昌黎人。 **周文藻**滦州人。 **刘荫祺**乐亭人。 **潘垣**临榆人。	**董培宗**河间人。 **崔煜**献县人。 **卢世翰**献县人。 **胡维翰**献县人。 **孔宪墀**任丘人。 **吴寿祺**交河人。 **张鉴塘**交河人。 **马云书**东光人。 **马魁昇**东光人。 **张启元**宁津	**郑蜀江**天津人。 **华世铭**天津人。 **李锦源**天津人。 **周鸣凤**天津人。 **徐世光**天津人。 **马文煜**天津人。 **徐世昌**天津人。 **刘学谦**天津人。 **苏毓琦**天津人。 **何锡章**天津	**张书典**获鹿人。 **张咸熙**阜平人。 **李正经**赞皇人。 **武靖方**藁城人。 **石玉柱**藁城人。		**霍锟**曲周人。		**康光曦**蔚州人。	**吕万寿**丰润人。 **董天任**丰润人。 **张涤源**丰润人。 **张其绅**丰润人。 **张凤翙**丰润人。 **杨觐宸**玉田人。 **方九如**玉田人。 **周慎修**玉田人。 **李长华**玉田人。		**袁址**武邑人。			

	顺天府	保定府	承德府	永平府	河间府	天津府	正定府	顺德府	广平府	大名府	宣化府	遵化州	易州	冀州	赵州	深州	定州
	人。**杨春龄**宝坻人。**张瑞芬**宝坻人。**李钟熙**宝坻人。**王楫**宝坻人。**廉荫**宁河人。**朱蕡**昌平州人。**张晋煜**昌平州人。**陈之骧**密云人。**耿坫**蓟州人。	**张志增**蠡县人。**李德馨**祁州人。**贺锡朋**束鹿人。**郝锡纲**安州人。**李培元**高阳人。			人。**冯文藻**宁津人。**马麟图**宁津人。	人。**周召南**天津人。**王炳奎**天津人。**马珍**天津人。**刘嘉琦**天津人。**严修**天津人，见《进士表》。**董祖培**天津人。**曹隽瀛**天津人，见《进士表》。**杨宪曾**天津人。											

	顺天府	保定府	承德府	永平府	河间府	天津府	正定府	顺德府	广平府	大名府	宣化府	遵化州	易州	冀州	赵州	深州	定州
						刘梦元天津人。**朱洵**青县人。**高观国**沧州人。**张炳善**南皮人。**赵文林**盐山人。											

举人科分无考者附录于后：

杨之炳良乡人，顺治二年任山西稷山县知县。见《良乡县志》。乔德馨良乡人，《采访册》称乾隆戊辰科，查乾隆年无此科。孙锦良乡人，《采访册》称嘉庆戊子科，查嘉庆年无此科。杨声远顺治初年解元，官漕运总督。高云汉广西右布政使。高溥壬午科，湖广知县。以上三人见《密云县志》。刘荣贵康熙年，山西长乐县知县。刘永极武清人，《采访册》称乾隆戊戌科，查无是科。沙士炽奉天学正。曹魁禄。刘文著山东通判。侯元亮癸卯科。曹允芳蔚州训导。王三同。董殿型盐大使。王士芳。陈橄。张士遂。刘虎文安徽知县。刘洎。侯采。王作泰。李果元。刘树桐。周濂。高鈖。陈如渊。王兆麟。刘石麟。以上十三人俱武清县人，《采访册》。孙嗣先怀柔人，县志称乾隆乙未科中式一百二十名，查无是科。丁兆隆房山人，雍正壬午科，查无是科。崔树基霸州人。黄复琬文安人，雍正戊午科，查无是科。冯登鳌新城人，桐梓县知县。李锴湖北郧西县知县。王翰章。李堂。杨养心武清县教谕。周灏。柏曾。孙子明以上七人俱蠡县人。孙秉秀井陉人，乾隆年。张希声沙河人，江南土元县知县，顺治年。梁炳广宗人，吴桥县教谕，雍正年。杜景云蔚州人，康熙年。刘为瀓乾隆年。孙德坦庚申科。以上二人遵化州人。国梦云隆平人，盐山县教谕，乾隆年。